Ingo Sperl

In Teufels Küche

Ingo Sperl

In Teufels Küche

Leben mit einer chronischen Krankheit und ihren Folgen

Mit einem Nachwort von Sigrid Klimbingat

Steinmann

Danke:

Meiner Frau, Sigrid Klimbingat, für alle Inspirationen und ihre Liebe zu mir.
Unserem Sohn, Simon, für die Innigkeit, die uns verbindet.
Meinen Eltern (†), Theodor und Else Sperl, für ihre Sorge um mich.
Meinen Schwestern Olly, Liane und Betina für die gemeinsamen Jahre (und die Schokolade).
Meinem Freund, Hans Heppenheimer, und meinem Patensohn, Felix Heppenheimer, für ihre Treue.
Frau Prof. Dr. Irmtraud Paulwitz für besondere Begegnungen.

Den Ärzten, Therapeuten und Wegbegleitern, die mir viel geholfen haben: Diplompsychologe Dr. Jorgos Canacakis, Dr. med. Wolfgang Dettweiler (†), Dr. med. Michael Domeyer, Dr. med. Helmut Ehleiter, Psychoanalytiker Dr .theol. Helmut Elsässer, Dr. med. Günter Fuhrer, Dr. med. Yvonne Höflinger, Psychotherapeut Dr. theol. Hans Jellouschek, Dr. med. Johann R. Koller, Dr. med. Margret Kröner, Dr. med. Peter Krüger (†), Physiotherapeut Maik Läpple, Psychotherapeutin Margarete Leibig, Dr. med. Harry von Lorentz, Prof. Dr. med. Dr. h. c. mult. Wolf Mann, Psychoanalytiker Martin Maushardt, Prof. Dr. theol. Gerhard Ruhbach (†), Dr. med. Norbert Schäferhoff, Dr. med. Michael Schmitz, Hartmut Stuhlinger, Johann Wolfgang Toepell (†).

Einen besonderen Dank an Herrn Dr. Werner Steinmann für das Verlegen des Buches und die unkomplizierte Zusammenarbeit!

Die Namen der Personen in diesem Buch sind zu einem großen Teil verändert, zum Teil aber auch mit einem Kürzel ausgedrückt. Einige Personen sind mit ihrem ausdrücklichen Einverständnis mit dem realen Namen genannt.

Erste Auflage

ISBN 978-3-927043-59-6
Covergestaltung: Elsa von Rahden, Kassel
Titelbild: „Wohin?" 2001, Christamaria Schröter
© Christusbruderschaft Selbitz, Buch- & Kunstverlag, 95152 Selbitz
www.verlag-christusbruderschaft.de
Das Motiv ist auch als Faltkarte Nr. 7717 erhältlich
Autorenfoto: Gabi Geier

Herstellung: BoD -Books on Demand, Norderstedt

www.steinmannverlag.de

Inhaltsverzeichnis

Vorwort

Chronisch kranke Menschen wie ich werden oft vom Leben abgeschnitten. Die akute Zunahme der Beschwerden, plötzliche Episoden wie z.B. Fieberschübe in meinem Fall, Verschlechterungen der Symptome wie etwa Atemnot oder auch neue Erkrankungen unterbrechen den Alltag und machen vielleicht Krankenhausaufenthalte notwendig. Manchmal lassen Kräfte nach, vielleicht sind es auch mal Wetteränderungen oder Erschöpfungszustände, die die Pläne und Vorhaben abbrechen.
Auszeiten! Nicht bestellte und beschwerte Zeit zwischen Verzweiflung und Hoffnung.

Man kann ganz verschieden mit solchen Auszeiten umgehen. Ich habe beobachtet, wie manche Leute bitter werden, oft im Alter, wenn sie das Gefühl haben, durch ihre Einschränkungen vieles versäumt zu haben und nicht mehr nachholen zu können. Manche bleiben aber bis ins hohe Alter lebendig, geistig frisch und strahlen Freude aus. Andere wirken oft zufrieden, bescheiden und fast ein bisschen weise. Aber die Krankheiten schreiben ihre Geschichten in ihre Gesichter, in ihre Leiber und auch in ihren Geist.

Es sind die Auszeiten, in denen die Kranken zurückgeworfen werden auf sich und ihre Grenzen. Davon erzählt mein Buch. Ich will erzählen von den Gefühlen und den Gedankenreisen in meinen Zeiten des Krankseins. Es sind Erfahrungen, die mir manchmal reichen. Sie machen mich auch zornig. Sie machen mich aber auch ohnmächtig, wenn ich mich wie ausgeliefert fühle und mein Leben nicht mehr in der Hand habe. Ich habe es lernen müssen, meine Pläne immer wieder loszulassen, auch wenn ich mir mein Leben so ganz anders gewünscht hätte. Die Krankheit hat mir schon viel genommen. Das ist so. Sie hat mich beraubt. Aber sie hat mich auch beschenkt. Ich sage das mit einem leisen Widerstand in meiner Seele, weil Kranksein nicht schön ist. Aber es hat mich verändert. Nur für diese Veränderungen bin ich manchmal dankbar. Sie sind auch zu meinem Ich geworden. Mich gibt es nicht mehr anders. Mich gibt es nicht mehr gesund. Ich kann es akzeptieren oder auch nicht. Wahrscheinlich akzeptiere ich es im Grunde genommen gar nicht. Aber ich akzeptiere mich.

Ich schreibe dieses Buch nicht als der Pfarrer, der ich bin. Ich schreibe es als der Mensch, als der krank gewordene und krank bleibende Mensch, der ich bin. Die Absicht des Buches ist nicht, Hilfen für Kranke im Umgang mit den Beschränkungen weiter zu geben, Hilfen aus dem Glauben für Kranke schon gar nicht. Ich möchte über meine Gefühle schreiben, über das, was in mir lebt. Das heißt nicht, dass es da nicht noch ganz andere Bereiche gibt, die aber in diesem Buch nicht zur Sprache kommen. Ich möchte sie in meiner Intimität belassen. Dass ich für manche Erfahrungen keine Worte finde, gehört auch dazu. An manchen Stellen werde ich sehr offen schreiben. Ich werde viel von mir zeigen, aber ich werde nicht alles zeigen. Insbesondere das Religiöse soll an seinem geschützten Ort in meiner Seele bleiben dürfen, ohne dass ich es in diesem Buch artikuliere und Bewertungen aussetze.

Das Buch beschreibt nicht chronologisch die Entstehung und Entwicklung meiner Krankheit und der zahlreichen einzelnen Diagnosen. Es wird zeitlich durcheinander gehen. Denn es ist nicht die Absicht, die Krankheit zu beschreiben. Es geht einfach um das, was die Krankheit in mir auslöst. Eine Erkrankung ist im weitesten Sinne eine Trauersituation. In der Trauer reden wir oft von einem „Chaos der Gefühle". Indem die Gedankenreisen, Geschichten und Assoziationen in diesem Buch auf den ersten Blick chaotisch durcheinander gehen, will es diesem Aspekt gerecht werden. Es geht um die Geschichten eines kranken Lebens. David Wagner hat in seinem Buch „Leben" geschrieben, das Krankenhaus sei ein Geschichtenhaus. Das stimmt. So erlebe ich das auch. Ich möchte einige der Geschichten meiner Krankheitszeit und meines Lebens in diesem Buch weitergeben. Darin lässt sich entdecken, was es heißen kann, bedroht und mit Grenzen zu leben.

Im Sommer 2013 – wieder einmal neu geboren.
Ingo Sperl

Märchen von einem, der dem Tod davonlaufen wollte

Ein Mensch, der sich viele Lebensträume erfüllt hatte, lag auf dem Sterbebett, als ihn der Tod besuchte. *Du kommst so früh zu mir in meinem Leben. Was wartest du nicht eine Frist?*, fragte der Mensch in Todesangst.

Du hast große Furcht vor mir, bemerkte der Tod erstaunt. *Hat man dir nicht gesagt, dass alle Zeit befristet ist?*

O doch, ich weiß von dir schon lange Zeit. Und manchen Schmerz hast du beschert. Geheimnisvoll sind deine Wege. Sei gut, und gib mir eine Chance!

Der Tod schaute auf den bittenden Menschen. Es waren alte Gefühle, die er spürte. Ganz selten nur war er willkommen. Ganz selten nur gerufen. *Nun gut, erkläre mir, wozu hast du den Wunsch um eine längere Frist?*

Eine kleine Weile überlegte der Mensch und antwortete dann:
Noch einmal soll mein Herz vor Liebe schlagen!
Noch einmal will ich den Geschmack des Meeres kosten,
noch einmal will ich in der Sonne schmelzen
und das Gras in seiner Frische riechen,
noch einmal soll der Wind mir auf den Körper blasen,
noch einmal will ich zu dem Klang der Flöte tanzen,
noch einmal nur ins Auge eines nahen Menschen sehen!

Es ist immer dasselbe, dachte der Tod vor sich hin, *wenn ich an ihrer Türe stehe, wollen sie noch einmal nur, was lange Zeit so brach gelegen.* Und man sagt, es sei eine glitzernde Träne der Bitterkeit über sein Gesicht gelaufen, als der Mensch mit seinen traumhaften Sehnsüchten leise entschlief.

Ingo Sperl, 1997

Ein Traum

Im Ultraschall. Das Gesicht des Arztes ist konzentriert. Er sieht auf die unterschiedlichen Schattierungen auf dem Bildschirm. „Das ist die Blase." Ich versuche in seinem Gesicht zu lesen.

Wie wäre es, wenn er jetzt sagen würde: „Ich kann keine Lymphocele mehr erkennen."
Das träume ich schon manchmal: Dass da ein Arzt zu mir sagt: „Du hast nur schlecht geträumt. Eigentlich bist du doch ganz gesund. Diese vierzig Jahre waren nur ein Traum, ein böser Traum von Atemnot, Knochenschwund, Schmerzen und Leiden. Nur ein Traum."

Aber dann sehe ich in den Spiegel, sehe wie die Krankheit mich gezeichnet hat. So sieht kein gesunder Mann aus.

Fragend schaue ich mich in dem Spiegel an. Wie kann Sigrid mich noch lieben? Wie kann ich mich selbst noch lieben? Was kann ich meinem Kind bedeuten?

Ich bin gebeugt geworden, zerbrechlich, die langjährige Cortisoneinnahme hat meine Haut so dünn gemacht, dass sie oft reißt. Es fühlt sich schwach an in diesem Leib. Doch habe ich nur diesen einen Leib mit allen seinen Begrenzungen und Einschränkungen. Ich weiß nicht mehr, wie das war, als ich mal keine Medikamente nehmen musste. Ich weiß auch nicht mehr, wie es sich anfühlt mit aller Kraft auf einen Fußball zu treten und ein Tor zu schießen. Ich weiß nicht mehr, welche Lust es gemacht hat mit einem Pferd über Hindernisse zu springen oder mit einem Hüpfseil zu springen.

Der Arzt sagt: „Es ist Flüssigkeit nachgelaufen. Aber die Menge ist noch zu tolerieren." Eigentlich keine schlechte Nachricht, zunächst. Aber halt nicht mein Traum. Wenn du krank bist, platzen viele Träume. Wenn du vor allem nicht mehr gesund werden kannst.

Ob er mir einen Rat weiß, der mir hilft? Ob er mir einen Weg aufzeigen kann, wie ich leben kann mit meinen vierundzwanzig chronischen Diagnosen? Ob er

sich einfühlen kann? Hat er Kinder? Freut er sich auf sie, nachher, wenn er heimkommt? Oder heute spät abends, wenn sie schon schlafen? Liebt er seine Frau und sie ihn? Streiten sie manchmal? Wie viele Kranke sieht er Tag für Tag und muss Diagnosen stellen: Prostatakarzinom, Inkontinenz, erektile Dysfunktion, Niereninsuffizienz, Hodenverwachsungen...
Ist er gesund?

Ich spüre, dass er in seiner Welt lebt und ich in meiner. Das ist ja immer so. Jeder lebt halt das Seine und keiner kann dem anderen seine Sorge abnehmen. Susan Sontag schreibt in ihrem Buch „Krankheit als Metapher" von den zwei Staatsbürgerschaften, die eine im Reich der Kranken und die andere im Reich der Gesunden. Ein schönes Bild für das, was ich meine.

Ich habe viel Respekt vor den Ärzten, die mich in den letzten Jahrzehnten behandelt haben. Respekt vor ihrem Wissen und ihrer fachlichen Kompetenz, aber auch Respekt vor den menschlichen Seiten. Sie haben einen schweren Beruf.
Ich denke auch daran, wie ich arbeite und meine Kollegen. So anders.

Nein, meine Krankheit ist kein böser Traum. Sie ist ganz real und hat eine große Macht über mich. Sie durchkreuzt meine Pläne, manchmal von einem Augenblick zum andern. Und damit natürlich auch die Pläne meiner Familie. Sie bestimmt das Maß meiner Vorhaben. Sie sagt ja oder nein, ohne dass ich das immer selbst in der Hand habe. Ich klammere mich an die Strohhalme meiner Hoffnung. Will leben, lachen, arbeiten, zärtlich sein und Kontakte haben!

Das Kranksein hat mich einsam gemacht. Es ist, als müsse ich mich entscheiden. Entweder Rückzug in den Ruhestand oder noch einmal aufstehen, aktiv werden, mitmischen, dabei sein.

Ich entscheide mich für das Dabeibleiben, wo ich eigentlich längst nicht mehr hingehöre.
Ich möchte davon erzählen. Ich möchte erzählen vom Kranksein und seiner Einsamkeit. Von den Einschränkungen und Kraftanstrengungen, von den Beziehungen, Sorgen und Freuden.

Ich will nicht erzählen in der Hoffnung, dass jetzt die Gesunden uns Kranke mehr verstehen sollen. Die Gesunden haben erst mal das Recht, ihr Leben und ihre Gesundheit zu genießen. Es geht mir eher um Begegnung.

Wie begegnen wir uns, jeder mit dem Hintergrund seiner Welt als „Angehörige verschiedener Staatsbürgerschaften"? Jeder mit dem Hintergrund seiner Erfahrungen von Gesundheit oder Krankheit? Wie können wir den Kontakt so gestalten, dass es Beziehung wird, Wissen umeinander, Wahrnehmung und Respekt? Es geht mir darum, zu erzählen, wie es für mich ist, als kranker Mensch inmitten einer Welt zu leben, die meine Realität nur wenig kennt. Ich möchte den Gesunden schon auch helfen, uns zu verstehen und neu zu achten, ohne unsere Krankheit in den Vordergrund zu stellen. Ich möchte aber auch mir helfen, nicht bitter zu werden und den anderen ihre Gesundheit nicht neidisch anzukreiden. Ich möchte mir helfen, weich zu bleiben trotz aller Schmerzen, Leiden und Beschwerden.

Der Anfang: ein Schnupfen

Ich habe Schnupfen. Vor vierzig Jahren habe ich Schnupfen bekommen. Um die Abiturszeit. Wie gut, dass es diese Schleimhautabschwellenden Sprays gibt! Sie machen mir die Nase frei, einen halben Tag, dann ein paar Stunden, dann immer weniger. Die Nase verkrustet, ich atme immer mit offenem Mund, röchle meine Nächte durch.

Ein Arzt sagt mir, jetzt müsse ich aber mal zu einem Spezialisten. Zu einem HNO-Arzt. Ich kann nichts mehr riechen.

Wie schade! Ich nehme einen Stein in die Hand und versuche mich zu erinnern, wie Steine riechen. Ich gehe bewusst an einem Misthaufen bei uns im Dorf vorbei. Er dampft. Aber ich rieche nichts. „Sei froh", sagen manche. Aber ich bin nicht froh. Vielleicht manchmal, wenn ich im Krankenwagen das Erbrochene eines Patienten aufwische. Aber ich würde gerne wieder einen Misthaufen riechen oder das Spitzkraut auf den Fildern, außerhalb von Stuttgart, wo ich aufgewachsen bin. Gerüche meiner Kindheit. Unangenehme Gerüche eigentlich. Aber in der Erinnerung so köstlich! Es ist nicht schlimm, den Geruchssinn zu verlieren. Aber es ist doch auch traurig und sehr schade. Ich stelle mir seitdem Gerüche vor, beim Essen, in der Natur und überall. Ich stelle mir die Gerüche zwischen Menschen vor. Der Verlust des Riechvermögens hat mich von einem weiten Bereich des Sinnlichen abgeschnitten. Immer wieder kehrt meine Erinnerung zu einem Haarfestiger, Dipadidoo. Meine Schwestern hatten ihn, aber auch Baba, meine damalige Liebe, und die Haare ihrer Puppe, die sie mir manchmal auslieh, dufteten nach Dipadidoo. Nie wieder werde ich diesen betörenden Duft riechen können.

Oder der Geruch des frisch gemähten Grases, wenn da noch diese Feuchte hervorkommt. Das Heu in der Hitze des Sommers, das Salzige in der Meeresluft und die Gerüche der orientalischen Basare. Wolle und Erde, Blätter, Jahreszeiten – alles hat seinen Geruch. Betörende Fülle! Man merkt es, wenn es einem verloren geht.

Der HNO-Arzt entfernt mir ambulant ein paar Polypen, die sich aus den geplagten Nasenschleimhäuten gebildet haben. Zwei Wochen später waren sie nachgewachsen. Die Wunden waren verkrustet, brannten, die Nase zugeschwollen.

Ich habe damals als Student in einem Kellerzimmer gewohnt. Es war feucht dort. Und ich hatte Sorgen, Liebeskummer und Prüfungsdruck. Insgesamt lebte ich unter schwierigen Umständen. Dazu kam das Heimweh nach Süddeutschland, dem Grün der Schwäbischen Alb, der Sprache, dem Vertrauten.

Nach dem Schnupfen kamen die Polypen. Ich bin unwissend mit den Medikamenten umgegangen und konnte auch nicht einschätzen, was ich mit diesen vielen Sprays angerichtet habe. Nach dem zweiten operativen Eingriff in meiner Nase habe ich Atemnot bekommen. Der Notarzt diagnostizierte einen Asthmaanfall. Ich bekam entkrampfende Tabletten, die ich bei Bedarf einnehmen sollte.

Damals war ich ein 21-jähriger Student. Ich dachte zurück an die Schule, die Klassenkameraden und unsere gemeinsame Zeit des Aufbrechens. Die einen waren gerade Soldat geworden. Andere – wie ich – hatten den Zivildienst abgeleistet. Viele hatten ihr Studium aufgenommen. Die meisten etwas Naturwissenschaftliches. Ich lernte drei alte Sprachen nach für das Theologiestudium. Die Zukunft lag vor uns. Wir waren neugierig auf sie. Ich hatte Lust auf sie und war voller Träume.

Die Sprachen waren nicht leicht. Zum einen musste ich in relativ kurzer Zeit Prüfungen ablegen. Zum andern waren alle drei aber auch sehr spannend im Kontext ihrer Geschichte. Das Lateinische habe ich gerne gemacht. Es hat mir den Horizont der Grammatik geweitet und auch noch einmal Zugänge zur römischen Geschichte eröffnet. Das Griechische mochte ich am meisten. Insbesondere auch wegen einer langen Griechenlandreise, die ich damals an die Sprachprüfung anschloss. Bis heute begleitet und interessiert mich die Symbolik der griechischen Mythologie. Die Götterwelt mit ihren Projektionen. Die Charaktere. Die Intensität ihrer Lebenskämpfe. Später habe ich sogar in meiner Trauerarbeit sehr davon profitiert und noch einmal einen ganz anderen Blick für diese Dynamik in den Göttergeschichten erworben. Vom Hebräischen ist mir am wenigsten geblieben. Irgendwie war ich kraftlos geworden. Die Welt Israels und seiner Sprache war sehr interessant und hat mich auch gefesselt. Aber davor hatte sich plötzlich wie ein Vorhang ein ganz neues Lebensthema gezogen: das Erkranken. Die Hilflosigkeit und Ohnmacht mit dieser neuen Situation angemessen umzugehen. Eigenartigerweise habe ich aber dann gerade in Israel später eine besondere Kraftquelle für mich erschlossen. Alles geschah dann wie Schlag auf Schlag.

Wenige Tage nach meinem ersten Asthmaanfall bekam ich einen epileptischen Krampfanfall in einem Bielefelder Kaufhaus und kam in eine Klinik. Ich erinnere mich, dass den philippinischen Krankenschwestern immer ganz wichtig war, dass ich Hausschuhe anzog. Aber ich besaß gar keine.
Ich war aufgelesen worden im Kaufhaus, ohne Hausschuhe, ohne Schlafanzug, mit ein paar Asthmatabletten in der Hosentasche und war sehr durcheinander. Vor wenigen Tagen erst hatte ich diese Eingriffe in der Nase, dann wurde ich zum Asthmatiker und jetzt zum Epileptiker. Und da war niemand, mit dem ich das hätte in gutem Sinne bearbeiten können. Ich war wie in einem Schock. Da-

zu diese Tabletten: für die Nase, für die verkrampften Bronchien, gegen die Epilepsie. Die Fachärzte sahen nur auf das ihre: der Internist auf die Bronchien, der Neurologe auf die Epilepsie, der HNO-Arzt auf die Nasenschleimhaut. Und ich wusste nicht, wie mir geschah. Dass Polypen nachwachsen, das wusste ich nicht, nicht einmal, was Polypen waren. Dass auf einen Atemnotzustand ein anderer folgt, habe ich auch nicht gewusst. Ich hatte noch nie Asthma gehabt. Und auch keine Epilepsie.

Der Neurologe zweifelte nicht an dem Aufkommen eines hirnorganischen Leidens. Dass der Krampfanfall im Kaufhaus von den Asthmatabletten hervorgerufen wurde, konnte erst später angenommen werden. Der Internist nahm meine Atemnot, den Husten und die geschwollene Nase wahr und verordnete entkrampfende Medikamente. Er sagte, ich muss mit dem Rauchen aufhören – was mir in jener Situation auch gar nicht schwer fiel. Der HNO-Arzt sah seine Aufgabe im Sanieren, das hieß im Operieren der Schleimhäute. Ich habe mich selten so verlassen gefühlt. Im Wartezimmer des Neurologen fand ich mich unter jungen Epileptikern. Sie trugen alle Schutzhelme. Ich weiß nicht, wie viel Zeit meines Lebens ich seitdem in Wartezimmern verbracht habe. Und wie mich das Schicksal der Patienten berührte. Und wie ich lernen musste, dass ich jetzt die Seiten gewechselt habe. In mir hat es sich aufgelehnt. „Wieso ich? Das kann doch nicht wahr sein!" Irgendwann sagte mir mein Kopf: „Warum eigentlich nicht ich?" Eine einsame Frage. Wenig hilfreich, aber auch berechtigt.

Wegbegleiter in den Anfängen

Herrn Stein, dem Griechischlehrer, fiel meine Beschwertheit auf. Er kam auf mich zu und hörte sich meine Geschichte an. In Bethel, wo auch die Kirchliche Hochschule liegt, an der ich die alten Sprachen gelernt habe, gibt es gerade für die Epilepsie großartige Fachleute. Über Herrn Stein und Professor Rohrbach fand ich zu einem älteren Facharzt, dessen Namen ich nicht mehr erinnere. Er nahm sich sehr viel Zeit für mich. Es ging um die Diagnose „Epilepsie".

Ich nahm ja inzwischen jeden Tag diese Tabletten, damit keine Anfälle mehr kommen sollten. Ich wollte das auch nicht mehr erleben. Es ist schrecklich, den Boden unter den Füßen zu verlieren. Nicht zu wissen, was da gerade passiert und doch zu spüren, dass es bedrohlich ist, dass ich Hilfe brauche. Und dann dieser Knall, dieser Kurzschluss im Kopf, als ob dir jemand einen Schalter ausknipst. Zu dir kommen, nicht wissen woher. Und fragen, was ist passiert. Meine Seele kam dem allem nicht nach.

Der Facharzt von Bethel entließ mich etwas entlasteter. Ich hätte mit großer Sicherheit keine Epilepsie. Aus all den Untersuchungsergebnissen war nichts dergleichen zu konstruieren. Nun dürfe ich diese Tabletten wieder absetzen. Aber das habe ich gut verstanden, dass ich das ganz langsam machen muss. Das hat mir der Arzt gut erklärt. Langsam, über einen längeren Zeitraum, reduzierte ich die Tabletten, bis ich nach einem halben Jahr die Episode Epilepsie verabschieden konnte. In dieser Zeit habe ich meine Sprachprüfung in Griechisch abgelegt und dabei langsam die Tabletten reduziert. Die einen wenigstens. Ein Schatten legte sich auf meine Seele.

Mir blieb auch eine Nase in schlimmem Zustand. Alle sechs Wochen operierten mir verschiedene HNO-Ärzte ein paar dieser schnell nachwachsenden Polypen. Ich konnte nicht mehr riechen, nicht frei atmen, nicht entkrampft leben. Mir blieb auch noch die Diagnose Asthma. Und mir blieben besorgte Eltern in 400 km Entfernung, eine beschwerte Partnerschaft mit einer wunderbaren, hilflosen und überforderten jungen Frau. Ich war selbst auch sehr überfordert.

In dieser Anfangszeit meiner Erkrankung zog es mich sehr nach Süddeutschland. Zu meiner Familie. Zu der vertrauten Umgebung. Aber ich konnte an keinem Fußballspiel mehr teilnehmen. Ich war plötzlich viel eingeschränkter, ohne dass ich es wirklich begriffen hätte. Ich war krank geworden. Aber ich wusste gar nicht, was das jetzt heißt.

Dr. B., der Metzger

Dr. B. hatte einen guten Ruf in unserer Region. Er war ein Monstrum von Mann mit einem roten Gesicht und fettigen roten Haaren. Er wurde mir empfohlen als ein kompetenter Arzt und guter Operateur. Ich kannte seine Tochter schon vom Reiten. Als Jugendlicher war ich in derselben Voltigiergruppe wie sie. Sie besaß ein wunderschönes Pferd.

Nach ein paar Operationen hatte er eine Schublade für mich. Irgendwie hielt er die Theologen für Figuren aus einem Kasperltheater. Der liebe Gott hätte meine Nase eben mit einer schlechten Tapete ausgestattet. Deshalb wachsen die Polypen bei mir immer nach. Zuerst saß ich lange im Wartezimmer. Dann bekam ich eine Beruhigungs- und eine Schmerztablette. Später erst wussten wir dann, dass er mit der Schmerztablette die Asthmaanfälle, die ich bei den Eingriffen bekam, auslöste. Dann zog er sich diesen riesigen Gummischurz um, die Gummihandschuhe und setzte sich vor mich. Ich wurde immer kleiner, innen und außen. Diese Prozedur kannte ich schon. „So, dann wollen wir mal ...", sagte er und stülpte noch die Ärmel hoch. Ich sah die roten Arme mit den roten Haaren und die Pünktchen auf seiner Haut und vor allem diese Muskeln, die Kraft in seinen Armen.

„Es wird nicht weh tun." Er sprühte ein Betäubungsmittel in beide Nasenlöcher. „Heute nehmen wir die Schlinge und zwicken die Dinger ab. Sie sind von tief hinten nach vorne gefallen. Immer wenn ich vorne abschneide, drücken sie von hinten nach. Ich nehme noch die Zange und zwicke kleine Reste ab. Dann wollen wir doch sehen ... ganz locker halten ..." Während er so vor sich hin sprach, umfasste eine seiner Mitarbeiterinnen meinen Kopf und drückte ihn nach hinten in die Lehne des Stuhls. Dr. B. saß mit weit gespreizten Beinen vor mir, ich lag richtig in seinem massigen Leib. Er schob seine Lampe an der Stirn nach vorne, klappte sie runter, meine Hände waren angeschnallt, eine zweite Mitarbeiterin hielt die Nierenschale für das Blut und Dr. B. griff die Schlinge und führte sie tief in die Nase.

Es tat eigentlich nicht richtig weh. Aber es krachte und riss und knackte hinter meinen Augen. Er zog und ich spürte das Reißen. Dann hielt er das ganze blutige Ding vor meine Augen und sagte: „Kolossal, so groß sind diese Dinger, aber da sitzt noch eine." Und er wiederholte es. Wischte mich zwischendurch ab. Ich blutete, hatte Angst, spürte Atemnot. „Ja, wo gehobelt wird, da fallen Späne", hörte ich ihn sagen. „Das sind jetzt die Freudentränen ..." – immer die gleichen Sprüche, wenn er mir das Gesicht abwischte.

Dann ist das eine Nasenloch fertig. Es kommt das zweite. Sie legen mich auf eine Liege. Ich ruhe aus, träume weg, sehne mich nach Frieden. Später lässt er mich gehen. Meistens bekomme ich unterwegs einen Asthmaanfall, rufe den Sanka, komme in die Klinik.

Das ging so immer fort. Immer wieder. In der Regel alle sechs Wochen. Dann schlug er vor, die Nase doch mal richtig zu sanieren. Die Kieferhöhlen zu öffnen. Unter Narkose natürlich. Ob ich noch ein geistliches Wort sprechen wolle, so vor der Narkose. Er fand sich lustig mit so einem blöden Geschwätz. Aber ich war gerade mal 22 Jahre alt.

Diese ständigen Eingriffe haben mich psychisch sehr belastet. Es war so sinnlos. Angst, Blut, Schmerzen, alle sechs Wochen. Ich weiß nicht, wie viele Pelzjäckchen für Frau Dr. B. ich damit finanziert habe. Wenigsten etwas.

Als ich aus der Narkose erwachte, tat mir der ganze Kopf weh. Und die Brust. Dr. B. hatte über den Zähnen meine Kieferhöhlen geöffnet und ausgeräumt. Ich war tamponiert. Alles war geschwollen. Ein so genanntes Spontanpneumothorax hatte sich gebildet, ein Kollaps eines Teils meiner Lunge. Dr. B. erklärte meiner Mutter am Telefon, die Operation sei gut gegangen, ich würde nie wieder einen Asthmaanfall bekommen. Da sei er sich sehr sicher.

Später hatte ich noch andere Operationen. Siebbeine, Stirnhöhlen. Immer wieder. Zum Glück bin ich zuletzt guten Operateuren begegnet. Der eine fragte: „Wer hat denn in dieser Nase rumgerührt? Da hat sich einer nicht richtig getraut."

In der kommenden Zeit sollte es noch oft geschehen, dass ich immer wieder Auszeiten aufgezwungen bekam. Zeiten der Sorge und Zeiten der Erinnerungen. Im Krankenbett gingen meine Gedanken zurück zu allem, was mir wichtig war.

Ich schau den weißen Wolken nach

Wir hatten einen großen, ungepflegten, wilden Garten um unser Haus. Er war klasse. Ich erinnere mich an viele der Bäume und Pflanzen. Auch daran, wie ich Bäume fällen durfte und vorher Marterpfähle aus ihnen machte. Es war ein guter Ort für uns, unsere Mieter und unsere Tiere.

Im Sommer waren die Fenster der meisten Wohnungen offen. Wir hörten im Garten den Ehekrach im einen Stockwerk, das Weinen von Kindern im anderen, Musik aus wieder einem anderen – es war immer Leben im Haus.

Ich mochte und mag den Sommer am meisten. In meiner Kindheit verbrachte ich viel Zeit im Garten. Oft lag ich im Gras auf einer Decke. Ich kenne die Gräser gut, nicht mit den botanischen Namen, aber mit den unzähligen Formen, Farben, Größen, die Heuschrecken, die Insekten, ich kenne das Gras in der Nässe und in der Trockenheit, in der Wärme und Kälte. Ich lag auf der Decke und roch. Dann sah ich zum Himmel. Wenn man auf dem Rücken liegend zum Himmel schaut, kann man den Himmel in ein Meer verwandeln. Plötzlich werden die Wolken zu Wellen, das Blau zum Meerwasser. Und ich fühlte mich Momente lang wie weit oben im Himmel.

Ich habe aber auch einfach den Wolken nachgesehen. Ihre Formen haben mich inspiriert und mich auf viele Gedankenreisen eingeladen. Damals kam aus dem zweiten Stock auch eine Zeitlang der Schlager von Nana Mouskouri „Ich schau den weißen Wolken nach und fange an zu träumen ...“. Dann habe ich die Augen geschlossen und habe geträumt.

Ich schau den weißen Wolken nach

Wenn im Abendwind der Regen rinnt,
ja, dann sieht keiner meine Tränen.
Ich sag' mit lächelndem Gesicht:
"Mein Herz vergisst Dich nicht."

Ich schau den weißen Wolken nach
und fange an zu träumen.
Ich schau den weißen Wolken nach
und träume, Du bist bei mir.
Wenn Du die weißen Wolken siehst,
dann sollst Du an mich denken.
Auch wenn Du in der Ferne bist
ist meine Liebe bei Dir.

Nachts im Sternenschein steh' ich allein
so oft am Fenster, denn ich warte.
Ich warte täglich mehr und mehr
auf Deine Wiederkehr.

Ich schau den weißen Wolken nach
und fange an zu träumen.
Ich schau den weißen Wolken nach
und träume, Du bist bei mir.
Wenn Du die weißen Wolken siehst,
dann sollst Du an mich denken.
Auch wenn Du in der Ferne bist
ist meine Liebe bei Dir.

Manchmal kam ganz leise und langsam der alte Erpel, an den ich gerne denke, zu mir her. Wir hatten ja allerlei Geflügel bei uns. Und eben diese Enten. Er kam langsam näher und sah zufrieden aus. Nicht weit von mir ließ er sich nieder und so lagen wir zwei und träumten gemeinsam. Ich ging davon aus, dass wir dasselbe träumten und fühlte mich sehr mit ihm verbunden. Solche Projektionen sind ja oft etwas vom Schönsten. Und es war schön mit meinem Erpel. Er gehörte zu einer stummen Entenrasse. Mit ihm war es sehr still. Ich ließ mich ein auf die Stille mit ihm. Und nach einiger Zeit konnte ich ihn sogar berühren. Er hauchte glücklich, wackelte mit dem Schwanz und nickte mit dem Kopf. Ich hauchte zurück. Er in seiner Welt und ich in meiner. Wieder so ein Phänomen der unterschiedlichen Staatsbürgerschaft. Noch heute, wenn ich Enten dieser Rasse sehe, nehme ich Kontakt mit ihnen auf, hauche mit ihnen und spüre die alte Erinnerung. Simon, mein Bub, lacht immer sehr, wenn ich das mache.

Unser Garten war ein guter Ort zum Träumen. Selten, aber manchmal kam es vor, dass ich mit meiner Mutter im Garten war. Wir saßen dann zusammen und überlegten, welche Wünsche wir haben und was wäre, wenn sie wahr würden. Natürlich habe ich mir ein Pferd gewünscht. Davon konnten wir gemeinsam träumen. Ich erinnere mich auch, dass ich gerne ein Mosaik an der Wand vor meinem Zimmer gehabt hätte und Platz, ganz viel Platz. Mama hätte gerne ein

Zimmer gehabt mit wunderschönen Teppichen und antiken Möbeln. Ich hätte es ihr gerne geschenkt. Mit Mama konnte ich gut den Schlager hören „Ich schau den weißen Wolken nach und fange an zu träumen ...".

Vor dem Krankenhauszimmer sehe ich den Wolken nach und träume. Wenn Simon mich fragt, was ich mir wünschen würde, wenn ich drei Wünsche frei hätte, müsste ich nicht lange überlegen. Es hat mich zu Tränen gerührt, dass sein erster Wunsch Gesundheit für mich wäre. Ich habe einen großartigen Sohn. Danke Sigrid!

Und irgendwann begannen die guten Ratschläge

Im Fernsehen war ein Geistheiler mit guten Erfolgen aufgetreten. Immer wieder haben sie mir das gesagt. Mal war es ein Amerikaner, mal ein Asiate, der eine besondere Begabung hatte. Aber immer ganz skurrile Persönlichkeiten. Viele von ihnen waren sehr wortkarg. Aber ein geheimnisvolles Flair hat sie alle umgeben Da bestand ein Kontakt zu einer jenseitigen Welt. Einer hat meinem krebskranken Vater auch das Badewasser als Heilquelle angeboten, das Uriella mit ihren nackten Armen gerührt hatte. Die Leute mit christlichem Hintergrund haben – wenn es gut ging – für mich gebetet. Andere luden mich zu Gebetsgemeinschaften ein, und ich habe damit nicht nur schöne Erfahrungen gemacht. Verletzt hat mich immer, wenn die Qualität meines Gebets am Heilerfolg abgelesen werden wollte. Da war ich wirklich ein schlechter Beter. Geistheilung ist nicht mein Weg, das spüre ich deutlich.

Andere haben es mit der Energie. Krankheiten sind für sie so etwas wie Blockaden, die man einfach mit eigener Kraft überwinden muss. Bei ihnen funktioniert das, weil sie gar keine schwierige Krankheit haben. Aber für ihren Schnupfen brauchen sie selbst auch ihre sieben Tage. Und wie sie leiden, wenn es dann mal soweit ist, und womöglich ein Heuschnupfen im Frühsommer sie plagt! Was für eine üble Energie!

Die meisten haben auch eine Tante oder entfernte Verwandte, die sehr gute Erfolge haben. Mein Schulkamerad Ingo hatte so eine Tante. Sie war eine seriöse homöopathische Ärztin, und hat mich akupunktiert. Ich war dafür aber zu unreif, damals, und hatte noch kein eigenes Verständnis vom Kranksein und von Heilung.

Dr. H. erzeugte mit der Erfindung meines Schwagers künstliches Fieber. Wir haben es ausprobiert und ich bin überzeugt, dass das in manchen Fällen eine sehr gute Therapie sein kann. Bei mir hat es nicht ausgereicht.

Herr T. hat mich geschröpft, bestrahlt, massiert, und dabei gerungen. Und er hat gegrübelt. Schon dafür war ich ihm sehr dankbar. Er hat mich nie aufgegeben und wollte seine eigenen Grenzen sprengen.

Ein Schamane, den ich in den Ferien kennen gelernt habe, hat mich in seine Schwitzhütte eingeladen. Ich hörte die indianischen Gesänge die ganze Nacht durch. Aber in die Schwitzhütte habe ich mich nicht getraut. Als ich sah, wie erschöpft er war am nächsten Tag, habe ich ihn bewundert. Das muss alles durch mich hindurch – hat er mir gesagt. Sigrid hat es einmal mitgemacht. Aber ich habe um meine Haut gefürchtet. Ich hatte Angst, gebraten zu werden.

Heinz Auberle versuchte es mit Eigenblutbehandlungen. Ich habe bei ihm im Zivildienst viel gelernt. Er war ein sehr kompetenter Sanitäter und später ein anerkannter, erfolgreicher Heilpraktiker.
Bis heute verfolgen mich richtiggehend gut gemeinte, leider oft sehr unwissende, Ratschläge. Sehr verletzend empfand ich den Besuch von Hermine. Sie meldete sich nach über 14 Jahren wieder bei mir. Wir hatten früher sehr liebevoll gestaltete Kindergottesdienste miteinander gehalten. Zusammen mit einem kreativen Team. Hermine hat mit der Gitarre die Lieder der Kinder begleitet und sie hatte eine schöne Stimme. Ich freute mich, von ihr zu hören. Sie kam auf einen Besuch vorbei. Und wir erzählten uns. Sie von ihren schwierigen Phasen und ihrem Sprung in die Selbständigkeit. Ich erzählte von meiner Familie, von der Arbeit, von meiner angeschlagenen Gesundheit. Beim Thema Gesundheit hat sie sich verändert. Plötzlich erzählte sie mir von einem Präparat, mit dem schon einige schwerkranke Leute geheilt wurden. Sie waren von den Ärzten schon aufgegeben. Die Ärzte wollten von dem Präparat nichts wissen,

vielleicht weil es so gut half. Und ich soll das doch ausprobieren. Im Laufe des Gesprächs stellte sich heraus, dass Hermine gerade mit dem Vertrieb dieser Präparate selbständig geworden war. Und plötzlich fiel mir der Schleier von den Augen: Hermine hatte sich erinnert, dass ich chronisch krank war und hat sich deshalb bei mir gemeldet. Ich spürte eine riesige Verletzung in mir. Es ging ihr gar nicht darum, mich wieder zu treffen. Was ich mache und lebe und wie es mir geht, war ihr letztlich egal. Sie wollte ein Geschäft mit mir machen. Dafür sind wir allemal noch gut, wir chronisch Kranken! Und das Prinzip funktioniert mit den Gesundheitspräparaten genauso wie mit Versicherungen und anderen Produkten. Einer vertreibt es, bringt es an den Mann oder die Frau, ein paar der Vertreter bilden eine Gruppe, an der wiederum ein anderer, der schon aufgestiegen ist in der Hierarchie, mitverdient. Und so weiter. Oben schwimmen dann die Geschäftemacher und unten gehen die einzelnen Verkäufer, gut geschult von Haus zu Haus, von Verein zu Verein und klappern den ganzen Bekanntenkreis ab. Ich spreche gerne mit meinem Physiotherapeuten darüber. Kaum hatte er seine Praxis eröffnet, bekam auch er Anrufe von Bekannten, die diese Gesundheitspräparate vertrieben. Die Praxen sind gute Orte, solche Sachen zu verkaufen. Ganz einfach. Und mit der Zeit steigst du ganz von alleine auf, verdienst immer mehr und tust sogar noch was Gutes. Ich glaube sogar, dass Hermine von ihrem Produkt überzeugt war. Aber ich musste mich schützen. Ich habe den Kontakt mit ihr abgebrochen. Ich will sie nie wieder sehen. Auch ihre Reaktion auf meinen Kontaktabbruch war gut geschult. Es wurde noch ein letzter Versuch nachgeschoben. Mit diesem subtilen „was ist dir deine Gesundheit eigentlich wert?" und: „Willst du überhaupt gesund werden?" – diese Unterstellung, wir Kranken brauchen unsere Krankheit halt auch. Es gibt so kluge Weltbilder, die in ihrem Zynismus nicht zu überbieten sind. Und ich kann nichts dagegen tun. Ich kann mich nur entziehen.

Vorm Supermarkt treffe ich die Frau eines lieben Kollegen. „Wie geht es dir?", fragt sie. Ich erzähle kurz. Im Blick auf meine Beschwerden sagt sie: „Ich glaube, wir müssen mal miteinander reden." Und dann rückt sie raus mit etwas ganz neuem aus der Magnetfeldtherapie. Sie hat sich ein kleines Gerät gekauft. Das bringt die Magnetfelder wieder in Ordnung. Es wird davon ausgegangen, dass im menschlichen Körper Eigenschaften zu finden sind, die mit demjenigen des Magneten übereinstimmen. Darin werden entgegengesetzte Pole unterschieden, die verwandelt, zerstört oder gestärkt werden können. Eine andere möchte, dass ich einen Blutstropfen von mir einschicke. Sie kennt eine Ärztin, die Astronauten im Weltall behandelt. Es braucht nur einen Blutstropfen. Auf Grund des Blutstropfens wird die Ärztin dann fast unfehlbar und weiß zu jeder Zeit, wie der Patient behandelt werden muss.

Ein Zeit lang war Kalzium ganz in. Trinkampullen. Man hat sie in der Apotheke bekommen. Tolle Prospekte dazu. Meine halbe Verwandtschaft hat diese Ampullen getrunken. Vor allem die Älteren. Es ist wie ein Boom, der aufkommt und wieder abflaut. Zwischendurch war es Vitamin C in hohen Dosen täglich eingenommen. Man kriegte keinen Krebs mehr, fühlte sich voll fit, und irgendwie entstand so ein Gefühl von Unsterblichkeit. Es gab das Vitamin plötzlich in den Drogeriemärkten, spottbillig in großen Mengen. Und selbst auf den Konferenzen der Pfarrer im In- und Ausland wurde löffelweise Vitamin C eingenommen.

In Berlin kam ich in die Praxis des anthroposophischen Arztes, Dr. D. Er ließ mich als erstes meinen Lebenslauf schreiben. Ich sollte den Schwerpunkt darauf richten, was mir im Leben damals wichtig war bzw. mich getragen hat. Dr. D. war ein guter Arzt. Es war ihm aufgefallen, dass er immer wieder Asthmatiker unter den Theologen findet. Irgendwie fand er die Art, heutzutage Theologie zu treiben, so aufgeblasen wie eine asthmatische Lunge. Er vermisste die ureigenste Motivation zur Theologie in meinem Leben. Das originelle Theologietreiben. Als Lektüre empfahl er mir ein theologisches Buch eines Asthmatikers: Die Genesis im Lichte der embryonalen Menschheitsentwicklung.
Damit machte er mich aufmerksam, dass es für uns Theologen sehr wichtig sei, Substanz, und zwar theologische Substanz, zu erwerben. Gerade für Asthmatiker ist sehr wichtig, eigene Standpunkte zu begründen und die Luft im Brustkorb substantiell zu füllen. Da darf kein Hohlraum sein, kein aufgeblasener Luftballon.

Es war ein schwerer Weg mit Dr. D. Und doch war da viel dran. Ich habe es bei Predigten gespürt, wie verschieden sie sich anfühlen, wie anders ich atme, je nach dem, wie engagiert und überzeugt ich mich hinter den Worten wahrnahm.

Dr. D. spritzte mir auch Ameisensäure (oder Zitronensäure) in den Rücken und streckte mich, indem er mich von hinten ruckartig anhob.

Noch mehr Ärzte und ein Studium

Damals gab es noch diese Depotspritzen Volon A. Ein Cortisonpräparat, das über vier bis sechs Wochen kleinere Cortisonmengen im Körper abgab. Ich atmete in diesen Wochen wie ein Gesunder. Ich mochte diese Spritzen. Ich wusste aber auch nicht, welche Folgen sie mit sich brachten. Wie auch?

Es war Dr. K., der mir diese Spritzen gab. Mein erster Hausarzt. Er kannte mich von klein auf. Er hatte eine große Nase und trank gerne Wein. Aber wenn ich ihn kommen sah, war es, als ob alles gut würde. Er wurde gerufen, wenn ich am Gartenzaun nach Luft rang, wenn ich nach einem Pfirsich und einer Aspirintablette plötzlich schier erstickte. Er kam mit seiner großen Tasche und zog eine Spritze auf. Wie froh ich war! Nur noch wenige Minuten und ich würde wieder Luft bekommen! Und so war es auch. Zuerst der Stich, dann wurde es ganz warm im Arm, Kalzium und Theophyllin, dann das Cortison: und Luft. Es kribbelte. Die Wärme aus dem Arm strömte durch den ganzen Körper. Da waren noch Blockaden. Hindernisse auf dem Weg meines Atems. Und sie wurden immer kleiner. Der Kopf wurde heiß. Ich musste dringend zur Toilette. „Das kommt von dem Kalzium", sagte Dr. K., während er einen Schluck vom Tokajer meines Vaters nahm. Luft. Ich bekam wieder Luft.

Gleichzeitig verspürte ich einen großen Lebenshunger. Kaum konnte ich atmen, war ich nicht mehr zu halten. Ich tauchte ein in die Möglichkeiten des studentischen Lebens. Die Tage und Nächte ausfüllen, genießen, Ekstase, Lebenslust. Leider konnte meine berufstätige Partnerin gerade diese Seite am schwersten mit leben.

Im Rückblick war mein Leben sehr ungeordnet. Und ich war ein unreifer Mensch. Ein Mensch voller Träume und Sehnsüchte. Die Schule war erfolgreich abgeschlossen. Die alten Sprachen fast geschafft. Die schwierigsten Hindernisse auf dem Weg zum Theologendasein weggeräumt. Ich ließ mich zwischendurch vom Studium semesterweise beurlauben. Meistens wegen der Asthmaanfälle im Anschluss an Polypenoperationen oder längere Krankenhausaufenthalte. Oder Fieberschübe, die immer mal aufkamen. Die Behandlung ging immer nach demselben Schema: Hochdosierte Cortisonpräparate und Antibiotika. In einem stetigen Kommen und Gehen. Und dann wieder ein neuer Arzt und ein anderer Fachmann. Wir probierten immer wieder etwas aus.

Was soll noch werden? So viele Überlegungen standen an. Was ist denn mein Ziel im Leben, im Beruf, in der Liebe? Und was war realistisch? Was sollte ich denn tun, wenn meine Ziele gar nicht mehr erreichbar waren? Konnte ich denn überhaupt noch einen Beruf anstreben?

Ich habe unzählige Male meine Krankheitsgeschichte erzählt. Ist das Atmen besser, wenn es draußen kalt ist oder eher, wenn es warm ist? Gibt es Stoffe, auf die ich allergisch reagiere? Wieso wachsen die Polypen immer nach? Und wo kommen die Infekte her? Was ist mit meinem Immunsystem? Wie beschädigt ist meine Lunge denn schon? Und mein Herz? Und die Nieren? Wie steht es mit Bewegung? Und gibt es da nicht auch die psychosomatische Komponente? Haben Sie noch Ihre Mandeln?
Meine Schulkameraden bekamen mein Erkranken mit, aber sie konnten wenig damit anfangen. In der Familie waren sie erschrocken. Der Zivildienst lag hinter mir, eine belastete Zeit bei der Unfallrettung. Ich habe Körperteile getragen, Kinder schreien gehört, Menschen sterben sehen. Und ich war sehr jung. Die Kollegen waren alle bei der Armee gewesen. Sie haben nicht viel von uns gehalten. Ihre eigene Unsicherheit und ihr eigenes Erschrecken haben sie verborgen hinter der rauen Fassade einer zweifelhaften Männlichkeit. Wir haben auch gesoffen. Irgendwie war da ein Bild von Krankheit in meinem Kopf, das mir sagte, es wird alles gut. Ich konnte mir Kranksein nicht anders vorstellen, als dass es wieder verging. Die richtige Tablette vom richtigen Arzt – danach habe ich gesucht. Nach dem Medikament, das mir helfen konnte.

Ein neuer Lebensabschnitt hatte ja begonnen: Das Abitur gerade noch geschafft. Latein geschafft. Und jetzt Griechisch, Hebräisch und ein bisschen Philosophie. Um mich herum kluge Studenten und Studentinnen. Die Theologen haben eine reiche Sprache. Wenn sie nicht aus Süddeutschland kommen, ganz besonders. Ich kam mir sehr dumm vor unter ihnen. „Krummes Holz – aufrechter Gang" so lautete der Titel eines Seminars über den Sinn des Lebens. Ich habe davon gar nichts verstanden. Oder Heideggers Satz „Das Und undet nur" – sag das mal einem Jungen aus einem schwäbischen Dorf! Ich bekam das Gefühl, dass ich furchtbar fehl am Platze war unter diesen Philosophen, die von ihren Herrenzimmern im Pfarrhaus träumten, bei Rotwein, Pfeife und einem klugen Buch.

Aber es gab auch nette Studentinnen. Eine sprach sogar schwäbisch. Wie wohltuend! Wie heilsam! Ich habe in dieser Zeit entdeckt, welchen Schatz ich aus meiner Mundart mit mir trug und abrufen konnte. Ich suchte die Nähe zu den Studentinnen. Mit der Schwäbin habe ich später ein paar leichte und unbeschwerte „Kreuzberger Nächte" verbracht. Wir hörten das Lied „Kreuzberger Nächte sind heiß" und mussten viel lachen. Aber ich lebte zwischen der Freiheit der Studenten und der Enge einer kleinbürgerlichen Beziehung. Weite und Gefängnis – gleichzeitig. Mit allem Chaos der Gefühle, die zu so einer Situation gehören. Und ich habe so gerne gelacht. In glücklichen Momenten.

Ich habe mich in meinen Beziehungen sehr angestrengt. Zwischen Treue und Freiheit, Lebensdurst und Begrenzung, zwischen all den Werten im Kopf und der Sehnsucht im Herzen bin ich oft fast erstickt.

Und dann die Kirche. Ich habe einen langen Weg machen müssen, einen langen Weg hin zur Kirche. Zu den Kommilitonen. Dem theologischen Denken. Der Kirchengeschichte. Der Ethik und Dogmatik. Der Pädagogik und der biblischen Bücher. So viel altes Zeug habe ich gelernt. Es war im Grunde genommen immer interessant. Aber nicht so interessant wie die anderen Themen. Die Frage nach dem Leiden und die Frage nach der Liebe. Ich habe mich sehr oft verliebt und habe auch außergewöhnliche Frauen kennen gelernt.

Dass einmal mein Wunsch bei einer Sternschnuppe in Erfüllung ging, leuchtet über meinem Leben. Gisela hat mir Chopin gespielt an einem Flügel im Stiftsübungsraum. Ich habe mit ihr auch Blues getanzt. Meine Krankheit war damals noch schick. In Berlin habe ich ein paar Wochen mit Christine gelebt, bis ihre Schwester ermordet wurde. Sie haben mir in mein Gästebuch geschrieben. Mein Leben ist reich geworden. Mit Sabine habe ich in Griechenland ihren Vater gesucht. Ich hätte sie wahrscheinlich ohne weiteres geheiratet. Ich habe Frauen gefunden und Frauen verloren. Es war eine atemlose Zeit. Eine Zeit der Suche. Ich habe auch nach mir gesucht und bin sehr krank geworden.

Um mich herum später die schwäbischen Theologen, manche von ihnen Pfarrersöhne. In Tübingen. Sie wussten, wofür sie studierten. Sie wussten auch, wovon sie sprachen, wussten, was ein Kirchengemeinderat ist oder wie man Abendmahl hält und solche Begriffe wie „Sünde" mit Sinn füllt. Uli hat sich mit dem Tod beschäftigt und mit russischen Literaten. Er hatte eine sexy Freundin. Jahre später sollte ich mit ihr New York besuchen und auf ihren Wunsch hin im Delmonico's zu Abend essen. Wie ich mir meinen Tod einmal wünsche, fragte er mich. Aber ich wünschte mir den Tod gar nicht. Ich sehnte mich nach Leben, Ekstase, Glück, Zärtlichkeit. Ich hatte so einen Riesendurst. Im Rückblick denke ich manchmal, ich hatte das Gefühl, die Zeit geht mir aus.

Ich war als Student phasenweise sehr albern und aufgedreht. Es war die Zeit, als ich meine Mitte verloren hatte und mich in allerlei Provokationen ausprobierte.

Dann begann ich zu lesen. Hermann Hesse, Narziss und Goldmund. Und Klassiker, Gedichte und Prosa. Ich verschlang Bücher. Mich interessierte alles, außer all dem, was ich fürs Studium lesen sollte. So studierte ich historische Hilfswissenschaften (Genealogie und Heraldik), Rumänisch, Amerikanistik, Parapsychologie, Völkerkunde und Empirische Kulturwissenschaft, Soziologie und Marxismus, Pädagogik und Linguistik, ein bisschen Italienisch. So von allem etwas. Und ich sah mich um dabei. Die Studenten in den einzelnen Studienfächern waren sehr verschieden.

Die Volkskundler haben mir am besten gefallen. Mit ihnen verstand ich mich aus dem Stand. Auch die Methodik ihres Faches hat mich sehr erreicht. Dieses sensible Hinschauen und Nachfragen ließ mich aufatmen. Die Theologen haben die historischen Fragen in den Vordergrund gestellt und sind dabei an meiner Realität oft sehr vorbei geschwommen.

Nicht umsonst bin ich immer wieder zur Volkskunde zurückgekehrt. Ich habe auch in diesem Fach promoviert, meine Freiheit gefunden und meine Kompetenz und Intelligenz entdeckt.

Aber neben all diesen Erfahrungen mit Liebe und Tod bin ich krank geworden und krank geblieben.

Manchmal, wenn ich morgens aufwache, stelle ich mir vor, es wäre alles nur ein Traum gewesen. Was für eine schöne Vorstellung!

Einmal war es sogar so.
Es war nach einem Aufenthalt in der Asthmaklinik in Davos. Bei der Entlassung sagte mir der Chefarzt, ich solle zuhause noch einmal nach der Pilzsituation in der Lunge schauen lassen. Bei Dr. Dettweiler war im Röntgenbild eine nicht ganz klar einzuordnende Blase entdeckt worden. Er wollte noch eine Bronchoskopie machen. Es gab den Verdacht auf ein Aspergillom, eine Pilzerkrankung, die zum Tod führen kann, wenn der Pilz seine Kapsel verlässt. Ich ließ gleich eine Bronchoskopie in der Tübinger Uniklinik machen. Dort bekam ich auch einen Operationstermin, obwohl die Diagnose nicht eindeutig war. Dr. Dettweiler intervenierte und sah sich im Röntgenraum mit Sigrid noch einmal die Lunge an. Insgeheim träumte ich davon, dass die Blase einfach weg sein sollte. Und sie war weg! Dr. Dettweiler sah sich in seinem Urteil bestätigt und ich musste nicht operiert werden.

Wie schön wäre es, wenn solche Träume einfach immer wieder wahr würden! Wenn ich plötzlich morgens aufwachen könnte, schlank, ohne die Zeichen meines Cushings durch die jahrzehntelange Cortisoneinnahme. Oder mit ganz vielen dichten Haaren und einer strapazierfähigen Haut! Gelenkig! Kräftig mit freier Lunge und Nase! Potent und unermüdbar! Ich träume gerne diese schönen Träume. Und ich lasse sie dann auch wieder los!

Meine Wut

Ich bin jetzt 40 Jahre krank. Es ist meine Form des Daseins. Wer bin ich denn dann jetzt und wer wäre ich geworden, wenn damals alles anders gekommen wäre? Wäre ich oberflächlicher geblieben? Oder hätte ich mich anders einfühlen können in die Menschen, die ich betreue und begleite? Wie hätte ich geliebt, wenn über mir nicht das Zerbrechliche und die Ahnung vom Ende geschwebt hätten? Die Krankheit ist auch eine Chance, sagen manche. Du verlierst etwas Wichtiges und gewinnst dafür eine andere Sicht auf die Welt. Deine Lebensthemen wechseln. Und oft genug sprechen wir von dem halbvollen und halbleeren Glas. Als ob es nur darauf ankäme, den richtigen Blick einzunehmen. Habe ich mehr gewonnen als verloren? Ich könnte auf manche Einschränkungen gut und gerne verzichten. Manche klugen Worte machen mich auch zornig. Vor allem, wenn sie einer sagt, der die Krankheit selbst nicht kennt. Und es macht mich wütend, wenn Kollegen hinter allem und jedem noch einen Sinn entdecken wollen. Ich finde vieles am Kranksein sehr sinnlos. Auch möchte ich ernst genommen werden in meinem Leid und darin, dass es einfach auch überhaupt nicht schön ist.
Es gab auch Zeiten, in denen ich nach der Schuld an meinem Schicksal gefragt habe.

War es nicht unerhört, dass mich der Neurologe so kurzerhand zum Epileptiker erklärte? Blieb ich nicht jämmerlich verlassen zwischen HNO-Fachärzten und Notärzten? Und wie wurde ich vertröstet und belogen bis hin zu solchen Aussagen: „Nach dieser Operation werden Sie keinen Asthmaanfall mehr bekommen."

Ich habe viel Wut auf die Ärzte gehabt. Und auf meine Krankenkasse. Und auf das ganze System. Aber im Laufe der Zeit habe ich zu einer anderen Einstellung gefunden. Ich habe inzwischen einen großen Respekt vor den Ärzten und ihrer Arbeit. Man kann leicht nach der Schuld fragen und vieles läuft nicht in Ordnung ab. Man kann immer Sündenböcke finden. Und das Leben selbst ist ungerecht. Da ist einer immer am Essen und bleibt gertenschlank. Da treibt einer gar keinen Sport und fühlt sich fit. Da hat einer einfach ganz unverdient viele schöne Haare.

Auch Ärzte haben das Recht, in ihren Beruf hineinzuwachsen, Erfahrungen zu sammeln oder auch Fehler zu machen. Kein Meister ist bisher vom Himmel gefallen. Auch in meinem Beruf brauchen wir Erfolge und Rückschläge, Erfahrungen und Theorien, Routine und neue Herausforderungen. Und schließlich den eigenen Weg.

Ärzte tragen große Verantwortung. Sie müssen unter großem Druck viel leisten. Ich bin denen dankbar, die mit großem Verantwortungsgefühl mit mir als Patienten in Kontakt gingen und dabei ihre fachliche Kompetenz einbrachten. Und die vor allem mit mir geredet haben! Ich habe mich ihnen anvertraut. Dem Anästhesisten, dem Operateur, den vielen Pflegern und Therapeuten, die oft ganz eigene Kompetenzen entwickelt haben. Natürlich habe ich auch andere kennen gelernt. Und es ist mir bewusst, dass ein Operateur, der tags zuvor mit seiner Frau einen Krach hatte, auch während der Operation davon belegt bleibt. Ich habe mich ihnen anvertraut, den Ärzten und den Menschen, und empfinde Dankbarkeit dabei.

Keiner von ihnen ist Schuld an meinem Schicksal. Wenn es um die Frage der Schuld geht, dann wäre ein wichtiger Aspekt die Frage nach meinem eigenen Umgang mit Krankheit und Gesundheit. Wie naiv war ich selbst mit meinem Leib umgegangen! Wie viel habe ich ihm auch zugemutet an Übermüdung, Stress und Gift!

Manchmal denke ich, ich habe ein halbes Medizinstudium am eigenen Leib erfahren. Wie doch eines ins andre spielt! Wenn du an einem Rädchen drehst, drehen sich andre mit. Unser Leib ist ein kompliziertes System. Und er ist ein wunderbarer Wohnort für unsere Lebendigkeit und unsere vitalen Prozesse. Mein Leib ist nicht mehr schön. Er ist alt geworden, gezeichnet von Krankheit und Schwäche. Irgendwie mag ich ihn immer noch: die alt gewordenen Füße, die mich noch tragen, die wackligen Gelenke, die schmerzen, die Haut, die mich wie Pergament umhüllt, die Knochen, die leicht brechen, der Verdauungsapparat mit seinem Reflux und den Divertikulosen, der so durcheinander gerät und mal so, mal so Beschwer machen kann, die Nieren, die Blase, Leber und Prostata, die Krebszellen und immer wieder der Operationsbereich hinter den Augen in den Siebbeinen, den Nebenhöhlen, den Stirnhöhlen. Ich könnte so vieles noch dazu fügen. Wie es dämmerig wurde mit dem Grauen Star, den mir das Cortison bescherte. Ich kann manche Instrumente bei den Fachärzten nicht mehr sehen. Ich habe Angst vor ihnen. Sie sind so scharf und spitzig.

„Historische Momente"

Fausto ist Sizilianer. Ich habe ihn vor vielen Jahren kennen gelernt. Wir hatten hie und da ein Zimmer in unserer Wohnung für Studierende zur Verfügung gestellt, die im Rahmen eines Stipendiatenprogramms für einige Wochen an der Pädagogischen Hochschule unserer Stadt studieren wollten.

Fausto kam durch einen Zufall und ganz ungeplant in unser Haus. Wegen meines Bronchienleidens war die einzige Bedingung für die Aufnahme der ausländischen Studierenden, dass sie nicht rauchen sollten. Durch ein Versehen wurde uns Nikos aus Griechenland zugeteilt. Schon beim Begrüßungsessen schaute er suchend in der Wohnung herum. Er war ein passionierter Raucher, der einzige der ganzen Gruppe, und brauchte einen Aschenbecher. Weil das für beide Seiten nicht gut gehen konnte, wurde ein Tauschpartner für Nikos in der Studentengruppe gesucht – und gefunden: Es kam Fausto zu uns, aus Sizilien, mit kleinem Gepäck.
Er war kaum in der Wohnung und schon erzählte er eine ganze Menge von seinem Studium, seinen literarischen Arbeiten, seinen Gedanken zur deutschen Lebensweise.

Mir gehen Menschen immer furchtbar auf die Nerven, die ihren Mund nicht halten können und für die ihre Standpunkte immer so klar und eindeutig sind. Und Fausto gehörte zu denen. Das spürte ich sofort.

Aber am ersten Abend ist es ja immer so: Man macht sich bekannt, ist freundlich, zeigt sich von der besten Seite. Man will nicht stören und will sympathisch sein. Wahrscheinlich dachte er, er müsse uns unterhalten. Aber es kam nicht anders, die ganze Zeit über. Kaum kam er nachhause von seinem Studienprogramm, erzählte er seinen ganzen Tagesablauf:

Wie die Professoren waren und wie sie in Italien so ganz anders sind, welche Vorlesungen es gab und was ihm alles dazu einfiel, von den Exkursionen zu Theatern und ins Europaparlament ...

Nach einigen Tagen schon war ich ganz zappelig. Wenn er kam, ging nichts mehr. Keine Arbeit, kein Ausspannen. Nur Erzählen, als ob es nur die Welt seiner Hochschule gäbe und ich die jetzt mit zu leben hätte.

Eines Abends saßen wir wieder zusammen im Wohnzimmer, Fausto erzählte. Ich nahm mich zusammen und murmelte zwischendurch meine Kommentare, da fiel mir ein, dass ich ihn noch nach seinem Namen fragen wollte. Er hieß „De Michele" mit Nachnamen. Und ich wollte wissen, ob dieses „De" vergleichbar sei mit unserem Partikel „von". Mich interessierte das. War doch in meiner Familie das Erbe noch ganz wach aus der alten Monarchie Österreich-Ungarns, wo solche Sachen eine große Rolle spielen.

Da hatte ich ins Schwarze getroffen: Fausto erzählte von seinem Großvater, der Baron war in Cianciana, einem historischen Ort Siziliens. „Kommst du auch aus einem besonderen Stamm?", fragte er mich dann. Und natürlich! Was konnten wir uns da plötzlich erzählen von unseren Großvätern, die – so verschieden sie doch gewesen sein mussten – eines gemeinsam hatten: den „besonderen Stamm".

Und seit jenem Abend habe ich mich gefreut, bis Fausto heimkam. Wir haben zusammen alte Fotos angesehen aus der Monarchie, und haben uns Zitate erzählt von unseren Großvätern.
Fausto beschrieb mir seinen Großvater wie einen knorrigen Kavalier, der immer ein passendes Wort zu wissen schien. Ich beschrieb den meinen als den Kavalleristen aus der k. u. k. Armee, der sich noch duellierte, wenn er beleidigt wurde. Und bei diesen Geschichten kamen wir darauf, wie sehr sich unsere Großväter freuen würden, wenn sie uns jetzt sähen.
„Das ist ein historischer Moment", sprach einer von uns aus. Und tatsächlich: Es war ein historischer Moment, als wir uns kennen lernten und Freunde wurden.

Fausto hat Germanistik studiert. Sein Schwerpunkt waren die alten Tragödien des A. Gryphius. Er hat eine interessante Doktorarbeit darüber geschrieben und lehrt jetzt an der Grazer Universität als Lektor. Wir haben manchmal davon geträumt, wie wir unsere Gedichte und Erzählungen füreinander übersetzen könnten und welche „historischen Momente" wir damit schaffen würden.

Fausto hatte viel von der romantischen Sprache des Gryphius in sein Deutsch übernommen. Ich sagte ihm oft, er spräche wie ein alter König. Und wir haben viele geflügelte Worte miteinander geschaffen. Meistens fingen sie damit an: „Mein Großvater hätte jetzt gesagt ..." und dann folgten unsere großen Gedanken über Gott und die Welt, Vergangenheit und Gegenwart, Männer und Frauen ...

Wir haben viel gelacht miteinander und unsere Großväter haben das alles mit den Worten kommentiert, die wir ihnen in den Mund legten und mit denen wir jetzt „Geschichte machten".

Einmal hat Fausto einen ganzen Abend von Sizilien erzählt. Wie schön es sei und wie die Leute abends am Strand promenierten und sich mit eleganten Kleidern anziehen würden. Und draußen in Cianciana lägen sie unter den Feigenbäumen mit Rotwein und Pfirsichstückchen. Der Himmel sei lila-blau, die Grillen zirpten und die Hängematten wiegten sachte die faulen Männer. Ich müsste unbedingt einmal kommen.

„Du, komm einfach – ich bin Sizilianer – Du wirst keine Probleme haben." Als er so schwärmte, hatte ich wunderschöne Bilder vor Augen: den Ort Cianciana mit seinem Marktplatz und der „Casa De Michele", die armen Bauern und die alten Tempel, die Zitronen und das Geräusch des Meeres Und ein Jahr später fuhr ich hin. Wir machten wieder „historische Momente":

Am Hafen von Palermo holte mich Fausto ab. Er hatte alles perfekt „organisiert", wie in Deutschland. Sogar eine Garage hatte er gemietet für mein Auto, „sicher ist sicher". Wie oft denke ich an seine Ausdrucksweise, in der er mit deutschen Redewendungen hantierte wie am Stammtisch Süddeutschlands.

Wir stellten den Wagen in die Garage und gingen noch einige Viertel weiter in Faustos Studentenwohnung. Es gab eine Flasche Wasser zum Waschen, für mich aufgehoben. Und dann ging's in die Stadt, durch das lärmige Hupen des hektischen Verkehrs, durch das herrliche Geschrei der italienischen Märkte, durch die alten Gassen und Gärten Palermos und am Hafen entlang. Es war traumhaft, diese Stadt, und an meiner Seite ein echter Sizilianer, „keine Probleme" und „sicher ist sicher".

Am nächsten Tag wollten wir in den Süden der Insel fahren, nach Agrigento, wo ich Faustos Familie kennen lernen sollte. Wir brachen auf und gingen zur Garage ... Die Hauptstraße runter ... Eine Querstraße nach links, noch ein paar Abzweigungen und... Mir kam der Weg viel länger vor als tags zuvor, bis Fausto fragte: „Wo ist die Garage?" Die Garage? Woher sollte ich denn das noch wissen? Ich war neu in der Stadt, war Fausto gestern gefolgt und hatte dann geparkt. Was sollte ich noch wissen, wo die Garage war? Jetzt standen wir da. Ich hatte keine Ahnung, wo wir uns überhaupt befanden. Fausto hatte die Garage zwar gemietet, aber weder Adresse noch Besitzer aufgeschrieben.
Er versuchte sich an einem Balkon und einem Bäumchen davor zu orientieren, an das er sich noch erinnerte. Aber hier hatte jedes Haus einen Balkon und vor jeder Tür stand ein Bäumchen. Ich war schrecklich nervös. Aber Fausto sagte beruhigend: „Keine Angst. Das ist kein Problem. Wir werden die Garage finden."

So war es. Am andern Tag dann, wir waren schon in Agrigento, sollten wir eine Busfahrkarte kaufen für einen kleinen Ausflug mit einer Gruppe von Faustos Freunden. Wir gingen in einen Tabakladen. Aber da gab's keine Fahrkarten. Wir sollten bei der Tankstelle gegenüber welche bekommen. Dort wurden wir zurückgeschickt zum Tabakladen. Und ich war wieder ganz durcheinander. Fausto aber stellte fest: „Das ist kein Problem. Ich frage noch einmal."

Bald darauf hatten wir eine Fahrkarte, und dass dann kein Bus fuhr von unserer Haltestelle aus, steht auf einem anderen Blatt. Das hat auch nur mich beschäftigt. Für die anderen war das „kein Problem". Sie waren ja Sizilianer. Und sie kannten sich aus.

Ich habe es auch noch gelernt. Und ich liebe jetzt die ganze Insel mit ihren Nachkommen großer Männer und Frauen, die sich auskennen und die den Gästen Garagen mieten und Pfirsiche in den Rotwein schneiden. Ja, ich habe die Insel lieben gelernt. Mit Fausto. In manchen „historischen Momenten".

Das Wartezimmer

Ich schaue mich im Wartezimmer um. Was haben wohl die anderen? Zwei Frauen unterhalten sich. Sie sind guter Dinge. Sie reden über Kirschen und dass man Kirschen nie als Nachtisch essen soll. Schon die Eltern hätten es gesagt, dass man auf Kirschen nicht trinken solle. Dabei kommt es gar nicht darauf an, ob man trinkt. Es kommt darauf an, dass der Magen nicht schon voll ist, wenn man Kirschen isst. Ich glaube, da kann was dran sein. Werde es einmal versuchen. Meine Mutter wollte auch nicht, dass ich nach Kirschen trinke.

Ein alter Mann sieht traurig aus. Vielleicht lebt er allein. Wer weiß, was er hat. Die Arzthelferin kichert ins Telefon. Ob die Kollegin einen Dienst mit ihr tauschen könnte, fragt sie. Dann kommt sie zu mir und nimmt mir Blut ab. Sie ist ein bisschen aufgeregt. Aber in einer halben Stunde hat sie Feierabend.

Den Kindern ist es langweilig, es sei denn sie haben hohes Fieber und sind sehr erschöpft. Sie tun mir leid. Ich vergesse fast, weshalb ich gekommen bin.
Das Wartezimmer ist für mich ein Ort der Angst. Wird der Arzt etwas Neues gefunden haben? So wie damals mit der Osteoporose? Werde ich wieder so alleine nach Hause gehen, mit neuer Angst und einer neuen Diagnose? Oder werde ich mich an einem neuen Strohhalm festhalten? So ein Strohhalm, der mir sagt, es sei etwas besser geworden und ich werde noch nicht so bald sterben?

Ich denke an meinen Vater und daran, wie gesund er war. Aber auch er war sterblich und hatte einen schlimmen Krieg mitgemacht. Ich möchte nachher beim Arzt tapfer sein, so tapfer wie Papa im Krieg. Dabei denke ich, er wäre damals sicher froh gewesen, er hätte nur so zum Arzt gehen müssen mit einem Wartezimmer, als dort auf der Krim Wache schieben.

Eine Erinnerung an meinen Vater

Mein Vater kommt aus einem fremden Land. Das wussten alle in unserem Dorf. Man sah es ihm an, dass er anders war, sich anders bewegte und anders sprach.

Die Fremde war sein Geheimnis – die kannte nur er. Ich erinnere mich, wie groß ihn das machte. M e i n Vater kennt die Fremde und konnte erzählen von Pferden und Hühnern, von der Weite der Hügel und Felder, vom Wein und vom Mais.

Ich träumte so oft im Garten von der Sonne des fremden Landes meines Vaters, die den Tomaten mehr Geschmack gab als bei uns.

Noch viele andere Geheimnisse hatte mein Vater: Er konnte fremde Sprachen sprechen. Ich erinnere mich, wie wir miteinander Ställe bauten in unserem großen alten Garten für die Enten und Hühner, die wir beide gleichermaßen mochten und studierten. Wenn wir also Ställe bauten und Zäune zogen, schritt er oft auf und ab, mein Vater, und murmelte vor sich hin: „egy, köttö, haro,m néd, öt, hat, hé ..." und zählte in einer fremden Sprache die Schritte. Und wenn er ganz böse wurde, dann hat er laut geschimpft in dieser Sprache – es war nicht oft, aber diese Worte haben sich in mich eingegraben und sind mir selbst im Laufe der Zeit ein wichtiges Instrument für meinen Ärger geworden, auch wenn ich die Bedeutung der Worte nicht kannte.

Und wenn der alte „Kis-ur" kam, der Ungar in unserem Dorf mit seinem Schlapphut und dem Stoppelbart, dann war ich stolz auf meinen Vater. „Tojás, tojás", schrie es an der Tür. „Eier, Eier", hieß das, denn der alte Kis-ur hatte viele Legehühner, und wir kauften ihm die Eier ab. Wenn der Vater zuhause war, durfte er reinkommen. Dann redeten die beiden mit leuchtenden Augen. Wir verstanden sie nicht, aber es war wie Besuch von ganz weit her. Und es war u n s e r Vater, der mit dem Kis-ur sprechen konnte.
Noch viele andere Geheimnisse hatte mein Vater. Und er war der stärkste und der schnellste und der gescheiteste und der schönste Vater von allen.

Am meisten wusste er von Tieren und Pflanzen.

Gerne denke ich an die Adventszeiten meiner Kindheit zurück. Wir haben sie auf unsere besondere Weise verbracht. In die Kirche sind wir nicht gegangen, aber vorm Advent saßen wir viele Tage und alle Abende beisammen, unten in unserem Keller. Da war die Werkstatt meines Vaters, die Waschküche, der Kohlekeller, der Tisch mit den Bruteiern, die Regale mit Werkzeugen und Ersatzteilen. Im November brachte mein Vater immer einen ganzen Anhänger voller Tannenzweige aus dem Wald nachhause in unseren Keller. Er musste für viele Räume im Betrieb den Adventsschmuck vorbereiten.

Und da sehe ich noch das Bild: wie er da saß, mein Vater, mit seinem riesigen, grünen Schurz, inmitten all der grünen Zweige, überall nur Zweige, und auf seinem Schoß band er Kränze und Gestecke, brachte Kerzen an und Pilze und Bänder. Es waren Kunstwerke, die er entstehen ließ, keines glich dem anderen, jedes war besonders. Und ich saß da, oft mit der Mutter und den Schwestern. Anfangs durften wir in die fertigen Kränze die Kerzen stecken oder Bänder binden oder Zweige schneiden. Wenn wir die Reste in den Ofen steckten, knisterte es warm, und es duftete nach Advent.

Nach und nach versuchten wir Kinder uns auch in der Kunst dieser Gestecke. Ich hatte die runden Birkenholzbrettchen am liebsten. Da nagelte ich eine Kerze drauf und band Pilze dazu (die mochte ich am liebsten), künstliche Beeren, Bänder, Zapfen, kurzum: von allem etwas. Meine Gestecke waren hoffnungslos überladen, und natürlich verglich ich mit den anderen.

Die großen, braunen Hände meines Vaters, die nicht derb waren, machten mit wenigen Bewegungen kleine und große Adventszeichen, kunstvolle Gebilde voll Wärme und ihrer eigenen Ausstrahlung.

Das konnte mein Vater. Und wir erkannten seine Gestecke unter vielen wieder. Die in den Gärtnereien waren anonym. Die meines Vaters waren uns vertraut. Wir kannten sie alle:

Den Reif mit den vier langen, dünnen Kerzen mit rosa Farbe; die Wurzel, die aussah wie eine dicke Schlange und jedes Jahr ein neues adventliches Gesicht bekam.

Alle waren so wie Freunde, geschaffen an den heimeligen Abenden vergangener Zeiten, verabschiedet in die Räume ihrer Bestimmung, mit Liebe gemacht, die aus den gütigen Augen meines Vaters leuchtete, wenn er nichts sagte und seine Hände ruhig und sicher und stark einen Zweig nach dem anderen zu einem Freund entstehen ließen.

Als er in den Ruhestand trat, unser Vater, gab es diesen Advent nicht mehr. Wir sind groß geworden, wir haben Familien und leben an verschiedenen Orten. Aber ich weiß, dass unsere Gedanken sich treffen im Advent, in dem Keller, den es nicht mehr gibt, und den Zeiten, die vergangen sind.

Wie geht es mir?

Immer wenn ich schwierige Untersuchungen vor mir habe, die mit Schmerzen verbunden sind, denke ich an Mama und Papa und daran, wie sie sich Sorgen um mich gemacht haben. Irgendwie schaffe ich das ja alles. Wer denn sonst, sage ich mir dann. Und irgendwie bin ich schon auch tapfer. Manchmal aber auch nicht. Manchmal muss ich jammern und stöhnen und seufzen und denke dabei, dass mir viel Leid zugemutet wird.

Ein Kollege sagte, dass er noch nie richtig einen Arzt gebraucht hat. Er findet, dass er dafür eigentlich weniger Beiträge für unsere Krankenversicherung zahlen müsste. Es wäre gerechter, wenn die mehr bezahlen, die die Leistungen auch beanspruchen. Ich bin darüber erschrocken – es war mir bis dahin noch gar nicht recht bewusst, dass andere für meine Krankheit zahlen. Ich bin ja ein teurer Patient. Es hat auch lange gedauert, bis ich zu der Haltung finden konnte, wie froh dieser Kollege eigentlich sein müsste, dass er so gesund ist. Beide können wir nichts dafür, der Gesunde nicht und der Kranke nicht. Das bessere Los hat aber sicher der Gesunde in diesem Fall gezogen. Was würden wir chronisch Kranken nicht alles geben für ein bisschen mehr Gesundheit!

Wir sind teuer! Und wir sind eine Last! Solche Aspekte gehören zum Kranksein dazu. Die Frage nach unserem Wert. Nach unserer Lebensberechtigung. Es sind harte Themen, die sich da stellen, und sie haben eine heimtückische Geschichte in unserem Land. In unserem Dorf haben sie davon gesprochen, dass manche Menschen mit einer (oft ererbten) Erkrankung oder einer Behinderung „eingeschläfert" wurden. Ich habe es mir als Kind vorgestellt, dass sie selig schliefen wie auf einer kuscheligen Wolke, aber ich habe den Tod nicht damit verbunden. Sie hätten es „ewig schön" gehabt und nicht so leiden müssen wie die heute. So hat es geheißen bei uns im Dorf. Unser Dorf hat an seinen behinderten Menschen gelitten. Dabei habe ich deren Leiden gar nicht so wahrgenommen.

Vielleicht in einem Falle, bei dem ein Mädchen meines Alters in einem Stuhl liegen musste, 24 Stunden am Tag, mit Schleim verschmiert und ganz vor uns anderen versteckt. Und dann diese abgeschafften verbitterten Eltern! Wer weiß, was sie in ihrem Innersten bewegte!

Ich habe jetzt einen Schwerbehindertenausweis. Habe es schwarz auf weiß und rot auf grün, dass ich behindert bin, eingeschränkter als andere. Ich darf verbilligt ins Theater gehen oder ins Schwimmbad und bekomme eine Woche mehr Urlaub. Das finde ich schön. Wenn ich die Wahl hätte, würde ich die andere Option wählen. Ohne Ausweis den vollen Preis und keine Extrawoche Urlaub. Dieser Ausweis erinnert mich daran, dass ich in einer Gesellschaft leben darf, in der meine Behinderung „anerkannt" wird, und die mich nicht zu den lebensunwerten Personen aussortiert. Ich darf leben. Und in der Solidargemeinschaft unseres Staates werden meine Krankheitskosten – für manche gerecht, für andere nicht – verteilt. Ich bin trotz vieler schwieriger Erfahrungen sehr dankbar dafür.

Ich werde im Wartezimmer erkannt. Einer fragt mich, was mir denn fehle. Ich möchte es eigentlich so öffentlich gar nicht sagen, obwohl ich mit meinen Erkrankungen im Allgemeinen offensiv umgehe. Irgendwie blockiert mich seine Art zu fragen. Viele fragen mich, wie es mir geht. Und ich frage mich oft, ob sie es wirklich wissen wollen. Wenn ich jemanden frage, wie es ihm geht, möchte ich keinen Roman hören. Wenn man mich fragt, muss ich meistens viel erzählen. Ich bin zu der Standardantwort gekommen: „Ich bin zufrieden." Damit muss ich nicht so viel erzählen, aber ich wecke die Assoziation, dass es mir gut geht. Der Frager ist zufrieden, er freut sich, dass es mir gut geht. Aber mir geht es gar nicht gut.

Nach einem Krankenhausaufenthalt hat sich einer sehr gefreut, mich wieder zu sehen. „Wieder gut?", fragte er strahlend. „Gut ist anders", sage ich. Er ist enttäuscht. Es gibt halt nicht nur gut und schlecht. Nicht gesund oder krank. Ich bin immer krank. Mir geht es immer schlecht und zwar spürbar. Aber es geht mir halt manchmal nur schlecht und manchmal sehr schlecht. Bei mir ist das Befinden in den negativen Bereichen kategorisiert. Es tut mir leid. Aber ich bin an der Stelle empfindlich geworden. Ich möchte auf so eine Frage antworten ohne bloße Formel. Ich will auch, dass die Menschen um mich herum wissen, dass es mir nicht gut geht. Ich möchte dazugehören können mit allen Einschränkungen. Und sie sollen wissen, warum ich Menschenansammlungen meide. Sie sollen wissen, dass ich nicht mithelfe, wenn Tische getragen werden, weil meine Haut bei kleinen Stößen sofort reißt. Sie sollen auch wissen, dass ich nicht bei allem mitmachen kann, was für viele so selbstverständlich ist, weil mir die Luft ausgeht oder die Kraft. Oder dass es mir leicht schwindlig wird und ich leicht blute.

Ich bin zufrieden – das ist eine ehrliche Antwort. Ich sage es oft. Denn ich bin oft zufrieden. Und oft auch nicht. Das macht den Umgang mit mir sicher nicht nur leicht. Und ich bin dankbar, dass meine Familie das mit mir so wunderbar aushält und in mir nicht nur den Patienten sieht. Ja, ich bin oft zufrieden, oft auch glücklich. Ich lebe gerne. Und auch mein Leben ist schön.

Schwerbehindertenvertretung

Seit ich diesen Schwerbehindertenausweis habe, habe ich auch manchmal an Treffen der Schwerbehindertenvertretung teilgenommen. In der Vorstellungsrunde erzählt jeder kurz von sich, seinen Beschwerden, seinen Einschränkungen und den Problemen im beruflichen Alltag.

Ich beobachte etwas Eigenartiges: Wenn du nicht an Diabetes leidest, interessiert er dich auch wenig. Wenn du deine Symptome erzählst, die die andren gar nicht kennen, fühlst du dich unverstanden. Es hat mich nachdenklich gemacht, dass wir auch unter Kranken uns schwer damit tun, uns einzufühlen.

Es gibt auch die schicken Krankheiten und dann auch die anderen, die tabuisierten.

Krebs z.B. ist eine lähmende Diagnose. Da schwingt der Tod mit. Das Sterben steht plötzlich im Raum. Die Patienten werden plötzlich aus der Bedürftigkeit ihrer Situation mit einer ganz anderen Bedürftigkeit konfrontiert. Über Krebs spricht man auch nicht so leicht. Fast nur mit einer Art Scham.

Zwischen Seelsorge und eigener Bedürftigkeit. Das kannst du kaum unter einen Hut bekommen. Bei den Treffen der Schwerbehindertenvertretung geht es ja vor allem erst einmal um mein Leid, meine Sorge, meine Unsicherheit und die Zweifel, wie es mit mir weiter geht. Dazu geht es um Erfahrungen der andren, die für mich hilfreich sein können. Um den Austausch einfach. Das ist eine ganz andre Ebene, viel sachlicher als die Ebene des sich Wahrnehmens, Einfühlens und Begleitens.

Aber plötzlich steht der Tod im Raum. Der Tod eines Kollegen, einer Kollegin. Und wir wissen es: Er ist unser ständiger Begleiter. Bei jedem auf seine Weise. Insgeheim gibt es vielleicht auch den Gedanken: *Was will der denn mit seinem Wehwehchen? Er sieht schlecht. Na und? Daran stirbt keiner.* Es gibt so eine Hierarchie der Krankheiten.

Ich habe den Zauberberg von Thomas Mann gelesen. In Davos, wo das Ganze spielt. Der Zug – mit meinem Gepäck für vier Wochen – kroch den Berg von Klosters nach Davos zum Bahnhof Wolfgang hinauf. Draußen immense Schneemassen, Berge, Bäume, ein ganz schmales Tälchen. Und eine lange Geschichte. Ich war auf dem Weg ins Krankenhaus. Für längere Zeit. Ich würde wieder eintauchen in die Maschinerie der Klinik. Eingangsuntersuchung. Therapievorschlag. Verordnungen von Sport, Massagen, Sauna. Untersuchungen: Lungenfunktion, Röntgen, HNO-Konzil, Hautarzt-Konzil, Labor, Blutentnahmen

um Blutentnahmen, Erhöhung der Cortisondosis, Sputumabgabe, Spirometer, Gymnastik und psychologische Betreuung, Inhalationsraum, Schwimmbad und Warten. Dazwischen Blutdruckmessungen, Diabetesmessungen. Buchführung. Endloses Warten.
Im privaten Speisesaal sitzen illustre Personen. Der persönliche Referent eines deutschen Fürsten, die Sekretärin eines Sowjetfunktionärs mit einer jungen Dolmetscherin, die Gräfin, die oft da ist und mit mehreren Pkws voller Koffer anreist, die beiden Frauen an meinem Tisch, die sich angiften: eine Geschäftsfrau voller Klunker über ihren blutunterlaufenen Cortisonarmen und die Lehrerin, die ihr intellektuell überlegen ist. Da ist der ehemalige Grenzsoldat, der an der innerdeutschen Grenze Patrouille lief und gegen fast alles, außer Bananen, allergisch reagiert. Da sind vor allem Geschäftsleute, Beamte, Ehefrauen von Managern, Intellektuelle und bodenständige Bürger. Die meisten haben den Zauberberg gelesen. Viele kennen sich schon. Irgendwie sind wir Geschichte in dieser Geschichte geworden. Wir gehören dazu. Nicht mehr zu den Tuberkulosekranken am Anfang des 20. Jahrhunderts. Aber zu den Patienten, die hier behandelt wurden. Behandelt gegen die Allergien und Lungenkrankheiten. Manchmal schmeckt es noch nach Buttermilch, wenn wir uns auf dem Balkon mit einer Wolldecke im Winter zudecken. Prinz Charles ist wieder da. Zum Skifahren. Oder seine Söhne. Einmal war Arafat da und hatte ein halbes Hotel angemietet, für sich und sein Personal. Gar nicht weit von der Klinik. Oder Angela Merkel zu einem Kongress.

Von der Schickeria der Kranken

Ich habe dort auch gepredigt und Kindergottesdienst gehalten. Einmal auch eine Bildungsveranstaltung zum Thema „Neue Wege in der Begleitung Trauernder" außerhalb der Klinik gehalten. Mit den Klinikseelsorgern hatte ich immer Kontakt. Die Geschäftsfrau an meinem Tisch war nach meinem Gottesdienst zum Thema „Der verlorene Sohn" ganz erschüttert. Sie hatte auch so einen verlorenen Sohn, von dem sie nicht wusste, wo er sich gerade aufhielt. Ein Mitpatient wurde von seinem Sohn im Privatflugzeug abgeholt. Die Begegnung mit diesen Patienten hat immer eine besondere Qualität. Ich gehöre zu einer echten Schickeria. Es ist wie ein Gesellschaftsspiel.

So eine Lungenkrankheit ist aber überhaupt nicht schön. Es fühlt sich an, als ob dir ein schwerer Stein auf der Brust liegt, der dich einengt, dir Luft raubt, der vor allem sehr schwer ist und bedrohlich. Du atmest gegen ihn an. Aber er ist stärker. Du sprühst dir dein Asthmaspray in die Bronchien und bekommst Luft, ein paar Minuten, Linderung nur, aber immerhin Luft! Wie wunderbar ist es, Luft einzuatmen. Luft zu spüren. Die Kraft der Atmung. Die Lebenskraft. In der Atemnot steigert sich die Beklemmung in Panik. Der Tod klopft an. Es ist, als ob du noch drei Sekunden hast, dann zwei, dann eine ... und doch bleibt da dann noch etwas übrig. Für noch mehr Sekunden.

Mir sind beim Husten die Rippen gebrochen. Mir brennt der Brustkorb. Ich spüre es wie einen Riss in der Schleimhaut. Dann das Blut. Gott sei Dank selten, Schleim, der in seiner Zähheit einfach stecken bleibt. Die Sehnsucht nach einer kraftvollen Spülung der Lunge, einer „Lavage", aushusten, weit atmen.

Vielleicht bekommst du eine Spritze. Vielleicht hilft sie dir. Vielleicht geht die Lunge gleich auf und du spürst wieder mehr Leben, weniger Angst, der Tod rückt weiter weg. Die Ärzte auch. Wie gut, dass es sie gibt.

So eine Lungenkrankheit ist nicht schön. Und doch. Sie ist auch schick, so zwischendurch. Auf dem „Zauberberg" triffst du Leidensgenossen. Keiner wird dir sagen, dass Fahrstuhl fahren nicht ökologisch ist. Keiner wird dich bitten, schneller zu gehen. Wir fahren alle mit dem Aufzug, wir husten ungeniert, wir atmen laut, jeder für sich, und wir wissen, wie es sich anfühlt. Der Langsamste bestimmt das Tempo. Wir gehören dazu. Eigentlich lieber nicht, aber dann doch. Manche erzählen sich ihre Krankheitsgeschichte. Die Geschichten ähneln sich. Es geht um Symptome, Grenzerfahrungen zwischen Leben und Tod, Todesangst und Erlösung. Und dann immer wieder das Staunen der Ärzte: „Da haben Sie aber noch einmal Riesenglück gehabt" oder: „So einen Anfall habe ich noch nie miterlebt." Und unsere Kinder. Wie gut, wenn sie gesund sind! Fremde Menschen nicken mir schwer atmend im Aufzug zu. Wie schön!

Lungenkrankheiten haben irgendwie etwas Schickes. Ich weiß eigentlich nicht warum. Sie sind ja auch eklig mit ihren Absonderungen von Schleim und Blut.

Aber es ist das Bedrohliche. Dieses: dem Tod immer wieder entkommen. Oder ihm einfach manchmal auch ganz nahe zu sein. Die vornehme, fast aristokratische Blässe der Haut, die Hitze, das Ringen um Leben. Ich höre die Atemnot aus Chopins Musik. Es ist, als ob ich plötzlich inne halte, wenn ich ein Chopinstück höre. Als ob mich ein Pfeil trifft. Seine „Heroische Polonaise in As-Dur Opus 53": Er kriegt keine Luft, er versucht ein paar Atemzüge gegen einen zu großen Widerstand anzuatmen. Aber dann diese Erleichterung, diese Verspieltheit. Ich spüre, wie ich Luft bekomme, neue Luft und wie es in mir tanzen will und lieben. Stille. Aber in mir der Kampf. Es drückt und kämpft und stolpert an meine Rippen. Bis dieses Warme entsteht. Dieser Aufgang der Sonne – auch in mir drin. Du kannst es nicht festhalten. Kaum geatmet, wieder Kampf. Diese Bedrohung und endlich die Weite der hohen Töne, die mit mir das Leben spielen! Tanz! Ich danke Frédéric Chopin für seine Musik. Für das Nachspielen dessen, was ich anderen nicht erklären kann. Atmen, Leben und Aufstehen!

Es gibt eine ganz besondere Solidarität unter Kranken, wenn sie dieselbe Krankheit haben.
Da wächst eine Behutsamkeit.

Thomas Mann beschreibt das Ganze von außen. Die Schickeria der Tuberkulosekranken. Das Verrücktwerden an diesem verdammten Schicksal. Die Kranken bekommen ihren Krankenhauskoller. Immer mal zwischendurch. Einer oder mehrere zusammen. Und dann vergeht es auch wieder. Krankheit ist mitunter eine echte Achterbahnfahrt der Emotionen.
Einmal habe ich einer Mitpatientin mit meinem Dosieraerosol ausgeholfen. Das war ein besonderer Augenblick. Das kann nicht jeder. Das hat mich sehr mit ihr verbunden. Das vergesse ich nicht.

„Hältst du dein Inhalationsgerät nicht auch anders herum? Dann bekommt dein Mund ein Lächeln." Auch solche Sprüche gibt es. Wir wären so gerne einfach anders. Und wir erzählen uns, wie weit wir das Cortison schon reduzieren dürfen. Oder wie hoch wir wieder gespritzt wurden. Und heimlich schielen wir auf Arme und Beine, ob der andere schon mehr geblutet hat als ich. Oder ob er schon viel dicker geworden ist. Und wir wissen voneinander, bei wie vielen Milligramm Cortison wir gerade stehen. Auch eine Art von Intimität! Wer war heute schon bei welchem Arzt? Hat der wieder seinen spendablen Tag? Kriegen wir heute alle wieder ein paar Milligramm mehr?

Im Nebelraum sieht man sich nicht. Man hört sich. Man ahnt sich. Man ist nicht allein. Jeder in seiner weißen Kutte.

Manche Asthmatiker werden sehr dick. Wie ich. Es geschieht erst langsam. Du bekommst dicke Wangen und der Nacken wird dick. „Stiernacken" sagt man dazu. Oder „Stammfettsucht", wenn es weiter geht. Wie ein Schwimmring rundet sich der dicke Bauch, bei dünnen Beinen und Armen. Das Gewebe reißt. Wie bei den Schwangeren. „Striae" werden sichtbar. Pergamenthaut. Es sieht aus, als würdest du sehr viel Bier trinken. Deine ganze Erscheinung verändert sich sehr schnell. Auf der Waage 10 kg mehr als sonst und bald auch 20 kg. Du wirst hässlich. Im Schwimmbad schauen die Kinder ganz ungeniert auf diesen mächtigen Bauch. Eines sagt: „Guck, Mama, da ist ein ganz dicker Mann." Die Mediziner sprechen von „morbus cushing".

In Davos las ich einmal das Buch „Hiob" von Josef Roth. Als die Mutter von Menuchim in ihrer Verzweiflung über die Behinderung ihres Sohnes den Rabbi um Rat fragt, antwortet er: „Menuchim, Mendels Sohn, wird gesund werden. Seinesgleichen wird es nicht viele geben in Israel. Der Schmerz wird ihn weise machen, die Hässlichkeit gütig, die Bitternis milde und die Krankheit stark. Seine Augen werden weit sein und tief, seine Ohren hell und voll Widerhall. Sein Mund wird schweigen, aber wenn er die Lippen auftun wird, werden sie Gutes künden. Hab keine Furcht und geh nach Haus!"

Das sind starke Worte. Sie trösten sogar. Wenn ich sie lese, kann ich mich ein Stück weit sogar versöhnen mit den Anteilen meiner Krankheit, die mich sensibel gemacht haben.
Diese Worte des Rabbiners sind echte Trostworte für alle entstellten Kranken. Ich habe immer daran geglaubt und glaube es immer noch, dass die Möglichkeit zu einer neuen Verschönerung besteht. Und wenn es nur die Illusion ist,

die uns schöner und gesünder macht, ist es zwischendurch ein Trost. Ja, ich glaube an die Kraft der Illusion in aussichtslosen Lagen.

Ehemalige Schulkameraden begegnen mir. Ich grüße sie. Spreche sie an. Sie erschrecken, als sie mich an meiner Stimme erkennen. Ich erschrecke vor ihrem Erschrecken. Ich möchte abnehmen. Aber ich habe einen unbändigen Appetit.

Herr T. meint, ich müsse abnehmen. Er verschreibt mir eine Schrothkur in Oberstaufen im Allgäu. Ich dachte, man müsse da Schrot, viele Körner, essen und sonst nicht viel anderes. Aber die Schrothkur geht auf den Fuhrmann Johann Schroth zurück, der die Selbstheilungskräfte bei seinen Pferden beobachtet hat. Zwischen Essen und Fasten, Trinken und Dursten, Abkühlen und Aufwärmen, Bewegen und Ruhen verbringt man vier Wochen in einem Hotel oder Sanatorium, um abzunehmen. Es geht dabei vor allem um Entgiftung.

Die Suppen werden in dieser Zeit nicht gesalzen. Morgens um 4 Uhr wird man sanft geweckt und kalt und feucht verpackt. Nach einem heißen Kräutertee wird man von speziell ausgebildeten Kurpackern/innen in Tücher eingewickelt. Durch die feuchtkühlen Packungen und die beigelegten Wärmflaschen samt der Packdecken kommt man richtig ins Schwitzen! Typisch für das Heilverfahren ist der Wechsel von Trinktagen und Trockentagen. Kaffee ist nicht erlaubt, aber dafür Wasser, Kräutertees, Säfte und sogar Wein und Schnaps.
Wir waren an unserem Tisch meistens ziemlich beschwipst. Auf den riesigen Tellern wurden winzige Häppchen gereicht. Oft einfach so eine Wassersuppe mit einem Stück Blumenkohl. In der Stadt habe ich einmal schier einem Touristen die Currywurst vom Teller gerissen – so gierig war ich geworden. Diese Pommes, die Würste, das kühle Weißbier – ich habe es fast nicht ertragen. Aber dann, am vorletzten Tag, gab es Forelle blau. Ich hatte 12 kg Gewicht verloren. Hatte einen Riesenappetit. Und fühlte mich gut.

Manche Krankheiten sind schick. Manche sind im Tabu verschlossen. Über manche redet man gerne, andere verschweigt man lieber. Ich habe von beiden meine Anteile. Krebs: Das ist eine Krankheit, die von einem Tabu belegt ist. Immer noch. Auch die psychischen Erkrankungen sind schambesetzt. Das eine

Mal ist der Tod so nahe und die Frage, wie lange wird der Betroffene noch leben können? Und die Angst, ob ich nicht etwas Falsches sage oder ihm ungerecht werde. Die psychischen Erkrankungen sind so unberechenbar, so wenig sichtbar. Die betroffenen Personen selbst so wenig berechenbar. Was darf ich sagen, fragen, wissen – wo ist die Grenze zu Indiskretionen? Wo die Grenze von Gesundheit und Krankheit? Sind wir nicht alle immer mal psychisch belastet und auf Hilfe angewiesen?

Ich habe unter anderem auch eine schicke Krankheit: Hat nicht Mark Spitz als Asthmatiker im Schwimmen mal eine Goldmedaille gewonnen? War nicht Chopin lungenkrank? Wie viele Genies haben schlecht Luft bekommen? Und war nicht Präsident Kennedy cortisonpflichtiger Patient? Oder Walter Jens. In der Literatur und Musik finden sie sich zahlreich, diese wahlverwandten Kranken, die Genies, die Erfinder und die Empfinder.

Das hat Thomas Mann gut beschrieben, die Nähe von Wahnsinn und Krankheit, wenn sich so vieles um die Krankheit dreht. Es sind die Achterbahnfahrten, die uns in den Wahnsinn treiben. Die Emotionen, wenn der Tod sich anschleicht. Die Angst vor dem Sterben. Die Wut über die Ungerechtigkeit. Aber dann auch wieder der Trost, der aus der neuen Atmung kommt, wenn ein Medikament wirkt oder ein Schmerz nachlässt. Der Trost, dass da noch genug Kraft ist für das Leben, die Freude, die Liebe. Aber irgendwann ist der Bogen überspannt. Irgendwann wird kein Trost mehr sein!

Es gibt eine besondere Solidarität unter Kranken. Aber es gibt auch ein erschreckendes Unverständnis unter Kranken. Die Einschränkungen sind ja auch sehr unterschiedlich. Das macht die Arbeit in der Schwerbehindertenvertretung schwierig. Du bist betroffen, aber halt nicht von jedem Symptom gleichermaßen betroffen. Und die Hilfe, die du brauchst, ist anders als die, die die andren brauchen.

Dennoch ist diese Arbeit ganz wichtig. Wichtig auch, um selbst darüber nachzudenken, wie wir Kranken miteinander umgehen und wie wir uns einfühlen können.

Manchmal möchte ich vom Kranksein nichts mehr wissen. Nicht darüber reden, nicht daran denken. Einfach sein. Ich möchte manchmal einfach sein dürfen, wie ich gerade sein kann.

Die MS Kranken bekommen oft so genannte „Fatiguen". Wenn ich es recht verstehe, werden sie überfallmäßig sehr müde und brauchen dann eine Schlafpause. Viele psychisch Kranke sind sehr auf die regelmäßige Einnahme ihrer Medikamente angewiesen. Andere brauchen die Rücksicht auf ihre Einschränkungen im Blick auf die Sehkraft oder das Gehör. Andere brauchen Beratung und Begleitung in den praktischen Dingen ihres Berufes. Krank ist nicht gleich krank und behindert ist nicht gleich behindert. Nicht umsonst heißt das Buch von Gottfried Lutz „normal behindert".

So eine „Fatigue" im Sinne eines plötzlichen Erschöpfungssyndroms, kenne ich auch. Wenn mir im Stress das Cortison ausgeht, hilft mir nur noch Schlaf. Jeder muss das für sich herausfinden, was er braucht und was ihm hilft. Jeder muss sich seine Strategien selber wählen und ausprobieren, um im Alltag klar zu kommen.

Und keiner soll dem anderen vorsagen, wie er sich richtig verhalten soll. Es sind oft verletzende Situationen, wenn wir Kranken mit guten Ratschlägen versorgt werden. Sie sind ja gut gemeint. Oft sogar erwägenswert. Aber meistens gibt es noch eine andere Seite.

Warum der Zug doch anhielt

Fausto De Michele ist mein sizilianischer Freund. Sein Großvater war der Baron von Cianciana. Noch heute steht die „Casa De Michele" im Zentrum Ciancianas. Sie erinnert an die großen Zeiten der Familie. Cianciana liegt im Süden der Insel, in der Region um Agrigento. Die Leute sind arm dort. Sie lesen die Trauben und ernten von den Früchten der Insel, die es reichlich gibt. Und sie lassen es sich gut gehen, so gut wie es geht.

Fausto und ich hatten gemeinsame Freunde in Bad Niedernau. Bad Niedernau liegt an einem Bahnhof, von früher her. Es ist ein kleiner Ort. Ganz selten nur hält noch ein Zug.

Als Fausto nicht so oft in Deutschland war, und ich noch nicht so oft im Süden, haben wir uns viel erzählt: Wie anders es zugeht, dort, wo der Duft der Zitronen die Menschen froh macht, und hier, wo manchmal ein Zug hält und die Zeiten im Fahrplan verlässlich sind.

„Unglaublich, diese Deutschen", pflegte Fausto zu sagen, „immer perfekt organisiert!" Und er erzählte mir, wie er anfangs immer „Einbahn" und „Eisenbahn" verwechselt hat, und wie er dachte, die Einbahnstraßenschilder wiesen immer den Weg zum Bahnhof. Wir haben viel gelacht darüber, und wir wurden gute Freunde.

Einmal kam Fausto wieder nach Deutschland. Er verpasste – wie schon oft – den Anschlusszug in Milano, weil der auf den verspäteten Zug aus Sizilien nicht wartete. Dieses Mal versuchte Fausto, mit einigem Umsteigen die Richtung nach Bad Niedernau zu nehmen. Er stieg in einen Zug, der über Bad Niedernau ohne Halt bis Rottenburg fuhr. Das war nicht schlecht. Von der Endstation waren es nur ein paar Kilometer noch. Aber Fausto hatte kein bisschen deutsches Geld in der Tasche. Und es war mitten in der Nacht. Kein Geld, das hieß: Kein Taxi, kein Telefon. Und der Zug fuhr durch Bad Niedernau, gerade vorm Haus der Freunde vorbei.

Als der Schaffner kam, sagte ihm Fausto, dass er in Bad Niedernau aussteigen müsse. Der Schaffner war Schwabe. Und Beamter! Und er hatte einen Fahrplan. Er sagte Fausto, dass der Zug nicht in Bad Niedernau, dafür aber in Rottenburg halten werde.

Da saß der Enkel des Barons von Cianciana, der in Bad Niedernau aussteigen musste. Und da stand der schwäbische Schaffner der Bundesbahn und hatte einen Fahrplan in der Hand. Die Verhandlungen begannen. Fausto trug seine Lage vor. Zuerst: Er war ein Gast, aus einem fremden Land. Es war schon Nacht. Er hatte kein Geld. Und der Schaffner beschrieb seine Vorschriften.

In der nächsten Phase des Gesprächs erklärte Fausto dem Schaffner die einzig denkbare Alternative, die übrig blieb: „Gut, wir müssen es so machen, entweder Sie halten in Bad Niedernau, oder Sie geben mir Geld zum Telefonieren."

Damit war es geschehen. Der Fahrgast aus Sizilien hatte einen unglaublichen Konflikt geschaffen. Da war die Vorschrift und ein Fahrplan. Aber da war auch die Regel, die tief in einem Schwaben sitzt: Man wirft kein Geld zum Fenster raus. Der Schaffner ging zum Fahrer nach vorn und besprach sich.

Ich weiß nicht, wo der Fahrer her war, aus dem Süden oder von wo auch immer. Die Entscheidung fiel aber denkwürdig aus: Es ist noch nicht lange her, die Bad Niedernauer wundern sich noch heute. Da war es einmal spät in der Nacht, da hielt ein Zug in Niedernau. Und heraus sprang eine finstere Gestalt. Man erzählt sich, es sei der Enkel irgendeines Barons aus dem Süden gewesen.

Einen Seesack und eine Mütze soll die Gestalt bei sich gehabt haben. Ich konnte es schier nicht glauben, als ich die Entscheidung des Schaffners erfuhr. Die Sizilianer haben es alle geglaubt. Sie haben auch nie verstanden, was ich an der Geschichte so erstaunlich fand. In Sizilien halten jeden Tag irgendwo Züge, und niemand weiß recht, wo und wann. Ich denke aber oft an diesen Schaffner und überlege mir, dass er es sich nicht leicht gemacht hat mit diesem Halt in jener Nacht am Bahnhof von Bad Niedernau.

Fausto aber sagte: „Weißt du, mein Großvater hat immer gesagt, das richtige Wort zur richtigen Zeit hat mehr Kraft als ein Paragraph."
Wahrscheinlich haben sie Recht, die alten Barone von Sizilien.

Besuchsdienst

In einem Alten- und Pflegeheim in der Nachbarschaft gab es eine Zeit lang einen Besuchsdienst. Die engagierten Damen legten ihr Amt aber nach einer gewissen Zeit enttäuscht nieder. Die Begründung war, dass die älteren Leute sich gar nicht aufheitern lassen wollen.

Diese Frustration begleitet mich. Habe ich doch selbst in der Zeit als Altenheimseelsorger mit Besuchsdiensten zusammengearbeitet. Wir haben gemeinsam reflektiert und Formen gesucht, die in der Begegnung zwischen den Menschen im Heim und uns als Besuchsdienst stimmen können.

Ich empfand Besuchsdienste immer sinnvoll. Dort, wo Heimbewohner viel alleine waren, konnte Begegnung stattfinden. Eigentlich eine Kostbarkeit. Eine Chance der Begegnung. Besuchsdienste haben eine wichtige Funktion, wenn es um Kommunikation geht. Die Betreuten haben die Chance, von sich zu erzählen und von ihrer Befindlichkeit zu reden. Auch Erinnerungen auszutauschen. Und sie haben umgekehrt die Chance, etwas vom Leben in der Welt zu erfahren, sich erzählen zu lassen und Anteil zu nehmen Darauf kommt es auch an. Auf diese beiden Dinge: von sich erzählen können und erzählt bekommen. Es ist eigentlich das Grundkonzept der Besuchsdienste.

Offensichtlich hatten die Besuchsdienstdamen hier ein anderes Ziel. Ich bleibe an diesem Aufheitern hängen. Alt gewordene Menschen wollen sich nicht aufheitern lassen – das war richtiggehend der Vorwurf, der im Raum stand. Da gibst du dir Mühe, bereitest dich vor, möchtest Freude ins Heim bringen – und dann haut es nicht hin. Die Leute im Pflegeheim lassen sich nicht ansprechen und auch von meiner Freude nicht anstecken. Sie bleiben in ihrer Stagnation, verharren in ihrer Niedergeschlagenheit, jammern womöglich und kränken mich in meiner gut gemeinten Anstrengung.

Ich versuche mir vorzustellen, wie es mir umgekehrt als Bewohner einer Pflegestation geht. Und da fallen mir Episoden ein, die ich am eigenen Leib und eigener Seele schon erlebt habe.

Es war auf der Intensivstation. Ich war verkabelt. Zentraler Zugang über den Arm, eine Drainage in der kollabierten Lunge, Blasenkatheder, EKG, Sauerstoff. Am Sonntagvormittag plötzlich Posaunenmusik vor meinem Zimmer. Ein Chor war gekommen. Extra für uns Schwerkranken. Damit wir Lebenszeichen von draußen erfuhren. Damit wir Momente des Glücks erlebten. Es war ja Sonntag, Tag des Herrn, auch für uns. Nach ein paar Chorälen brachte einer der Musiker noch eine Broschüre „In dir ist Freude in allem Leide". Er strahlte mich an. Ich hatte Schmerzen. Er schenkte mir eine Minute Zeit. Ich war von der Musik erschlagen, war sehr empfindlich in dieser Situation und enorm ruhebedürftig. Der Musiker dem Himmel ein Stück näher. Irgendwie mochte ich ihn in seiner Freude. Aber wir waren weit voneinander entfernt. Er in seiner und ich in meiner Welt. Er freute sich, dass er auf dem Weg in den Himmel einen Schritt weiter gekommen war mit seinem Geschenk an uns Kranke. „Was ihr getan habt, einem unter diesen meinen geringsten Brüdern ..." Ich war froh, dem Himmel nach der Operation noch einmal ein Stück weit entkommen zu sein. So steht jeder an seinem Platz.

Ich möchte mich nicht von der Freude anderer anstecken lassen müssen. Ich möchte auch nicht aufgeheitert werden. Und dabei lache ich sehr gerne. Aber Schmerzen sind nicht zum Lachen und sie sind nicht heiter. Das hätte ich einem Besuchsdienst vielleicht gerne erzählt. Oder mich gefreut über die Anwesenheit eines Mitmenschen, der nicht mit mir im Leid meines Krankseins verstrickt und verwoben ist.

Ich würde gerne einmal seufzen in der Anwesenheit einer Besuchsdienstdame. Mir würde es gut tun, die Hand gehalten zu bekommen, so wie es manche Schwestern tun. Ruhig auch ohne Worte oder mit einem schlichten Wort.
Ohne heiter sein zu müssen.
Sein dürfen, wie ich gerade sein kann.
Sein dürfen, wie es mir ist.
Ich will nicht aufgeheitert werden, wenn ich Schmerzen habe oder Angst.

Die Besuchsdienstdamen haben etwas ganz Grundsätzliches missverstanden, wenn sie sich so gekränkt fühlen. Im Kontakt zwischen gesund und krank, zwischen Ehrenamt und Klient, zwischen Alt und Jung müssen beide authentisch bleiben können. Ehrlich. Mit allen Grenzen. Und keiner muss ein besonders kluges Wort sagen. Das Klügste ist, zuzulassen, was stimmt. Auch die eigene Ohnmacht. Und nicht ein Vorbild zu erfüllen. Denn die Trauer hat ihre Zeit und die Freude auch. Du kannst das eine nicht ohne das andre haben. Nicht aufheitern, lieber aushalten. Da bleiben. Nicht alleine lassen.

Ich war gerade auf meine neue Stelle gekommen: Seelsorger in einem kommunalen Alten- und Pflegeheim. In den ersten Wochen habe ich viele beglückende Begegnungen gehabt. Es waren Begegnungen mit der Heimleitung, mit den Mitarbeiterinnen und Mitarbeitern auf den verschiedenen Stationen.

Mit dem Heimbeirat, den Heimbewohnerinnen und -bewohnern und einigen Angehörigen. Mir gefiel mein neues Arbeitsfeld. Die Leute freuten sich auf mich.
Aber da gab es auch Ecken im Haus, die ich gerne mied. Es waren Zimmer auf der Pflegestation. Die älteren Leute, die noch sitzen konnten, saßen auf den Fluren in Gruppen, oft bei Radiomusik. Manche haben dort auch gegessen, zusammen gebastelt, gesungen und sich auch erzählt. Manche haben dort auch Besuch empfangen.

Es gab aber auch bettlägerige, pflegebedürftige Menschen. Einige konnten nicht mehr sprechen. Es war schwierig für mich, Kontakt mit ihnen zu finden. Vor allem so als Fremder, den sie gar nicht kannten. Ich wusste nicht, ob sie mich hörten, verstanden, ob es ihnen recht war, dass ich sie ansprach.

Eigentlich wusste ich auch gar nicht, was ich sagen sollte. Ich benahm mich wie auf der Flucht, als mich Schwester A. entdeckte: „Sie sind doch der neue Seelsorger hier. Ich würde Sie gerne der Frau Schmidt vorstellen." Schwester A. war nett und offen und nahm mich in das Zimmer einer sterbenden Dame.

Frau Schmidt lag da mit weit geöffnetem Mund ohne Zähne. Sie atmete schwer. Ihre Augen waren geschlossen. Schwester A. redete sie an. Sie nahm ihre Hand in die ihre und sagte: „Frau Schmidt, der neue Pfarrer ist gekommen." Ich berührte ihre andere Hand und begrüßte sie. Es war mir unwohl. Da sah mich eine „Expertin" so ganz hilflos – als einer, der gar nicht wusste, was er sagen sollte. „Das Wichtigste ist, das wir ein weiches Herz mitbringen." Vielleicht sagte sie auch „warmes Herz". Und plötzlich war ich erleichtert. Ein weiches oder warmes Herz hatte ich dabei. Ich musste gar nichts sagen.

Damals ist etwas in mir passiert. Ich habe meine Ängstlichkeit verloren. Und auch diesen Druck, etwas Kluges zu sagen. Es ging mir ja selber so, dass ich manches kluge Wort gar nicht hören wollte. Ich habe die klugen Worte oft auch durchschaut. Auch bin ich am liebsten denen begegnet, die Zeit für mich hatten, die ein weiches Herz mitbrachten, die mir meine Gefühle nicht weggeredet und mein Leid nicht weggetröstet haben.

Schwester A. hat meine seelsorgerliche Arbeit verändert. Ich habe mir von da an Zeit gelassen. Zeit zum Schweigen. Zeit für Begegnung. Ich habe nichts mehr versprochen, kein: „Ist halb so schlimm", und kein: „Es wird schon wieder". Ich habe versucht, mit auszuhalten. Ernst nehmen. Mit den Traurigen auch traurig zu sein. Und trotzdem zu lachen am gleichen Tag.

Nur deshalb konnte ich Sterbende begleiten. Nur mit meinem Herzen. Nicht nur mit den Worten. Am besten war es, wenn sich die Worte mit dem Herzen so verbunden haben, dass es zusammen stimmte. Und das macht auch den Kontakt aus, dass wir mit Herz und Wort zusammenkommen. Von Mensch zu Mensch. Und dabei kann der eine ruhig gesund und der andere krank sein. Es kommt auf die aufrichtige Verbindung und auf das gegenseitige Interesse an.

Vielleicht ist es auch eine Chance, von uns Kranken zu lernen, worauf es überhaupt ankommt in den Beziehungen unseres Lebens. Geht es nicht immer um das gegenseitige Wahrnehmen? Um das sich Einlassen auf mein Gegenüber?

Vielleicht ist das ja gerade die Aufgabe der Kranken: Sich zu zeigen mit den Grenzen, die uns bleiben, mit den Möglichkeiten, die noch da sind. Uns zu zeigen und auch darüber zu sprechen, wo wir gerade stehen, was uns freut oder enttäuscht. Wo es um Kontakt geht, geht es um Ehrlichkeit, um Kommunikation, um Nähe und Rückzug, um Geben und Tanken. Leid kann man nicht aufheitern. Und doch kann man sich Freude machen. Aber nicht so, dass man das Leid überspielt und überlächelt. Das Leid der Krankheit braucht seinen angemessenen Raum zwischen uns. Kein Trauernder muss lachen, damit das Leben schöner aussieht. Zum Leben gehört immer beides: Das Lachen und das Weinen, die Trauer und die Freude, der Streit und der Friede. Wo die Damen des Besuchsdienstes das für sich selber annehmen lernen, werden sie mit den Trauernden weinen und dann ganz wie von alleine auch lachen können. Aber nur das eine oder nur andere gibt es nicht. Lachen und Weinen gibt es nur im Doppelpack. Freude lässt sich nicht aufsetzen wie einen Hut. Sie ist Ausdruck einer inneren Befindlichkeit. Und kann sich nur so zeigen. Wo wir das Traurige ausgrenzen wollen, gehen wir diesem modernen Fröhlichkeitswahn auf den Leim, der nur sehen will, was positiv ist, was ewig schön, ewig jung, ewig gesund bleibt. Und damit sind wir dann diesem unseligen Unterscheiden in lebenswert und lebensunwert nicht mehr fern.

Im OP

Ich habe nicht gefrühstückt. Nur mein Cortison eingenommen und eine Beruhigungstablette. Das Flügelhemd habe ich angezogen, die Thrombosestrümpfe auch. Sonst bin ich ganz nackt. Ich werde operiert. Die Schwester, bei der ich vor dem Operationssaal warte, übergibt einem Kollegen meine Akten. Sie müsse kurz weg. Der Kollege spricht mich freundlich an. „Es ist gleich so weit, Herr Stieber." Aber ich bin nicht Herr Stieber. Herr Stieber ist mein Zimmernachbar und bekommt heute den Kehlkopf entfernt. In meine Benommenheit dringt dieser Satz, und ich spüre, dass ich diese Verwechslung nicht zulassen darf. Ich sage, dass ich nicht Stieber heiße. Der Krankenpfleger ordnet die Akten. Ich werde aufgerufen und in den Operationssaal geschoben.

Wenn ich nach meinen Operationen aufwache, bewege ich meine Füße hin und her. Vorsichtig öffne ich die Augen ganz gespannt, ob ich noch sehen kann. Bei den Eingriffen in den Siebbeinen kann man blind werden. Jedes Mal freue ich mich riesig, wenn ich die Farben sehe und das Gesicht von Sigrid. Grüne Augen sehen mich warm an. Alles ist gut, spüre ich. Und ich lasse mich fallen in Sigrids Gegenwart.

Es war das erste Mal damals bei meiner ersten Sepsis, dass ich Sigrids Gegenwart so rettend erlebt habe. Wir hatten zusammen eine Hochzeit gehalten, auf einem Schiff auf der Mosel. Dann haben wir mitgefeiert auf der Burg und uns verspielt ins Mittelalter versetzt. Ich weiß noch, dass ich beim Kirschkernspucken gewonnen habe. Dann eine kurze Nacht, die Heimreise und das Fieber. Ich habe gefroren und gezittert und halluziniert. Manchmal, im Fieber, rede ich viel. Ich erlebe auch viel. Manchmal spreche ich dann englisch oder versuche zu singen und Dialoge mit längst verschollenen Freunden zu führen. Dann bin ich ein anstrengender Patient. Die Tragik von Tom Dooley, dem gehängten Mörder, von dem ich als Kind gehört hatte, berührt mich dann. „Hang down your head, Tom Dooley, hang down your head and cry ... down in some lonesome valley, hangin' from a white oak tree."

Sigrid rief den Krankenwagen, legte mir einen Zugang, sprach mit den Ärzten und Sanitätern. Ich habe mich ganz fallen gelassen. Dann die Infusionen, ein langer Schlaf, die ganze Diagnostik.

Das Antibiotikum greift. Nach einem sehr langen Schlaf öffne ich die Augen. Sigrid ist da. Ihre grünen Augen sind freundlich. Sie strickt. Und sie ist einfach da. Wie gut, dass sie da ist. Jetzt wird alles gut, spüre ich, und schlafe weiter. Später erzählen wir uns, wie wir es erlebt haben, was alles war, was wir erinnern und nicht erinnern.

Sigrid ist in einer schwierigen Position. Auf der einen Seite die Partnerin eines Kranken, der gar nicht ins Krankenhaus will. Auf der andern Seite die Ärztin, die Symptome sieht, Gefahren erkennt und mehr weiß als der Patient. Wir mussten viele Wege gehen, um damit einen guten Umgang zu finden. Wann geht es um Patient und Ärztin, wann um den Partner und die Partnerin? Wie vereinbaren wir das in den Krisensituationen?

Sigrid hat mir mehrmals das Leben gerettet. Sie hat mich zurückgeholt aus der Bewusstlosigkeit. Sie hat auch gekämpft für mich und um mich. Und immer waren da die grünen Augen, die Wärme und Fürsorge, die Liebe, die mir viel bedeutet.

Nach meiner Prostataoperation öffne ich die Augen. Sigrid ist wieder da. Ich kann sehen und die Füße bewegen. Es ist erstmal gut. Sigrid hält meine Hand. Sie bleibt da. Ich schlafe und wache. Ich freue mich, dass ich lebe. Ich möchte mit Sigrid reiten gehen, auf einem kräftigen Hannoveranerpferd. Wir verabreden uns auch auf einen Blues. Es ist gut, so eine wunderbare Frau zu haben. Und manchmal drängen sich solche Bilder zwischen uns. Ich freue mich auf den Blues. Ich freue mich auf sie.

Die Rolle der Partnerinnen von chronisch Kranken ist kompliziert. Sie können ja atmen, sich bewegen, teilnehmen an all den Lebensbereichen, die dem Kranken verwehrt bleiben. Jede Krankheitszeit leben sie mit, eingeschränkt, in die Rolle des Fürsorgens gedrängt. Das eigene Leben wird ärmer. Und dann das

Gefühl, ich raube ihr das Leben, ihr eigenes Leben, ich falle ihr zur Last, ich bin kein guter Mann.

Wir haben viel darüber geredet, aber nie genug. Wir haben rückblickend uns gegenseitig erzählt. Aber auch das ist schwer, das eigene Malheur zu verdauen und gleichzeitig die Folgen für die Beziehung zu bedenken. Eines allein wäre schon genug. Es bleibt immer etwas übrig, unfertig, wie Fragmente auf unserem Lebensweg. Wir lassen uns nicht unterkriegen – daran halten wir uns. Das ist eine Botschaft, die sagt, trotz allem stehen wir einander bei. Trotz allem werden wir leben, miteinander leben, aneinander und miteinander leiden und auch unsere Freude teilen. Wir haben ja auch gute Ressourcen: die Streuobstwiesen, Griechenland, unsere Augen und die blaue Luft in unserer Verliebtheit.

Unwillkürlich beschneidet die Krankheit des Partners auch das Leben der Partnerin. Wird das Band halten, die Kraft, die Ausdauer? Auch Sigrid bekommt dunkle Ringe unter den Augen, wenn es mir wieder mal ganz schlecht geht. Aber ich möchte, dass sie auch ihre Wege geht, manche ohne mich, dass sie sich Zeit nimmt, Aus-Zeit von mir, Kraft schöpft, tut, was ihr gut tut.

Der Anästhesist will gerade den Beatmungsbeutel auf mein Gesicht setzen, als sein Handy klingelt. „Das geht jetzt nicht", sagt er. „Ich bin gerade bei der Einleitung. " Dann erinnere ich mich nicht mehr. Aber als ich die Augen öffne und die Füße bewege, ist Sigrid da. Ich lasse mich fallen und döse noch ein wenig.

Am Abend vorher kommt noch der Anästhesist an mein Bett. Er müsse mich noch aufklären. „Sie können während der Narkose einen Herzinfarkt oder einen Schlaganfall bekommen oder auch ins Koma fallen. Das hoffen wir aber nicht. Nur in Ihrem Fall ist das alles nicht so einfach. Wenn Sie bitte hier unten rechts unterschreiben."

Ich unterschreibe krakelig. Der Arzt hat vielleicht bald Feierabend. Vielleicht wird er ausgelassen sein in seiner Familie, Besuch haben, Rotwein trinken – so wie ich es gerne täte.

Vor jeder Narkose habe ich Angst. Auch vorm Tod. Ich will gar nicht sterben. Simon fragt mich: „Wie lange willst du eigentlich noch leben, Papa?"

„Ich möchte sehen, wie du ein junger Mann wirst, und was du lernen wirst, welchen Beruf du haben willst, und in welche Frau du dich verliebst."
„Oh, das ist aber noch lange", sagt er.

Aber es ist so, ich möchte nicht sterben. Will leben, immer nur leben. Ich will neben meinem Sohn bleiben können, so lange ich kann. Auch bei Sigrid. Ich möchte sie nicht zurücklassen, auch wenn ich gar nicht weiß, ob es gut ist so. Aber sie ist erwachsen. Simon ist ein Kind. Mein Kind. Unser Kind. Sigrid wird mit dem Leben ohne mich zurechtkommen. Aber wie wird es Simon gehen? Unsere Beziehung ist innig. Wir spüren viel miteinander, wir reden so offen, haben Spaß und sind auch sehr ernst.
Ich wache aus der Angiografie auf, kann sehen und die Füße bewegen. Wie gut! Aber ich liege in einem Druckverband. Kann mich nicht drehen, nicht richtig bewegen. Die Thrombosestrümpfe werfen Falten. Ich merke, dass es schmerzende Stellen gibt. Nach ein paar Tagen habe ich eine Wunde am Unterschenkel. Ein Ulcus cruris. Es wird sechs Monate dauern, bis es heilt. Ich werde Schmerzen haben und oft zum Verbandswechsel fahren müssen. Aber die Ursache für diese Blutung im Rücken konnte nicht gefunden werden. Ich bin so froh, wenn sie nichts finden. Aber weiß dann halt nicht, woher die Beschwerden kommen und wie ich sie vermeiden kann.

Es war seltsam. Mir wurde ganz komisch beim Frühstück. Plötzlich dieses Lähmungsgefühl im Rücken. Ich spüre meinen Atem nicht mehr. Arme und Beine tun nicht, was ich will. Und dann dieser Schmerz! Als ob mir einer den Rücken brechen wollte. Ein ungeheurer Druck. Es brennt wie Feuer im Rücken. Die Feuerstelle wird größer. Ich spüre, dass ich sterben werde. „Pass auf unser Kind auf" sage ich zu Sigrid, und: „Ich glaube, ich schaffe es dieses Mal nicht."

„Doch du schaffst es. Atme! Deine Lippen sind rot. Du bekommst Luft. Ganz ruhig! Atme!" Sigrid hält mich. Wie gut! Sie telefoniert nebenher mit dem Notarzt. Die Sanitäter bringen mich in die Klinik. Ich bekomme Schmerzmittel. Die Nachttischlampe fällt herunter, bricht in tausend Stücke. Schade um die Lampe, denke ich noch. Aber ich brauche keine Lampe mehr. Die Notärztin vermutet eine Nierenkolik.

In der Klinik vom Chirurgen zum Internisten und wieder zurück. Verdacht auf Nierenkolik, Bandscheibenvorfall, Wirbelbruch. Alles nicht. Bis dann gegen Abend der Radiologe die spinale, epidurale Blutung erkennt. Ich blute. Vom Hals bis zu den Lenden bin ich eingeblutet. Die Ärzte reden von Vernichtungsschmerzen.

Ich bin sehr krank.

Der Neurochirurg in Stuttgart sagte mir, sie hätten mir nicht helfen können, wenn die Blutung nicht von selbst gestoppt hätte. Man kann nicht einfach den ganzen Rücken aufschneiden.
Die Fahrt nach Stuttgart im Sanka war eine Höllenfahrt. Aber ich habe starke Schmerzmittel bekommen und erlebte sie wie einen Rausch.

Den Sanitätern erzähle ich immer, dass ich im Zivildienst auch Notarztwagen gefahren bin. Und wie es damals war, als es das Berufsbild „Rettungssanitäter" noch gar nicht gab.
„Wie heißt Ihre Krankenkasse? Haben Sie uns die Kassenkarte? Wann haben Sie Geburtstag? Und die Adresse?" Als Zivildienstleistender war ich noch nicht krank. Einmal haben wir Herrn Drechsler, unseren ehemaligen Biologielehrer abgeholt. Ob ich denn jetzt nicht Medizin studieren wollte? Ich fand es schön, dass er es immer wieder versucht hat, mich zum Medizinstudium zu überreden. Ich fühlte mich geehrt, wenn er sagte, dass ich ein guter Arzt werden würde. Aber ich habe es mir nicht zugetraut.

Ich habe einen Epileptiker abgeholt. Einen kräftigen Mann mit Schaum am Mund. Wir haben ihn gut versorgt. Es machte mich neugierig. Später habe ich noch öfter an ihn gedacht.

In der Klinik dann noch einmal: Blutdruck messen, Fieber, Blutentnahme, Infusion, Fragen nach Allergien. Ja, ich habe eine Aspirinintoleranz. Das ist wichtig. Wenn ich eine Aspirintablette bekomme, gerate ich in schwere Atemnot. Und eine Nebennierenrindeninsuffizienz. Auch das ist wichtig, weil ich deshalb genug Cortison bekommen muss. Meine Nebennierenrinde produziert kein Cortisol mehr, nachdem ich es schon Jahrzehnte in Tablettenform zufüge.

Dann eine Urinprobe und die ganze Krankheitsgeschichte. Ich weiß gar nicht, wo anfangen, Fragen nach dem Gewicht, der Größe, nach Vorerkrankungen. Ich habe Osteoporose, Atemwegserkrankungen, Herz-Kreislaufprobleme, Cortisonhaut, Krebs, Diabetes und was es alles noch gibt. Das meiste muss ich bejahen. Und ich spüre die Hilflosigkeit der jungen Ärzte und Ärztinnen.

Wieso ich bei einer Aspirinintoleranz ein paar Jahre lang täglich Aspirin eingenommen habe? Ich versuche es so zu erklären, wie ich es selbst verstanden hatte. Die Wirkung des Aspirins wurde deaktiviert, indem man es klein dosiert einschlich. In meinem Fall kann man damit das Polypenwachstum hemmen. Nur wissen das viele Ärzte nicht. Ich konnte die Polypen in der Tat damit hemmen, aber habe stattdessen großflächige Blutungen an den Unterschenkeln bekommen.

In den letzten Jahren habe ich einige Medikamente, die ich über Jahre und z.T. Jahrzehnte eingenommen habe, abgesetzt. „Ich werde immer gesünder", sagte ich zu Sigrid im Spaß.

Und dann die Visiten. Der Stationsarzt. Der Oberarzt. Der Chefarzt. Die Schwestern und Pfleger. Wir lernen uns kennen. Manche sind sehr interessiert an meiner komplizierten Krankengeschichte. Manchen ist es aber auch zu diffus. Ihr weißer Kittel rauscht bei ihren raschen großen Schritten.

Ich liege in einem Zweibettzimmer. Wie viele Menschen habe ich da schon kennen gelernt! Mit Fremden das Zimmer geteilt, das Bad, die Toilette. Ich saß vor ihnen auf dem Nachtstuhl, wurde manchmal vor ihren Augen gewaschen. Ich habe hörbar gestöhnt, sicher auch oft geschnarcht, wenn meine Nase tamponiert war. Ich habe vor ihnen telefoniert, Besuch empfangen. Und das alles halt auch umgekehrt. Die einen sind gesprächig. Andre brauchen rund um die Uhr frische Luft. Viele sind neugierig. Manche interessant. Aber es ist schön, das Zimmer wieder zu verlassen. Wenn einer geht, kommt der Nächste. Erleichternd ist es, wenn einer geht. Nur weißt du nicht, wer dann kommt. Manche brauchen ihre Ruhe, wollen früh schlafen. Wollen, dass ich das Licht ausmache. Andere sind Nachtmenschen, schauen die ganze Zeit Sportsendungen, am liebsten Fußball.

Zu Sigrid sage ich oft, dass ich mich nach einem Krankenhausaufenthalt fühle wie ein entlassener Häftling, der eine lange Zeit hinter Gittern verbracht hat. Man muss sich ans Leben erst wieder gewöhnen, an die Freiheit, die Selbstbestimmung. An den Kontakt in der Familie. Als Patient kommst du in eine ganz eigene Rolle. Die Schwester kann jeden Moment zur Tür hereinkommen. Sie kennt deinen Leib, deine Nacktheit, deinen Geruch. Manche können es gut vermitteln, dass du deine Würde vor ihnen behältst. Andere sind gestresster, unter Druck, und irgendwie auch überfordert.

Kürzlich auf der Intensivstation wurden in einer Woche drei Leute reanimiert. Zwei von ihnen sind gestorben. Die Schwestern waren unter großem emotionalem Druck. Eine türkische Angehörige hat ein Klagelied gesungen. Ich habe ihre Trauer gespürt und mich erinnert an diese große Kunst der Totenklagen und ihre Psychologie, über die ich meine Dissertation geschrieben habe. Ich habe einen großen Respekt vor den Mitarbeiterinnen und Mitarbeitern im Krankenhaus. Ich bin allen dankbar, die mich ihren Ekel und ihre Abneigung nicht haben spüren lassen. Denen, die mir im Gegenteil das Gefühl gaben, alles sei okay.

Im Zweibettzimmer vergleiche ich mich. Mein Alter, die Schwere meiner Krankheit, den Umgang mit der eigenen Erkrankung. Wer von uns ist schlimmer dran? Jeder trägt ja das Seine. Jeder spürt seine Last. Du kannst es gar nicht messen.

Die Fremden rücken näher. Es braucht oft nur eine Nacht, bis man sich entspannt. Schwer ist es für mich, wenn sie rauchen. Sie tun es zum Fenster raus, wobei der Rauch sich ja seinen Weg ins Zimmer wieder sucht. Oder auf der Toilette. Manche verwechseln das Waschbecken mit der Kloschüssel. Die Dementen meistens. Andre rufen nach ihrer Frau oder wissen nicht, wo sie sind.

Ich sammle genug Stoff für ein Kabarett. Es ist unterhaltsam, davon zu erzählen. Und es ist bitter, es zu erleben.
Draußen scheint die Sonne. Ich denke an den Sommer. Ich denke an verschiedene Sommer, die ich erlebt habe. Und ich träume sie mir her. Die Toskana. Sizilien. Die Banater Ebene und das Banater Hügelland. Paris.

Ich lebe auf einer schönen Welt. Und ich habe schöne Dinge erlebt. Vieles wird mir versagt bleiben. Aber ich träume davon. Ich träume davon, noch einmal in Paris ein Glas Wein zu trinken. In Sigrids Nähe. Mit guten Gesprächen oder einfach gut verbunden. Ich möchte auch noch einmal auf Kreta sein. Am Strand des Zorbas. An der Mauer in Chania ein Abendessen.
Oder New York und New Orleans? Wenn ich ins Träumen komme, fühle ich mich wie gesund. Ich gehe in einen anderen Zustand. So vieles fällt mir dann ein. Eigenartigerweise der Kontakt zu einer großen Kraft. Zu der Kraft des Pferdes und seinem mächtigen Leib. Beim Voltigieren konnte ich als Jugendlicher einen Geldschein im Galopp vom Boden aufheben. Ich hing im Kosakenhang vom Pferd. Und es war kraftvoll. Jeder Schritt spannte mich an. Mein Leib und der Pferdeleib vereint, Haut auf Fell und Fell auf Haut. Und dann der Schweiß, der Geruch, die Feuchte des Pferdes. Die Erinnerung erfüllt mich mit Kraft. Ich möchte noch einmal ausreiten.

In der Erinnerung umarme ich Hassan, den Schimmel, auf dem ich einige Zeit gerne geritten bin. Ich umschlinge seinen Hals. Er ist feucht. Die Härchen seines Fells sind schwitzig geworden nach dem Ritt. Ich rieche seinen Schweiß und sein Maul und sehe die gelben Zähne. Meine Arme liegen um seinen Hals ganz zärtlich und auch kräftig. Begegnung. Nähe. Ich fühle mich dem Pferd nahe. Es hat mich eine Stunde getragen und ist mit mir über ein Hindernis gesprungen. Wir waren „Ross und Reiter".

Ich musste Hassan nur vorsichtig zum Hindernis reiten, so, dass er es in den Blick bekam. Ab da war er nicht mehr zu halten. Er legte los mit einer schwindelerregenden Geschwindigkeit. Ich spürte unter mir diesen Leib und jeden Schritt und jeden Sprung. Es staubte. Es zog in meinen Armen. Und ich versuchte einen festen Sitz zu gewinnen, mit der Bewegung mitzugehen, so dass wir ganz eins blieben, die Beine lang und tief in die leicht gekürzten Steigbügel zu stellen, die Ferse nach unten, die Knie fest an Hassans Seiten, meinen Oberkörper leicht angehoben gebe ich ihm Raum in den Zügeln und schon hebt er ab mit einem gewaltigen Sprung, wir sind in der Luft, alle beide, er ist ganz langgezogen und ich liege und fliege auf ihm, verbunden über meine Knie, und lande auf dem Boden auf der anderen Seite des Hindernisses und lasse los in seinen Rücken ganz weich, während wir in einen schaukelnden Galopp finden. „Braver Hassan", sage ich und tätschle seinen Hals.

Ich denke dabei an Opa und den Krieg. An Papa und den Krieg. Wie sie beide als Soldaten, der eine im Ersten, der andere im Zweiten Weltkrieg gekämpft haben, und wie die Pferde ihre Kameraden waren. Sie waren gut zu ihren Pferden. Ich umarme Hassan und fühle seine Kraft und das Leben in ihm über den Herz- und Pulsschlag. Ich liebe diesen ungenierten Geruch dieses Pferdes, seine Feuchte, sein Schnauben. In der Umarmung öffne ich mich dem Leben. Alles wird gut.

Oder das Wasser, kalt, wenn du aus der Hitze kommst. Wie es dich selbst ins Fließen bringt. Wie es auf der Haut Bahnen zieht, angepasst an die Bewegungen deines Leibes. Ich werde mit großer Lust wieder ins Wasser gehen, wenn meine Wunden verheilt sind und die nächste Operation hinter mir liegt. Unter das Wasser und mich weit strecken.

Der Kranke am Teich von Betesda

Ich lese biblische Wundergeschichten. Über einige davon habe ich auch schon gepredigt. Wer hätte es nicht gerne auch so, dass ihm plötzlich die Augen aufgehen, er sein Bett nimmt und wieder einfach so dahin „wandelt"! Aber leider werden immer nur einige der Aussätzigen geheilt, nur einige der Lahmen und Blinden. Was ist mit den vielen anderen, zu denen ich wohl auch gehöre? Es bleibt da immer noch so ein Rest, so ein Stachel, so etwas Ungerechtes. Ein Beispiel dazu aus dem Johannesevangelium:

Johannes 5, 1-9a:

„Danach war ein Fest der Juden, und Jesus zog hinauf nach Jerusalem.
Es ist aber in Jerusalem beim Schaftor ein Teich, der heißt auf Hebräisch Betesda. Dort sind fünf Hallen; in denen lagen viele Kranke, Blinde, Lahme, Ausgezehrte. Sie warteten darauf, dass sich das Wasser bewegte. Denn der Engel des Herrn fuhr von Zeit zu Zeit herab in den Teich und bewegte das Wasser. Wer nun zuerst hineinstieg, nachdem sich das Wasser bewegt hatte, der wurde gesund, an welcher Krankheit er auch litt.

Es war aber dort ein Mensch, der lag achtunddreißig Jahre krank.
Als Jesus den liegen sah und vernahm, dass er schon so lange gelegen hatte, spricht er zu ihm: Willst du gesund werden? Der Kranke antwortete ihm: Herr, ich habe keinen Menschen, der mich in den Teich bringt, wenn das Wasser sich bewegt; wenn ich aber hinkomme, so steigt ein anderer vor mir hinein. Jesus spricht zu ihm: Steh auf, nimm dein Bett und geh hin! Und sogleich wurde der Mensch gesund und nahm sein Bett und ging hin."

Ein Mensch liegt 38 Jahre lang und wartet auf Genesung. Aber Genesung gibt es nicht für alle. Genesung gibt es nur für den schnellsten oder für den, der einen Menschen hat.
Wie viel Hoffnung war da in den Hallen am Teich von Betesda!
Wie viel Hoffnung braucht es in Zeiten der Krankheit!
Wie viel Hoffnung brauchen gerade die unheilbar Kranken, die Todkranken, die chronisch Kranken!

Da liegen sie vor unseren Augen:
die Lungenkranken mit ihren Folgekrankheiten, die Krebserkrankten mit dem Wissen, dass ihre Zeit sehr begrenzt ist. Die AIDS Kranken, die hoffen, dass es nicht so schwer wird ... Ja, die Hoffnungen, die haben ganz unterschiedliche Gesichter. Vielleicht ist es nur halb so schlimm? Vielleicht gehöre ich zu denen, die es nicht im höchsten Maße treffen wird? Vielleicht gilt mir noch nicht der sichere Tod und vielleicht habe ich ja doch noch Zeit. Vielleicht entdecken sie noch zu meinen Lebzeiten das Wundermittel, das mich zu neuem Leben weckt!

Neben der Hoffnung ist aber auch die Wut auf die, die mir so schlimme Diagnosen sagen: „Du wirst nie wieder gesund werden! Vor dir liegt eine Leidenszeit mit schweren Phasen. Du wirst dein Augenlicht verlieren, die Medikamente werden deinen Knochenbau zerstören. Dein Leiden wird dir die Luft rauben und deinen Körper zeichnen. Du wirst nicht mehr mit eigener Kraft deine Wege machen können und nicht mehr ganz dazu gehören ..."

Und du wirst auch wahrnehmen, wie gesund die anderen alle um dich sind, ohne dass sie etwas Besonderes dafür getan haben. Warum macht Gott mich

so krank, und diesen Nachbarn lässt er strotzen vor Kraft, vor Schönheit und vor Wohlstand? Warum ich? Warum so Schweres? Wieso diese Zumutungen? Warum habe ich nicht noch ein winziges Jahr Gesundheit? Ich würde jeden Augenblick genießen und die Sonne loben und die Schönheiten des Augenblicks auskosten. Einmal nur noch ganz tief atmen dürfen und wie ein junger Mensch die steilsten Berge erklimmen!
Aber vielen Menschen ist es versagt, Berge zu erklimmen, Farben zu sehen, den Geruch der Erde und des Himmels wahrzunehmen, die Welt zu bereisen, die Fülle des Lebens auszukosten.

Dort am Teich Betesda war so ein Ort der Verzweiflung, der Wut und der Ohnmacht, der Hoffnungen und der Depressionen.
„Ich habe keinen Menschen", sagt der Kranke unserer Geschichte. Er wartet auf die heilsame Bewegung des Wassers, das sich nie mehr für ihn bewegen wird. Da ist Heilung, aber nicht für mich. Irgendeiner ist immer schneller, irgendeiner hilft immer einem anderen. Nein, für mich gibt es keine Heilung mehr. Ich kann nur warten, obwohl es nichts zu warten gibt für mich. Der Kranke gibt das Warten aber nicht auf. Er sitzt mit den Leidensgenossen und wartet – ins Nichts! Ja, dort gehört er hin, dorthin in die Solidarität der Wartenden, die nichts mehr zu erwarten haben. Worauf warten die Hoffnungslosen? Was gibt es für die zu warten, die keinen Menschen haben?

Unser Kranker wartet 38 Jahre, bis einer kommt und ihn fragt: „Willst du gesund werden?"
Aber das ist schon lange nicht mehr seine Frage. Indem er sie gefragt wird, spürt er es selber. Seine Antwort spricht für sich: „Ich habe keinen Menschen."

Und er kann diesen Ort der Hoffnungslosigkeit verlassen, als nach 38 Jahren einer eine Frage an ihn richtet und sich ihm zuwendet. Ja, für viele bleibt nicht viel mehr als die Zuwendung eines Menschen.

Aber wie gut, wenn es diese Zuwendung gibt!
Niemand wird dir Heilung geben.
Niemand wird deinen Schmerz wegnehmen.

Niemand wird an deiner Stelle für dich die Krankheit tragen und dir dein Leiden abnehmen.
Deine Krankheit wird deine Krankheit alleine bleiben! Und nur du kannst sie spüren!
Aber wenn sich einer zu dir setzt,
wenn einer deine Hand nimmt,
wenn einer mit dir schweigt
und nicht weggeht, wenn der Tag zur Nacht wird,
wenn einer dir nicht vorrechnet, wie teuer deine Krankheit für die Allgemeinheit kommt,
wenn einer dich sein lässt, wie du sein kannst,
wenn einer hört, was du sagen willst,
wenn einer dein Weinen mit dir aushält,
wenn einer dich nicht misst an dem, was du leisten kannst oder daran, wie dein gezeichneter Körper aussieht, dann, ja, dann, bewegt sich das Wasser der Heilung wie von Engelhand, und du wirst nicht ins Leere warten und nicht im Wettlauf der Gesunden zur Heilquelle rennen müssen. Du musst dem anderen nicht mehr zum Konkurrenten werden! Du darfst deine Zeit teilen und auch ausdrücken, was dich wütend macht und niederdrückt.

Nimm Abschied von dem Traum, es würde den Ewig-Jung-Brunnen geben, die Wunderpille der Unsterblichkeit, die dich ewig schön und gesund macht.
Nimm Abschied von dem Traum, du würdest inmitten all des Leides am Teich Betesda der Schnellste sein! Du musst nicht der Schnellste sein. Wenn einer zu dir kommt und mit seiner Engelhand das Wasser deiner Träume bewegt, dann wirst du spüren, wie viel Leben noch in dir verblieben ist. Es wird sich austauschen mit dem Leben deines Begleiters, der sich für dich interessiert und hinter deiner Vergänglichkeit den Wert des Augenblicks entdeckt.
Nimm Abschied von dem Traum der Unversehrtheit und sei nicht neidisch auf die kraftstrotzenden Schönheiten dieser Welt. Auch ihre Schönheit ist nur geliehen, und sie werden das kostbare Gut der Gesundheit, das ihnen nur geliehen ist, einst unter Schmerzen zurückgeben müssen. Denn darin sind wir alle gleich, darin, dass wir das Allerkostbarste geliehen haben für den Augenblick, der seinen eigenen Wert hat. Nimm Abschied von dem Geliehenen, aber

gebrauche es, solange du es hast, ohne Illusion. Es ist nicht festzuhalten, es ist einfach nur zu leben.

Wieder zuhause

Wieder zuhause. Es ist manchmal kaum zu fassen. Wir fahren zum Ortseingang rein. Ich erkenne die Häuser. Wer geht denn da gerade an uns vorbei? Ein kurzes Winken. Vor uns der Kirchturm! Wie vertraut – und wie weit weg gerade!

Das Treppenhaus. In die Wohnung. Gepäck abstellen. Dasein. Auf dem Tisch im Flur liegt viel Post. Ich mag sie gerade gar nicht sehen.

Der Alltag beginnt wieder. Ich arbeite noch nicht gleich. Aber ich nehme die Fäden auf. Ich führe erste Gespräche mit den engsten Mitarbeiterinnen. Schnell erkenne ich alles wieder und innerlich kann ich gut unterscheiden, was wichtig ist, und worauf ich mich gerade gar nicht einlassen will.

Am nächsten Morgen, Sigrid ist schon zur Arbeit gefahren, Simon ist in der Schule. Plötzlich ein komisches Gefühl im Rücken. Es wird doch nicht schon wieder bluten? Aber es blutet. Ich spüre es. Es wird mir ganz bange. Ist mir jetzt schwindlig oder nicht? Bleib ruhig, sage ich mir. Lege dich flach. Ich lege mich aufs Bett. Ich bekomme Panik. Was soll ich tun? Ich atme, Arme und Beine lassen sich bewegen. Aber in der Senkrechten klopft mein Herz rasend. Mein Puls wird ganz unregelmäßig. Ich habe Angst. Soll ich den Krankenwagen rufen? Sigrid in der Arbeit unterbrechen? Was ist, wenn gar nichts ist, wenn ich mich täusche? Ich warte noch ab, lege aber das Telefon neben mich. Ich weiß, welche Nummern wichtig sind, strecke die Beine, lasse mich fallen, atme aus. Ich möchte mich entspannen. Aber das Herz rast.

Ich rufe eine Mitarbeiterin an. Sage ich, dass ich gar nicht weiß, was geschieht. Sie kommt, sagt sie. Und es kommen beide. Zwei Mitarbeiterinnen. Ich bin nicht alleine. Plötzlich werde ich ruhig. Wir reden miteinander. Dienstliches. Es tut mir leid, sage ich. Aber es geht mir viel besser. Ich bin nicht alleine. Die Angst vergeht. Ich hatte eine Panikattacke. Andere sind gefolgt. Panikattacken gehören auch dazu. Zu solchen Krankheiten, die mich treffen.

Shanghai

Von meinem Heimatdorf fuhr eine Straßenbahn nach Esslingen, wo ich ins Gymnasium ging. Später habe ich dort als Aushilfsschaffner gearbeitet und mir ein üppiges Taschengeld verdienen können. Ich mochte diese Bahn durch die Dörfer, durch die Stadt und auch die Strecken auf den Feldern außerhalb der Ortschaften.

In der Straßenbahn habe ich als Schüler manchmal die Mathehausaufgaben abgeschrieben und später als Schaffner schon die Griechischvokabeln gelernt. Als Schüler haben wir oft die Familiennamen oder die Namen der Orte, aus denen wir kamen, verdreht oder haben andere Namen kreiert. Einige Mitschüler lebten so in Baltimore. Ich kam aus Shanghai. Im Anklang an die realen Namen.

Es war ein spießiges Dorf, und es war ein kostbarer Ort: meine Heimat. Dort ging ich in den Kindergarten und in die Grundschule.

Die Schule war streng. Meine Klassenlehrerin schlug mich schon in der ersten Klasse. Sie gab mir eine schmerzende Ohrfeige, weil ich nicht schön schreiben konnte. Seitdem hatte ich Angst vor ihr. Meine Eltern haben mich so gut wie nie geschlagen. Da hatte ich es im Vergleich zu den anderen Kindern gut. Ich gab mir große Mühe, schön und leserlich zu schreiben. Es ist mir bis heute nicht gelungen.

Die Lehrer und die Pfarrer hatten sehr persönliche Züchtigungsmittel. Der Pfarrer zwickte uns mit den Fingernägeln von Daumen und Mittelfinger ins Ohr und rieb dabei hin und her. Er nahm aber auch den dünnen Zeigestock und schlug den Jungen mit voller Wucht seitlich an den Hals oder auf den Rücken. Sie haben manchmal geblutet. Jede Woche ein paar von ihnen.

Der Klassenlehrer der dritten und vierten Klasse hatte ein ganzes Repertoire an Foltermethoden. Er fuhr den Jungs mit einem Radiergummi hinten und seitlich am Kopf hoch. Als Kinder hatten wir in der Regel dort ganz kurze Haare. Das riss und zog und schmerzte. Er schlug aber alle, Mädchen und Jungs, mit seinen Fäusten in die Rippen. Manche sind dabei aus ihrer Bank gefallen. Sie haben geweint und geschrien. Es gab einzelne, die er täglich mehrfach zusammenschlug. Wenn ich an meine Schulzeit denke, spüre ich noch die Angst von damals, das Schweigen der anderen, die gerade nicht geschlagen wurden, den Zorn über das Unrecht, das da geschah. An dieser Stelle waren wir (meine Schwestern und ich) ausgenommen, weil unsere Eltern – wahrscheinlich als die einzigen – den Lehrern das Schlagen energisch verboten. Trotzdem hatten wir Angst. Ich weiß nicht, was diese Lehrer damals abgearbeitet haben. Meine Klassenkameraden wurden sogar geschlagen, wenn sie beim Kopfrechnen ein Ergebnis nicht schnell genug oder falsch sagten. Aber wer konnte in solcher Angst auch noch rechnen!

Ich erinnere aber auch die Landschaft. Die Häuser und die Straßen. Es gab ein Schlösschen der Württemberger Herzöge, einen kleinen Tempel, an dem sich gerne die Liebespaare trafen, riesige Kastanienbäume und sogar eine Dorflinde. Wenn ich den Schulweg ging, musste ich zuerst durch einen Teil unserer Siedlung gehen. Mittags saß meistens Frau Kögler am Fenster, die Arme unter ihren riesigen Brüsten verschränkt. Es war ihr Lieblingsplatz. Von dort aus konnte sie das ganze „Revier" überblicken und sich mit diesem oder jenem unterhalten. Im Garten hing meistens die Wäsche der ganzen Familie. Aber ich erinnere mich nur noch an ihre riesigen Unterhosen in lila oder grün. Überhaupt kannten wir im Dorf gegenseitig unsere Wäsche gut. Es gab ja auch nicht so viele Variationen wie heute. Wenn ich bei Frau Kögler vorbei war, ging es eine lange Treppe bis zur Hauptstraße hinunter. Oft holte ich aber auch einige andere Freunde auf dem Schulweg ab, oder wir stießen so aufeinander und gingen in einem Pulk von Kleingruppen zur Schule. Ich erinnere mich auch an den Ziegenbock und die Laufenten (auch Flaschenenten genannt) unterwegs. Er war mir so vertraut wie Frau Kögler, nur nicht so gesprächig. Wenn wir Glück hatten, konnten wir unterwegs eine Maus oder eine Blindschleiche fangen. Zwei Hunde gab es auf dem Weg, die fürchterlich bellten. Meistens gingen wir dann auf der anderen Straßenseite weiter. Dann kam die Brücke über unseren Bach. Das war ein verführerischer Ort. Ich bin dort im Winter einmal im Eis eingebrochen. Ich habe auch den Rathausbrunnen vor Augen und diese

Klingel, die genau in Augenhöhe von Frau Wilhelms Haus war. Manchmal konnten wir nicht widerstehen und drückten drauf und liefen, was wir konnten. So habe ich schöne Erinnerungen an meinen Schulweg.

Wir haben zusammen mit den Dorfkindern Rübengeister geschnitzt. Die Bauern im Dorf hatten viele Rüben. Mit den Amerikanern haben wir Halloween gefeiert. Wir gingen zusammen in die Jungschar, zum Zeltlager oder auf Freizeiten. Das waren meine ersten Kontakte zum kirchlichen Leben.

Pfarrer Dipper nahm mich einmal mit zu einer Freizeit bei den Torch Bearers (Fackelträger) in Capernwray Hall in Nordengland. Dort bin ich einer Frömmigkeit begegnet, die weit weg war von allem, was ich bisher kannte. Wir mussten morgens und abends an einem „Meeting" teilnehmen, einer Andacht mit schönen Lobpreisliedern auf Englisch, einer Predigt des strengen Majors Ian W. Thomas und Gebeten. Die Meetings fühlten sich sehr lange an. Sie waren auch lang.

Tagsüber versuchte Pfarrer Dipper uns das Leben schön zu machen mit Ausflügen zum Lake District oder nach Blackpool. Zum Glück gab es auch den „Bee Hive" (Bienenkorb), ein kleines Kiosk, wo wir „milk shakes" kaufen konnten. Es war Hippiezeit. Dann kam eines Tages ein Bus an mit einer großen Gruppe von Mädchen. Darunter Wendy, die mich später noch in Deutschland besucht hat und ich sie in England. Bald sah man im Park des großen Schlosses von Capernwray Hall verschüchterte Jungs aus „Shanghai" mit kecken englischen Mädchen an der Hand spazieren gehen. Unser Pfarrer hatte es wirklich nicht leicht. Zum Glück war er ein offener Mensch.

Unsterblichkeit

Als Dr. K. starb, waren viele aus unserem Dorf erschüttert. Der, zu dem wir in jeder Lage kommen konnten, war plötzlich nicht mehr für uns da. Er starb an Krebs. Oft fiel der Satz: „Jetzt hat er so vielen geholfen, und konnte sich selbst nicht mehr helfen." Der Hausarzt im Dorf hatte eine wichtige Rolle bei uns. Es gab nur einen. Jeder Ort hatte seinen „Doktor". Wir kannten ihn von Anfang an. Oft war er Geburtshelfer und hat unsere Mütter in der Schwangerschaft begleitet. Er durfte uns alle nackt sehen: Die Männer, die Frauen, die Kinder. Er wusste viel von uns, er kannte die Wohnungen, die Schicksale ganzer Familienverbände. Als Kinder hatten wir eine Scheu vor ihm. Aber auch Vertrauen. Er war so ganz selbstverständlich für uns da. Und er war immer zuständig und für alles zuständig.

Die Ärzte in der Region hatten alle ihr eigenes Image. Dr. K. konnte sehr gut spritzen. Man spürte keinen Schmerz dabei. Das fanden wir Kinder super. Dieses Image hat uns Angst genommen. Er machte auch nicht lange rum. Wenn es notwendig war, gab es ein Antibiotikum. In meiner Kindheit ein ganz wichtiges Kriterium dafür, ob ein Arzt was konnte oder nicht. Ob er fortschrittlich eingestellt war. Oder ob er zögerlich handelte.

Dr. K. konnte aber eine Blinddarmentzündung nur schwer diagnostizieren. Es gab Beispiele dafür, die immer erzählt wurden, wenn ein Kind Bauchweh hatte und ein Arzt gerufen werden musste. „Er ist ein guter Arzt. Aber bei Bauchschmerzen musst du aufpassen. Da übersieht er gerne was. Besonders Blinddarmentzündungen kann er nicht gleich erkennen. Aber er kann sehr gut spritzen. Er war ja auch beim Militär. In den Lazaretten hat er mit primitivsten Mitteln Wunden behandelt." Wir konnten froh sein, dass wir Dr. K. hatten.

Ich bin ihm heute noch dankbar für die Achterbahnfahrten zwischen Ersticken und Atmen. Bin dankbar für die Momente des Glücks, wenn seine Spritzen wirkten.

Als ich mir einmal mein Knie verletzte und mir als Kind eine tiefe Wunde riss, bei der ich sogar meine strahlend weiße Kniescheibe sehen konnte, brachte man mich zu Dr. K. Ich kam als Notfall direkt in seinen Behandlungsraum. Alle anderen mussten warten. Mit heiligem Respekt haben sie gewartet. Blut ging vor. Wie gut, dass Dr. K. zur Stelle war. Er sah sich in aller Ruhe die Wunde an. Es wurde ihm nicht schlecht dabei. Er fiel nicht in Ohnmacht. Er zeigte auch kein Erschrecken, als ob mein Ende kurz bevorstand. Er strahlte nur Ruhe aus, die sich sofort auf mich übertrug. (Bei meiner Mutter hat es etwas länger gedauert.) Ich bekam eine seiner berühmten Spritzen, souverän gesetzt und ohne

Angst, ich könnte noch mehr Schmerzen spüren. Allein die Anwesenheit des Dr. K. vertrieb jeden Schmerz. Ich habe mir die Schmerzen wie kleine Kobolde vorgestellt, die vor seiner Autorität nur so davon flohen und durcheinander purzelten. Irgendwie hatte ich das Gefühl, dass ihm die Wundnaht Spaß machte. Jedenfalls sah er zufrieden aus und war sich sicher in dem, was er da tat.

Dr. K. behandelte den Keuchhusten von meiner Schwester und den meinen. Er impfte uns. Bei jeder Erkältungswelle hat er die Familie behandelt. Er hat uns ins Krankenhaus eingewiesen, hat Hausbesuche gemacht und jede Krankheit therapiert. Er war unser Hausarzt.

Für uns Patienten sind die Ärzte immer auf der Seite der Unsterblichkeit. Sie kommen als Gesunde zu den Kranken. Es hat mich gewundert, warum sie sich nicht angesteckt haben. Als ich meinen Vater das kindlich fragte, antwortete er: „Weißt du, die Ärzte beugen den Krankheiten vor." Sie hielten dem Kranksein stand.

Friedrich Wilhelm G. war auch einer meiner Hausärzte. Es war viel später. Ich hatte längst mein Asthma bekommen. Schon ein paar Jahre Cortison eingenommen. Meine Krankheit hatte schon eine richtige Geschichte. Durch die Begegnung mit dem anthroposophischen Arzt in Berlin war ich sehr offen für diese Ärzte. Ich fand über einen politischen Wahlkampf zu Herrn G. Er hatte sich für den so genannten Remstal-Rebellen Helmut Palmer engagiert.

Er hatte schönes, volles und langes Haar. In seiner Praxis warb er für die Ideen Helmut Palmers. „Sie werden mit dem Cortison in Teufels Küche kommen." Diesen Satz habe ich damals gar nicht verstanden. Er hat sehr darum gerungen, dass ich ohne Cortison auskommen sollte. Aber wir haben es nicht geschafft miteinander. Ich denke an seine Anstrengungen, sein redliches Bemühen, seine Überlegungen – selten hat sich jemand so für mich eingesetzt. Von ihm habe ich zum ersten Mal im Leben Schneckensaft verschrieben bekommen. Es schmeckte eklig. Er hatte auch echte Blutegel gezüchtet und mich geschröpft. Mit einer besonderen Bestrahlungsmethode wollte er meine Nebennierenrinde anstoßen. Ich bekam Heileurythmie verordnet und eine Schrothkur.

In Teufels Küche

Man nehme eine Portion Schmerzen.
Groß genug und gut verteilt.
Dazu etwas Angst.
Zwischendurch, je nach Geschmack, auch Panik.
Dazu die Erinnerung an eine Katastrophe:
Ein Erdbeben.
Einen Schwangerschaftsabbruch.
Oder eine verlorene Liebe.
Das Ganze dann mischen, fühlen, stehen lassen.
Immer wieder Zappeln.

Zwei Messerspitzen Hoffnung.
Unterrühren.
Tabletten, Infusionen oder Spritzen.
Immer wieder schlafen.
Ein guter Traum.
Und je nach Temperatur auch noch eine Decke
aus Wolle.
Immer wieder drehen und drücken und wenden.

Man nehme zum Schluss
oder zum Anfang
die Liebe,
die gerade zur Verfügung steht.
In der Erinnerung.
Oder in der Wirklichkeit.
Auf der Haut.
Das Ganze gekühlt
oder getrocknet oder erhitzt
genießen.
Ausspucken,
verdauen und einverleiben.

Und weiter leben. So wie es geht.
In Teufels Küche.
Bei ihm und seiner Großmutter.
(2013-06-11)

Wieder unter Gesunden

Gerade war ich im Fitness Studio. Eine der Sportlerinnen hat sich neben mich gebeugt und nach meiner Gesundheit gefragt. „Ich bin gestern vom Krankenhaus gekommen." „Ja, ich habe es gehört. Schön, dass Sie wieder da sind, aber machen Sie langsam." Und sie erzählt, wie sie nach einer Virusinfektion ein paar Wochen nicht trainieren konnte. Man spürt die Pause. Es ist, als ob man seine Muskeln erst wieder an die Bewegungen erinnern muss. Mit wenig Gewicht. Aber dann kommt man wieder rein.

Ich kenne das alles. Seit fünfundzwanzig Jahren gehe ich ins Sport Studio. Ich habe es in der Hochgebirgsklinik in Davos gelernt. Seitdem versuche ich dreimal in der Woche zum Training zu gehen. Wenn ich es schaffe, geht es mir viel besser. Ich spüre dann meinen Leib, die Durchblutung und auch die Kraft, die mir dann zuwächst. Es fühlt sich alles leichter an. Ich gehe auch die Treppen leichter. Aber wenn dann so eine Zwangspause kommt, fängt alles wie von vorne an.

Im Fitness Center trainiere ich unter ganz verschiedenen Leuten. Natürlich gibt es diese Muskelprotze, Henry zum Beispiel. Er erzählt mir mit Vorliebe Pfarrerwitze oder auch obszöne Witze. Er hat unglaubliche Muskeln. Den Kopf glatt rasiert. Die Arme tätowiert. Und die Oberarme sind ganz mächtig. Wenn er an die Geräte geht, wird sein Kopf knallrot. Die Gewichte reichen ihm nicht. Er hängt immer noch was dazu und stöhnt und schnauft. Und er schaut von weit oben herab auf meine drei Scheiben Gewicht, die ich stemmen kann. Wo ich 15 kg Scheiben nehme, sind es bei ihm 140 kg. Ich versuche mich in seine Arme einzufühlen, in die Kraft seines Leibes und in diesen Raum seiner Lunge.

In jedem Studio gibt es diese Typen. Meistens fahren sie Motorrad. Manchmal, wenn sie nicht fit sind, vielleicht nach einer kurzen Nacht oder einem Besäufnis, krächzen ihre Stimmen, und sie schaffen statt 140 kg nur 110 kg. Das bringt sie ganz in die Verzweiflung.

In der Umkleide sehe ich ihre Haut. Schöne Haut. Manche sind behaart. Manche ganz rasiert. Und ich sehe ihre stolzen Blicke in den Spiegel, und wie sie mit ihren Muskeln spielen und zufrieden sich hin und herdrehen. Der Brustkorb weitet sich. Sie sind stark. Sie haben viel Kraft.

Es gibt aber auch junge Männer, die sich fit halten wollen. Oder ältere, die vor allem ihre Ausdauer trainieren. Und dann gibt es auch Menschen wie mich, die nicht mehr gesund sind. Ältere meist, die für ihre Gesundheit trainieren und versuchen, das rechte Maß zu finden.

Es gibt auch die Frauen in jedem Alter. Manche sind immer da, wenn ich komme. Ich habe das Gefühl, sie trainieren täglich. Viele von ihnen sind sehr geschmeidig. Ich staune über ihre Gesundheit und ihren starken Willen, dran zu bleiben. Manche von ihnen sind sehr schön. Eine der Älteren hat auf ihrem Trainingsplan Fotos ihrer Kinder und Enkel. Sie redet viel mit anderen. Meistens zeigt sie dann die Fotos und gibt furchtbar an mit der Karriere ihrer Kinder.

Die meisten im Studio wissen, dass ich sehr krank bin. Sie gehen gut mit mir um. Auch die „Tarzane", die vor Kraft nur so strotzen. Sie können es sich nicht vorstellen. Aber sie nehmen mich, wie ich bin. Irgendwie können die das.

Als ich heute ins Studio kam, haben mich einige freundlich begrüßt. Es tut mir sehr gut. Dieser ganz normale Umgang mit mir. Dieser Platz, den ich da habe. Es ist eine gute Welt im Kontrast zu meiner Arbeit etwa.

Heidrun sagte: „Ich freue mich, dich wieder hier zu sehen. Wie geht es dir gerade?" Und ich erzähle kurz, dass ich so schwere Zeiten hinter mir habe in dieser Unsicherheit, die rechte Diagnose und dann die rechte Therapie zu finden. Und wie ich langsam das Zeitgefühl verloren habe und gar nicht mehr weiß, was eigentlich wann alles war ... und dass die Opiate halt immer noch diese Trance in mir machen.

Heidrun sagt: „Irgendwie suchen wir alle nach dieser Wunderpille, die uns unsere Krankheiten nimmt. Wir wollen die Krankheiten immer loswerden und wissen gar nicht, welche Chance in ihnen steckt. Dabei gehört das Kranksein doch zu uns. Ich habe von einer Frau gehört, die unbedingt ihren Krebs loswerden wollte. Dabei hat sie so ausgesehen, als ob gerade dieser Krebs auch zu ihr gehört. Es war ihr (!) Krebs. Aber sie konnte ihn nicht annehmen als ihren, sie wollte ihn unbedingt loswerden. Wichtig ist doch aber, mit der Krankheit umzugehen. Und zu fragen, was will diese Krankheit von mir? Warum habe ich sie bekommen? Was muss ich anders machen? Sie ist doch die Chance."

Und dann erzählt sie noch ein Beispiel von einer Frau, die ihr Kind verloren hatte. Eine Trösterin hatte ihr gesagt, das Kind sei vielleicht die Reinkarnation einer weisen, älteren Person gewesen und musste deshalb früh sterben. Und ob das nicht auch trösten kann?

Ich höre Heidruns Worte, ich sehe sie an und spüre, wie sie von ihren Worten glüht. Sie ist gesund. Sie weiß gar nicht, dass sie mir gerade ein Kapitel für dieses Buch diktiert. Es ist schön, wie sie nach dem Sinn und nach einer tieferen Wahrheit sucht. Wir reden gerne miteinander. Sie in ihrer und ich in meiner Welt. Oder mit Susan Sontag gesagt: sie mit dem Reisepass der gesunden Staatsbürgerschaft, ich mit meinem Pass des Staates der Kranken.

Mir fällt ein, dass eine Rednerin auf einem Kongress meiner Mutter einmal erklärt hat, ich sei ein Anführer bei einem Kreuzzug gewesen, in einem früheren Leben, und müsse dafür jetzt büßen. Mir fällt ein, wie wütend ich damals geworden bin. Zum einen habe ich nie an einem Kreuzzug teilgenommen, noch habe ich dabei irgendwelche Schuld zum Abbüßen auf mich geladen. Der, der ich bin, hat für damals gar nichts zu büßen. Der Anführer von damals hat aber auch gar nichts mit mir zu tun. Ich lebe so gerne auf dieser Erde. Jetzt. Als der eine, der ich jetzt bin. Was sich manche auch erlauben!

Die Heileurythmie ist etwas ganz anderes. Ein vollkommen anderer Zugang zur Krankheit. Zweimal habe ich das gemacht. Das zweite Mal war ich in der Heileurythmie. Jedes Mal vielleicht zwei Jahre. Die Therapeutinnen waren sehr verschieden. Beide aber sehr ernsthafte Persönlichkeiten. Die zweite hat mich abgelenkt. Wir standen uns gegenüber. Sie tönte Vokale: „A" oder „I", und wir bewegten diese Laute mit unserem Leib. Beim „A" haben wir uns weit geöffnet. Sie war sehr erotisch. Ich hab ihren weit geöffneten Leib gesehen. Und ich habe ihre weibliche Stimme gehört. Wir haben uns miteinander bewegt. Es war eine heilige Zeit. Meine Atmung ist ruhig geworden, entspannt, ich spürte den Fluss des Lebens in mir. Mit einer Frau. Bis heute wiederhole ich immer noch diese Vokale in mir. Den Klang. Die Luft. Die Weite.

Irgendwann kam ich auch auf das Heilfasten. Mit Säften. Zuerst das Leeren des Darmes mit Glaubersalz. Es schmeckte widerlich. Dann die täglichen Einläufe. Wasser und Saft. Drei Wochen lang. Ich habe es mit Almut gemacht und manchmal mit Hans. Oft auch alleine. Für mich war es eine kostbare Zeit. Diese Leere in mir, diese neue Sensibilität. Der Appetit ohne Hunger. Das Schwitzen. Der Leberwickel. Oft war ich in der Zeit auch in der Sauna und genoss diese Freiheit des Nacktseins und die Hitze. Ich bin auch froh, dass ich mich nicht mehr geniere für meinen lädierten Körper. Dass ich ihn zeige, wie er ist. Das Nacktsein ist für mich befreiend. Und wenn die Hitze meinen Leib durchströmt, wacht etwas Vitales auf in mir. Die Hitze ist so eine Wunderpille für mich. In der Sauna oder in den Sommern im Süden: Sizilien, Rumänien. Mit den vielen Medikamenten habe ich das Fasten aber aufgegeben. Ich traue es mir nicht mehr zu. Schade!

Eines Tages ist Herr G. erkrankt. Er bekam Krebs. Der Unsterbliche war sterbenskrank geworden. Der, der so mit mir mitfühlte und mit mir und für mich gekämpft hat. Der Unsterbliche musste sterben. Ich bin ihm noch einmal in der Stadt begegnet. „Gehen wir ein paar Schritte miteinander", sagte er. „Ich habe sowieso kein Ziel mehr." Ich hatte ihm nichts zu sagen. Mir fiel nichts ein. Ich war so unreif in diesen Fragen um den Tod. Ich war nur erschüttert und hatte Schwester A. noch nicht kennen gelernt. Des Teufels Küche hatte er mir prophezeit. In Teufels Küche bin ich geraten. Er aber auch. Und es tat mir so leid. Ich habe es ihm gar nicht sagen können. So authentisch. Ich dachte, man müsse den Kranken und Sterbenden das Richtige sagen. Was das aber war, davon hatte ich noch lange keine Ahnung. Er war operiert worden und verlor seine wunderschönen Haare und sein Leben. Ich bin ihm sehr dankbar. Ich vermisse ihn. Heute könnte ich viel mit ihm reden. Ihn fragen. Ihm sogar helfen. Ihm danken. Ich bin sehr dankbar für alles, was wir miteinander erlebt haben. Und ich bin traurig über alles, was uns nicht mehr miteinander vergönnt war an neuen Erfahrungen, Herausforderungen, Lebensthemen.

Der Tod der Unsterblichen

Später, viel später wieder, einige Jahre später traf ich Dr. Dettweiler, einen Lungenfacharzt. Er war in meinem Alter. Aber eben auch unsterblich. Er hatte eine gesunde Lunge, und auch er hatte viele lange Haare. Er war ein engagierter Arzt. Und heimlich wäre ich gerne gewesen wie er: gesund, kräftig. Mit freier Atmung. Ohne all meine Beschwerden. Aber auch Dr. Dettweiler musste sterben. Er starb auf einer Motorradtour durch Siebenbürgen. Er starb, als ich gerade meine Dissertation über die Trauerrituale jener Gegend schrieb. Er starb dort, wo ich gelernt habe und wo ein großer Teil meiner familiären Wurzeln herkommen. Eine Verwandte von ihm kannte mich aus der Hospizarbeit und fragte an, ob ich seine Beerdigung halten würde.
An seinem Sarg wurde ich sehr traurig. Wer hätte es gedacht, dass ich länger leben würde als er, der Unsterbliche, der Gesunde. Wer hätte es gedacht! Damals, als er mich vor der Operation gerettet hat! Als er sich für mich eingesetzt hat. Als er sich mit großer Kompetenz und Gelassenheit auf meine besondere Situation einließ. Er sah manchmal zweimal hin. Er kombinierte, rätselte und puzzelte mit ganzem Herzen als Arzt.
Bei seiner Beerdigung habe ich eine Totenklage aus Rumänien gelesen. Ich habe versucht, die Dankbarkeit der Patienten vor ihren Ärzten zum Ausdruck zu bringen. Und ich habe selbst getrauert. Ich vermisse ihn.

Beerdigung Dr. Wolfgang Dettweiler, am 11.08.2004

(Friedhof Römerschanze in Reutlingen)

Musikalisches Vorspiel (Keyboard; Schlagzeug: Blues)

Uns verbindet die Trauer um Dr. Wolfgang Dettweiler. Es ist schwer, was wir vor uns haben: den Abschied, das Loslassen, das Erinnern. Aber auch der Pro-

test in uns, der gar nicht fassen kann und nicht begreifen will, was geschehen ist. Es ist schwer, was wir vor uns haben. Aber lassen Sie uns jetzt zusammenhalten und diesen Weg gemeinsam gehen. Diesen Weg ans Grab. An Wolfgang Dettweilers Grab.

Wir sind in der Trauer verbunden.

Und wir nehmen diesen Abschied nicht im kirchlichen Gottesdienst. Es würde ihm nicht entsprechen. Er selbst hätte es nicht gewollt. Und deshalb spreche ich jetzt nicht als Pfarrer meiner Landeskirche. Aber als einer seiner Patienten, denen er geholfen hat, und als Trauerbegleiter, der in Rumänien gelernt hat und diesen Weg des Abschieds heute mitgeht.

Wir werden keine Lieder singen, aber miteinander auf den Blues hören, die Musik, die Wolfgang Dettweiler gehört hat, die ihn erreicht hat. Einer hat einmal gesagt: „Blues ist eine Form des Weinens ohne Tränen." Unsere Trauer ist auch Weinen, mit Tränen, Klagen, Suchen und Fragen, Zweifeln und Verlorensein, als ob uns die Sprache ausgeht.

Lassen Sie uns, wo uns die Worte fehlen, hören und spüren. Die Trauer hat eine eigene Sprache, und sie spricht über unsere Herzen zu uns.

Es ist schwer, was wir vor uns haben. Lassen Sie uns auf unser Herz hören. Es wird uns den Weg weisen, in die Zeit, die kommt. In die Zeit, die wir gerne anders hätten. In die Zeit ohne Wolfgang Dettweiler.

Musikvariation (Blues)

Es ist gerade zwei Wochen her. Wolfgang Dettweiler hat sich auf die Reise gemacht. Mit Ihnen, den Freunden und Kollegen. Mit dem Motorrad. Durch die Karpaten.

Dort in den Karpaten, wo der Himmel weit ist und das Leben ursprünglich, leben gastfreundliche Menschen. Im Nordosten Rumäniens, in der Maramuresch. Manche sagen, es sei ein verlorenes Paradies dort. Für viele von uns ein fremdes Land. Dort ist Wolfgang Dettweiler gestorben.

Die Nachricht von seinem Tod hat uns sprachlos gemacht. Und keiner von uns wird diese Erschütterung wegnehmen können. Es scheint, als sei jedes Wort zu viel. Aber Schweigen wäre auch zu wenig.
Was kann uns helfen, wenn da keine Antwort ist?
Wenn in mir die Frage kreist: „Warum?" Und immer wiederkehrt?
Wenn ich ihn so gerne wiedersähe und er nie wieder zu mir kommt?
Was kann mir helfen, wenn ich nicht mehr weiß, wer ich jetzt selber noch bin?
Mir schmeckt nichts mehr,
die Tränen zerreißen mein Herz, und dann,
dann kann ich wieder nicht weinen und möchte schier zerplatzen.

Da zerrt in mir die Wut, mein ganzer Zorn, der sagt:
„Das kann doch nicht wahr sein,
das darf doch nicht sein. Ich will das nicht haben."
Und da quält mich die Unsicherheit,
ob alles gut war, wie es war,
und ob da nicht doch noch so viel übrig bleibt,
so viel Unbesprochenes, so viel Ungeklärtes,
so viel Versäumtes und Verpasstes.
Ich werde es nie wieder nachholen können.
Nie wieder leben können.
Die Menschen in der Maramuresch beweinen ihre Toten.
Von alters her finden die Frauen Worte für die, die keine Worte mehr haben.
Diese Frauen haben geweinte Lieder,
und es ist, als ob die ganze Natur mit einstimmt in die Klage der Trauernden, dort in den Bergen Rumäniens.

Es klingt wie eine Botschaft von weit her. Sie verbindet uns mit allen Verlassenen und Einsamen und Ohnmächtigen.
Ich möchte uns eines dieser Lieder lesen, übersetzt aus der Maramuresch, wo die Trauernden ihre Trauer zum Himmel schreien:

„Weint ihr Wälder,
weint auch, ihr Wasser,

zusammen mit den Felsen der Karpaten.
Weint ihr Kreaturen,
zusammen mit dem Holz unserer Häuser,
weint ihr Berge und ihr stolzen Täler.
Weine, du Mond und du Sonne,
wenn der Mensch auf dieser Welt stirbt.
Weint auch ihr, ihr Himmelsrichtungen.
Weine du Welt, und tröste das Seufzen.
Weil wieder ein Stern gefallen ist
und von dieser Welt ging."

Musikvariation (Blues)

Wir haben Dr. Dettweiler gekannt. Wir hätten niemals gedacht, dass er von dieser Reise nicht mehr zurückkommen würde. Als Patienten empfinden wir unsere Ärzte immer so gesund, fast unsterblich, weil es uns schlechter geht als ihnen.

Aber der Tod betrifft uns alle. Er erschrickt uns. Er erinnert uns, wie sehr wir alle Menschen sind, begrenzt, sterblich, erschütterbar. Und es gibt nicht die Sicherheit, die alles im Griff hat. Dieser Tod führt es uns vor. Schrecklich und unbarmherzig. Und dieser Tod macht etwas mit uns.

In allererster Linie ist ein Ehemann und Vater gestorben – einer, der mit seinem Leben in ihr Leben verwoben war. So wie er sein konnte. Lebendig. Lebensfroh, mit Lust an diesem Leben. Engagiert. Leidenschaftlich. Weltoffen. Kritisch hinterfragend. Nachdenklich. Alles andere als karg.

Meine Worte können Sie nicht trösten. Ich weiß es, am eigenen Leibe erfahren, wie die Trauer Besitz nimmt von uns. Wie sie uns verzehren will. Als ob wir selber nicht mehr leben wollten.
Da ist Leere. Und im anderen Moment so eine Starre, die gar nichts mehr fühlt. Und du weißt nicht, ob es besser ist, zu fühlen oder zu erstarren. Wie ein Stein zu werden oder dich dem Chaos zu stellen, das in dir toben wird.

Du wirst dich selber fragen, was hätte ich anders machen können, wie hätte ich diesen Tod verhindern können, und du wirst in den Sackgassen deiner Fragen stecken bleiben. Du wirst keine Antworten finden, wenn du deine Fragen stellst.
Du wirst dich quälen mit den Realitäten deines Lebens.

Aber wichtig ist, dass du dich jetzt selbst nicht karg machst. Du bist ein Mensch in Trauer. Dein Leben ist anders geworden. Dein Leben ist ärmer geworden.
Die Trauer ist ein Weg der Gefühle. Wie ein Weg zurück, der das Vergangene wiederholen will. Und wie ein Weg nach vorn ins Unbekannte und Unvertraute, das du nicht kennst.

Wichtig ist, dass du dich nicht karg machst. Alle deine Gefühle, die dich verwirren, wollen nach draußen. Sie wollen gehört werden und gesehen. Der Weg durch die Trauer hat nur eine Richtung: Dein Herz nach außen zu wenden und dich zu zeigen. Zu reden. Zu weinen. Und gemeinsam zu schweigen und gemeinsam sich zu erinnern.

Das ist für uns alle wichtig, lebens-wichtig:
Für Sie, die Angehörigen, für Sie, die Ehefrau, und für die Söhne und die Tochter, für alle Verwandten und Freunde und alle Mitfühlenden. Sie alle haben jetzt ein Recht, gehört und gesehen zu werden. Ziehen Sie sich nicht zurück!
Bleiben Sie im Kontakt, und lassen Sie sich nicht gegenseitig allein.
Sagen Sie, wonach es Ihnen ist, auch wenn Sie gerade gar niemanden brauchen können! Auch wenn es nicht das ist, was andere denken und für richtig halten.
Ihr Herz ist der einzige Maßstab, der jetzt gelten kann.

Ihr Herz wird Sie leiten in die neue Zukunft, die jetzt noch nicht erkennbar ist. In Ihr neues Leben, das Sie sich nicht gewählt haben. Es ist Ihnen jetzt aufgezwungen. Der Tod verlangt das so.
Das Leben aber auch!!! Das Leben verlangt danach, dass wir uns selbst lebendig halten. Und jede Träne ist Zeichen unserer Lebendigkeit. Nur wer nichts liebt, kommt ohne Tränen aus (Jörg Zink). Und wenn Sie diesen Weg der Trau-

er gehen, wird das Erinnern jetzt ganz wichtig werden. Ich möchte deshalb bitten, dass nach der Musik, Sie, die Kollegen und Freunde, zu uns sprechen.

Wer hätte es gedacht, dass einige meiner Ärzte vor mir sterben müssen! Wer hätte gedacht, dass ein Kirchengemeinderat und eine Kirchengemeinderätin vor mir sterben würden. Beide gehörten zu meiner Generation. Ich tat ihnen leid, wenn es mir zwischendurch einmal wieder schlecht ging. Sie waren so gesund und fühlten mit mir! Aber dann bekam sie Krebs, und er diese Hirnblutung. Es ging schnell. Plötzlich waren sie nicht mehr da, zwei Wegbegleiter, die mit mir nachgedacht haben, die versucht haben, eine Kirche mit zu bauen, in der seine Kraft in den Schwachen mächtig sein sollte. Die mit mir gelacht und gelitten haben, deren Ziel eine offene Kirche war, in der wir uns weiter entwickeln konnten und wachsen und reifen – und zwar jeder und so wie er/sie es konnte.

Ich habe etwa 700 Menschen beerdigt. Am Anfang hatte ich viel Angst davor. Manchmal haben mir die Worte gefehlt. Man kann es sich dogmatisch ja leicht machen und das predigen, was man für wahr hält. Man kann aber auch nach dem Hilfreichen suchen und seelsorgerlich einen Weg mit den Trauernden gehen, authentisch und ohne den Anspruch, dass meine Worte trösten können. Es geht um Begleitung und nicht um den Trost durch Worte. Es geht um das Dasein, füreinander und miteinander, und nicht um die Vertröstung auf bessere Zeiten. Und es geht um die Gefühle, die in der Trauer ihren Ausdruck suchen.

Ich habe viele Menschen beerdigt. Es waren Kinder und Alte, Gesunde und auch Schwerkranke. Der Tod kam brutal und ohne jede Ankündigung. Er kam aber auch wie eine Erlösung in schwerem Leiden. Der Tod hat viele Gesichter.
Ich bin so dankbar, dass ich noch lebe. Auch wenn ich manchmal genug habe. Es gibt da beides in mir. Den Wunsch manchmal, gehen zu dürfen, aber natürlich ohne das schwere Leiden. Dann aber auch das Lebenwollen mit Sigrid und Simon. Meiner engsten Familie.

In meiner Zeit als Altenheimseelsorger habe ich viele Sterbende begleitet. Die Hospizarbeit war meine wichtigste Arbeit. Sie war wie ein Lebenswerk für mich.

Nach Birgittas Tod war die Trauer ohnehin das Thema meines Lebens geworden. Ich habe viel gelernt in dieser Zeit. Aber ich habe auch viel gelehrt. Zusammen mit wunderbaren Menschen, die alle ihre eigenen Betroffenheiten mitbrachten, haben wir uns auf den Weg gemacht und nach Antworten gesucht. Es war ein Weg ohne Spezialisten. Wir sind zu unseren eigenen Fachleuten geworden. Zwei Berichte aus dieser Zeit möchte ich beispielhaft dazu weitergeben:

Sterbebegleitung nur durch Männer

Anfang 1993 veröffentlichte ich eine kleine Annonce in unserer Tageszeitung: „Sterbende begleiten – ein Kurs nur für Männer". Ich erwartete, dass sich auf diese Ausschreibung drei Männer anmelden würden, die man in der Sitzwachengruppe integrieren konnte.

Die Sitzwache Reutlingen bestand damals aus 22 Frauen. Sie begleitete schwerkranke und sterbende Menschen in den Reutlinger Alten- und Pflegeheimen. Ihre Arbeit war über die Jahre gut angenommen worden. Es stellte sich die immer wiederkehrende Frage: Warum machen in der Sitzwache nur Frauen mit? Wir spekulierten:

- *Frauen lassen sich – sozialisationsbedingt – eher auf ihre Gefühle ein und setzen sich mit den Fragen um Abschied, Trauer Tod offener auseinander.*
- *Männer sind mehr berufstätig als Frauen und dadurch zeitlich mehr eingebunden.*
- *Frauen sind den Grundereignissen des Lebens schon durch das Gebären näher als die Männer.*

Unsere Spekulationen hatten uns nie befriedigt. Wo die Männer bleiben, war als Frage lange offen geblieben.

Die Reaktion auf unsere Annonce stellte eine positive Antwort dar: Überraschenderweise meldeten sich 14 Männer. Die Interessenten waren zwischen 28 und 80 Jahre alt. Die meisten waren zwischen 40 und 45 Jahren. Neben ein

paar Sozialarbeitern fanden sich ein Ruhestandspastor, zwei Ingenieure, zwei Lehrer und ein Gärtner ein.
Wir trafen uns ein halbes Jahr lang vierzehntägig zu Grundlagenthemen der Sterbebegleitung.

Nach einem halben Jahr kam die Zäsur: War es das? Oder wohin entwickeln wir uns? Wollten wir einen Grundkurs machen? Oder können wir uns auch vorstellen, Sterbende zu begleiten?

Für einige Männer war der Kurs damit zu Ende. Sie hatten sich mit Fragen des Sterbens und der Trauer befasst. Andere Kursteilnehmer wollten Sterbende begleiten. Eine dritte Gruppe wollte sich noch nicht zu Sterbenden rufen lassen. Aber bei den Treffen in der Gruppe war eine Vertrauensatmosphäre entstanden, so dass sie sich weiterhin zu verschiedenen Themen – Sinn- und Lebensfragen – treffen wollten.

Acht Männer sind geblieben: die Männergruppe zur Begleitung Sterbender. Sie treffen sich einmal im Monat. Fünf Männer begleiten inzwischen Sterbende in den Heimen. Manchmal treffen sie sich mit den Frauen. Eine Zusammenlegung der Gruppen wird aber weder von den Männern noch von den Frauen gewünscht. Es macht einen Unterschied, ob wir uns getrennt oder gemischt treffen.
Ich merke auch bei mir einen Unterschied. In der Leitung der Gruppen: Bei den Frauen war ich gelöster. Bei den Männern hielt ich mich mehr an meine Aufschriebe und hatte die Treffen mehr durchgeplant. Bei den Frauen war ein offener Gruppenprozess leichter möglich.

Die Männer kamen (wie auch die Frauen) mit eigenen Betroffenheiten. Abschiede von Eltern, von Kindern, eigene Krankheiten, das Erkranken von Angehörigen. Solche Erfahrungen sind die besten Voraussetzungen für die Begleitung Sterbender. Wer Trauer durchschritten hat, bleibt in der Regel offen für die vielen Gefühle, die die Sterbenden signalisieren. Wir haben offen über unsere Betroffenheiten geredet. Die Männergruppe ist ein Ort für Gefühle, nicht anders als die Frauengruppe.
Aus „SOZIAL EXTRA 21. Jahrgang, 4/1997"

Vom Tabu zum Boom?

Wer kann Sterbende und Trauernde begleiten?

Es ist wahr: Die Hospizidee breitet sich rasant aus. Was in den siebziger Jahren in unserer Gesellschaft noch vermiedene Themen waren (Sterben, Trauern), rückt mehr und mehr ins Rampenlicht. Die Situation Sterbender hat sich verbessert. Ein Umdenken ist in Gang gekommen. Das ist zweifelsfrei ein Verdienst der Hospizbewegung. Und da gehen wir einen guten Weg.

Es gibt aber auch eine andere Seite. Der Tod und sein Umfeld stehen im Licht. Jenseitsvorstellungen, Nahtodeserlebnisse, Sterbehilfe u.a. sind zu boomenden Themen geworden.

Freiwillige HospizmitarbeiterInnen zu gewinnen, ist relativ leicht geworden. Es ist ja auch etwas Bereicherndes, sich in den Vorbereitungskursen mit dem eigenen Sterben und den eigenen Todesängsten zu befassen. Es ist wertvoll, zu einer Gruppe zu gehören, die im Laufe der Zeit ein großes Maß an Vertrauen zulässt und von den Fragen ums Trauern weiß. Es ist fürs eigene Leben hilfreich, das Abschiednehmen einzuüben und Lebendigkeit wiederzugewinnen.

Verschiedenste Menschen werden angezogen, in Hospizinitiativen mitzuarbeiten. Sie tun sich alle in der Regel etwas Gutes. Die Verantwortlichen in der Hospizarbeit müssen allerdings darauf achten, die Vorbereitungen gründlich und die Begleitungen verantwortungsvoll zu organisieren. Das Geheimnis um den Tod zieht viele Menschen an, die nicht geeignet sind, Sterbende zu begleiten. Wer ist aber geeignet, sterbende Menschen zu begleiten?

Ich antworte auf diese Frage gerne widersprüchlich:

- *Eigentlich ist jeder Mensch geeignet, Sterbende zu begleiten.*
- *Eigentlich ist nicht jeder geeignet, Sterbende zu begleiten.*

Im Grunde ist Sterbebegleitung etwas ganz Menschliches. Was zu einer Nachbarschaft im ursprünglichen Sinne gehört, umfasst auch die Begleitung in den letzten Phasen des Lebens. Deshalb ist Sterbebegleitung etwas Elementares zwischen Menschen, die sich kennen. In diesem Sinne könnte jeder ein Sterbebegeleiter sein. Wo aber das Zusammenleben der Menschen verarmt und anonymer geworden ist, wo keiner mehr auf andere angewiesen sein will, wird die Begleitung Sterbender zum Problem.

Sterbende begleiten kann z.B. jeder,

- *der Trauersituationen aus eigener Betroffenheit kennt (eigene Erkrankung, Verlust von nahen Menschen durch Trennung oder Tod, Pflege von Angehörigen, die gestorben sind o.ä.),*
- *der nicht schon abschließend weiß, wie Sterbebegleitung geht,*
- *der bereit ist, sich mit sich selber, mit eigenen Ängsten, dem eigenen Sterbenmüssen auseinanderzusetzen, d.h. jeder, der sich noch verändern lässt,*
- *der die Meinung und die Standpunkte anderer gelten lassen kann und sich dafür interessiert,*
- *der bereit ist, seine Wahrnehmungsfähigkeit zu vertiefen,*
- *der sich auf eine Gruppe einlässt und bereit ist, eigenes Versagen, Hilflosigkeit oder Freude in einer Gruppe mitzuteilen, zu teilen und zu besprechen.*

Sterbende begleiten kann nicht, wer

- *das Sterben verherrlicht oder Sterbenssehnsucht hat,*
- *eine Jenseitssehnsucht hat und dem Leben nach dem Tod mehr Aufmerksamkeit widmet als dem Leben auf dieser Erde,*
- *eigene Glaubensinhalte den Sterbenden aufdrängt und bis zur letzten Minute missionieren will,*
- *an einen schönen Tod glaubt und meint, er könne dem Sterbenden einen solchen bereiten,*
- *nicht lernen will, dass es unterschiedliche Lebensweisen gibt, die ihr Recht haben,*
- *Sterben, Krankheit, Trauer, Leiden nicht als Bestandteile des Lebens annehmen kann und dagegen anwirken will,*

- *nicht kooperieren will,*
- *Seine Kraftquellen und Grenzen nicht kennen lernen will.*

Die Begleitung Sterbender kann einem viel geben. Das Sterben muss aber auch ausgehalten werden und kann belasten. Wo eigene Sterbebilder ans Sterbebett getragen werden, beginnen Probleme. Der sterbende Mensch ist oft kraftlos und ausgeliefert. Seine Situation darf nicht für eigene Interessen benutzt werden.

Sterbebegleitung heißt: den Weg bis an die Grenze des Todes mitgehen, in der Geschwindigkeit, die der Sterbende vorgibt und mit dem Maß, das der Sterbende will. Die Kunst des Begleitens besteht darin, dieses Bedürfnis zu erspüren. Und diese Kunst gilt ja für unsere Beziehungen in allen Lebensphasen. Wer sich offen hält, in der Begleitung zu lernen, wird für sein eigenes Leben Wertvolles gewinnen. Und umgekehrt: Wer die Situation Sterbender benutzt, um seine eigenen Ziele durchzusetzen (z.B. durch Mission) wird u.U. Schuld auf sich laden.
Aus „SOZIAL EXTRA 21. Jahrgang, 4/1997"

Erinnerungen

Ich erinnere mich an viele der älteren Menschen, die in dieser Zeit in den Heimen gestorben sind. Viele Biografien habe ich gehört. Es waren vor allem Fluchtgeschichten. Oder auch eine Kindheit auf der Schwäbischen Alb. Oder ganz andere Kontraste, die mir erzählt wurden. Die Männer haben auch vom Krieg erzählt. Mit der Zeit immer mehr. Am Anfang von der schweren Zeit, den Entbehrungen, der Angst, dem Hunger in der Gefangenschaft. Dann haben sie aber auch von ihrer Täterschaft gesprochen, erst zaghaft, dann immer mehr. Wie sie die Juden in den Dörfern zusammengerufen und abtransportiert haben. Wie sie im Blut standen, das auf der Straße bergab rann. Sie weinten dazu.

Einer erzählte, wie er als 16-jähriger Junge ein geräumtes Konzentrationslager durchsuchen musste. Er fand ein paar Männer, die sich versteckt hatten. Voller Angst. Und es sollten Freiwillige vortreten, die sie erschießen. Der alt gewordene Mann erzählte, dass keiner vortrat. Dass er heimlich dachte, wenn Deutschland diesen Krieg gewinnt, dann gibt es keinen Gott.

Er hat nach dem Krieg lange Zeit geschwiegen. Seine Umgebung, die Familie, die Leute im Dorf sagten sich: *Er hat Schweres mitgemacht.* Er hat mit dem Sprechen aufgehört. Sie haben ihm Fürchterliches angetan. Den Pfarrer wollte er die Treppe hinunterwerfen. Bloß keine leichtfertigen Worte jetzt. Und es hat fast 60 Jahre gedauert, bis er dieses Erlebnis ausgedrückt hat.

Es waren Geschichten von einsamen Wegen. Aber es waren auch Geschichten von Lebensfreude, von guten Erinnerungen an die Kindheit, das Elternhaus, die Spiele, die Lieder.

Im Pflegeheim habe ich die Geschichte des letzten Jahrhunderts studiert. Aus dem Munde ganz verschiedener Zeitzeugen. Dort bin ich Lebensläufen begegnet, wie sie sich Tag für Tag ereignen. Es geht immer um Liebe und Tod. Wie in der Literatur überhaupt. Und im Leben. Um Glück und Sehnsucht, um Rückschläge und Neuanfänge. Und ich habe mit den alt gewordenen Menschen ihr Leben gewürdigt. Es hatte immer von beidem etwas. Wie meines auch.

Manchmal bin ich erstaunt, dass ich noch so gerne lebe. Jetzt, wenn ich diese Zeilen schreibe, bin ich schon fünf Monate krank. So lange war ich noch nie am Stück aus der Arbeit geworfen. Zuerst die Operation in der Urologie, die ich gut hinter mich gebracht habe. Es war ein großer Eingriff. Bei einer Prostatabiopsie wurden in einem sehr frühen Stadium Krebszellen entdeckt. Ich habe mich für die Operation entschieden. Zusammen mit Sigrid. Wir wussten, was es heißt und auch dass es ein großes Risiko war. Ich bin aus der Narkose aufgewacht, habe die Füße bewegt und mich an meinem Augenlicht gefreut. Sigrid war da. Ich sah ihre grünen Augen. Sie war da, und ich war froh. Ich glaube, wir haben uns schon dort auf der Intensivstation zum Blues verabredet. Aber dann war da diese Schwäche. Ich konnte mich kaum bewegen. Alles ging so schwer. Die Verstopfung. Die Schmerzen. Ich hatte anfangs noch die Schmerzpumpe. Und dann konnte ich nicht mehr gehen.
In der Reha war ich am Anfang im Rollstuhl. Sigrid hat mich geschoben. Ich erinnerte mich, wie Wolfgang Schäuble einmal von seinen Erfahrungen im Roll-

stuhl erzählt hat. Es ist wahr: Du wirst geschoben und hast kaum Einfluss auf die Geschwindigkeit und das Steuern. Du kannst auch einem plötzlichen Hindernis nicht selbst ausweichen. Du spürst das Gefälle und auch, wie dir der Halt verloren geht. Die anderen klopfen dir auf die Schulter, sehen dich von oben herab an. Starren dich überhaupt an. Wie alt er wohl sein mag, und was er wohl hat? Wie geht's seiner Frau damit? Die ist aber noch jung! Schlimm!

Nach einiger Zeit bekomme ich den Gehwagen. Wie die alten Frauen im Pflegeheim. Eigentlich ein ganz praktisches Teil. Ich will es am liebsten nicht mehr hergeben. So hat es auch die Schwester Barbara prophezeit. Aber am Anfang habe ich mich gesträubt. In mir war ein großer Widerstand. Als ob ich die Autoschlüssel abgeben müsste oder den Reisepass. Als ob ich jetzt 100 Jahre alt geworden wäre, uralt, und nicht mehr mündig.

Dann aber war der Gehwagen Halt. Man kann sich drauf stützen, man kann Getränke transportieren und sich zwischendurch setzen und ausruhen. Dann die ersten Schritte alleine. Wieder alleine gehen. Mit ein bisschen Krankengymnastik wurde ich vorbereitet. Ich habe das Treppen gehen geübt. Bin zu Vorträgen im Haus gefahren. Und freute mich über alles, was ich mir wieder aneignen konnte.

Als ich heim kam, war ich immer noch schwach, so schwach wie nie vorher in meinem Leben. Auch müde. Lebensmüde auf eine erschöpfte Art. Würde ich jemals wieder diese Kraft spüren, die man braucht, um sich zu freuen? Würde ich mich auf Menschen freuen oder lieber noch scheu bleiben? Manche freuen sich, mich zu sehen. „Wie schön sagen sie. Dir geht es besser? Wie gut, dich auf deinen Füßen zu sehen." Ich kann mich auch freuen. Ich freue mich, dass ich willkommen bin. Sigrid macht es mir schön zuhause. Sie lässt sich vieles einfallen. Sie spielt Scrabble mit mir. Wir streicheln uns. Ich habe eine gute Frau.

Dann kam die Sepsis. Über Nacht. Offene Wunden. Meine Haut war wieder verletzt. Schwere Atmung. Eigentlich kein Wunder bei so wenig Bewegung. Aber ich muss den Sport dosieren und darf nichts übertreiben. Hohes Fieber.

Zusammenbruch. Mein Blutdruck sinkt in den Keller. Die Fachärzte geben sich Mühe und reichen mich im Kreis herum. Sigrid recherchiert, organisiert, spricht mit anderen Kollegen, kümmert sich um Simon, den Haushalt, ihre Arbeit und mich. Ich bin angeschlossen an die Geräte der Intensivstation. Ich bin wieder Patient. Wo kommt die Blutvergiftung her? Von den Wunden, von der Lunge, von der Lymphocele? Wir werden es nicht herausfinden. Ich möchte zuallererst diese Wundschmerzen loswerden.

Nachts tun beide Beine weh. In der Gegend der Knöchel. Aber richtig weh: Ich spüre die Decke wie tausend Rasierklingen in meinem Fleisch bohren. Drehe mich rum. Und gleich wieder zurück. Ich weiß nicht, wie ich die Beine lagern soll. Ich lasse sie zum Bett raushängen. Hängend spüre ich weniger. Aber dann schwellen sie an, ganz dick: Lymphödeme. Ich lasse sie dick werden, lege sie nach einer Stunde wieder hoch, werde ganz verrückt vor Schmerzen. Ich bin so müde, aber ich spüre diesen Schmerz, der mich nicht schlafen lässt. Die Morphine machen mich noch mehr müde. Ich mache das Licht an, versuche ein Rätsel zu lösen, ein Sudoku oder „Um die Ecke gedacht". Damit mein Kopf von diesem Schmerz weggehen soll. Ich freue mich über kurze Schlafphasen, 1 ½ Stunden, manchmal auch 3 Stunden, danach bin ich ein neuer Mensch. So eine Nacht will nicht vergehen. Ich entspanne mich, schaue auf die Uhr, dreh mich rum, lege die Decke ganz sachte über meine Beine. Stelle das Bett in die richtige Höhe. Nach einer halben Stunde schaue ich wieder auf die Uhr, aber es ist nur eine Minute vergangen. Die Nächte, in denen die Zeit still steht, sind eine Qual.

Ich frage mich, wozu ich noch lebe. Und ob es nicht besser wäre einfach zu schlafen, ewig schlafen. Ohne Schmerzen. Der Tod muss schön sein. Du musst nicht mehr atmen. Hast keine Schmerzen. Aber deine Ruhe.

Das hoffe ich auch: dass sie mich in Ruhe lassen, wenn ich sterbe. Ich will nicht auferstehen. Ich will viel mehr meine Ruhe. Ich will auch nicht auferstehen, wenn es da keine Tränen und kein Leid mehr gibt. Leben will ich nur mit allem, was dazugehört, also auch den Tränen und der Liebe und dem Tod. Anders kann ich mir Leben nicht vorstellen. Anders muss es fad sein. Reizlos. Aber so eine ewige Ruhe ohne den Kampf der Kranken stelle ich mir traumhaft vor. Aber ich will nicht sterben. Ich will immer noch leben und unter den Leuten sein.

Mit Sigrid kann ich gut reden. Es ist spannend mit ihr. Mir gefällt es, wenn sie sich öffnet und zu sprudeln beginnt. Wir können viel Fachliches reden, Fachliches aus Medizin und Theologie, aus der Trauerarbeit- und Traumatherapie, über die Liebe und die Versöhnung. Aber auch über Musik und Theater. Am schönsten ist, Predigten machen. Oder Bücher schreiben. Wenn ich den richtigen Augenblick erwische. Dann bringt Sigrid manche unfertigen Gedanken auf den Punkt. Sie kann sprühen vor lauter Ideen. Oder sie hat Themen, die sie entdeckt und verbindet mit dem, was sie schon weiß. Wir machen dann weite Gedankenreisen und spüren, wie wir uns animieren und wie wir miteinander einen Bogen spannen. Ja, wie beim Bogenschießen ist das. Du spannst und lässt den Pfeil los. Er trifft ins Schwarze. In die Mitte. Er bringt die Sache auf den Punkt, und plötzlich ist etwas entstanden, das wir vorher höchstens ahnen konnten. Als hätten wir eine Spur verfolgt und seien angekommen. Dann wölbt sich ihre Stirn nach außen und man sieht, wie es in ihr arbeitet. Mein Herz wird warm, wenn sich auch die Stirn von Simon wölbt, wenn er nachdenkt oder argumentiert. Ich habe einen klugen Sohn und eine kluge Frau.

Früher habe ich gerne Biografien gelesen. Die Lebensgeschichten großer Männer. Ich wäre auch gerne ein großer Mann.

Mein Großvater Otto hat auch geschrieben. Es gibt von ihm Aufsätze über die Militärgeschichte und irgendwelche Strategien. Auch der andere Großvater, Dr. Erich Szegedi, hat publiziert. Er wurde mit seiner Dissertation in der DDR damals zum „Erfinder des Volkes" ausgezeichnet.

Mein Vater hat das Buch „Hühnerzucht für jedermann" geschrieben. Ursprünglich als Dissertation gedacht, hat er es später populär veröffentlicht. Noch heute bekommen wir ein Honorar für diesen kleinen „Bestseller".

Irgendwie spukte in der Familie der alte Satz herum, dass ein Mann ein Buch geschrieben haben muss, einen Baum gepflanzt und einen Sohn gezeugt. Statt

Baum pflanzen, hieß es auch manchmal, Haus bauen. Der Spruch soll von Konfuzius sein.

Ich habe in Oberbrüden im Pfarrgarten für Sigrid einen Fliederbusch gepflanzt. Ich habe meine Bücher geschrieben, Gedichte, Geschichten und Fachbücher. Auch einen Sohn habe ich bekommen, Simon. Sigrid hat ihn zur Welt gebracht. Ich war dabei. Irgendwie bin ich mit mir unter dem Dogma meiner Familie zufrieden.

Simon geht währenddessen seine eigenen Wege. Ich wünsche ihm, dass er seine eigenen Kraftquellen für sich entdeckt. Möge er auch Mut haben, zu seinem Eigenen zu stehen. Von mir aus muss er weder ein Buch schreiben, noch einen Baum pflanzen, noch einen Sohn zeugen. Das alles sind nur meine Ticks. Aber wenn er mal ein Stück spielt auf dem Klavier oder ein Lied singt, wäre ich darüber sehr glücklich.

Diese Biografien: Manche großen Männer haben große Werke hinterlassen, Bücher, Musik, Rekorde, ein Vermögen. Mich haben die Dramen ihres Lebens interessiert. Der Liebeskummer. Die Geschichten mit den Frauen. Einer der Männer, die in meinen Augen große Männer sind, sagte mir einmal: „Du wirst die Frauen nie verstehen. Sie sind wie andere Wesen. Sie fühlen anders. Nur wenn du Glück hast und den richtigen Moment erwischst, wirst du ihnen begegnen können."

Ich habe mich in vielen wieder gefunden. Ich habe mich in ihren Lebensthemen wieder gefunden. Dann habe ich mich bemüht, sie zu verstehen. Ihre Musik zu erspüren. Ich habe mich von ihnen fesseln lassen. Wollte immer mehr von ihnen wissen.

Aber eines Tages merkte ich, dass ich jetzt auch eine Biografie habe. Dass mein Leben jetzt auch reich geworden war. Reich an Dramen und reich an Glück. War ich jetzt ein großer Mann geworden? Vielleicht ja. Zumindest läse sich meine Biografie jetzt auch so spannend und vielseitig wie die ihre. Ich kann erzählen vom Leben, von früher und heute, ich kann auch träumen von morgen.

Ich bin dem Tod nahe gewesen. Ganz real. Wie die anderen großen Männer. Und ich habe mich verliebt. So viele Frauen habe ich kennen gelernt. Mit einigen von ihnen habe ich gelebt. Sie waren sehr verschieden. Von den meisten weiß ich alle Vornamen, die Geburtstage, ihre Lebensgeschichten. Das „Freud und Leid" ihres Lebens. Von manchen habe ich erst im Nachhinein verstehen können, worum es ihnen eigentlich ging, und was sie getragen hat.

Als ich Christine mit den roten Haaren in der Tübinger Mensa entdeckte, bekam ich sie nicht mehr aus dem Sinn. Sie trank ein Bier aus der Flasche. Sie war mollig. Ihre Haare waren wunderschön und mit Henna gefärbt. Ich wünschte mir, sie kennen zu lernen und sie zu treffen, und ich wollte, dass diese Frau meine Freundin würde. Auf einem Mensafest habe ich sie wieder gesehen. Eigentlich immer wieder. Überall, wo etwas los war. Vor allem bei politischen Demonstrationen war sie dabei, vorneweg meistens. Auf einem Mensafest habe ich mit ihr getanzt, als der katholische Theologe, mit dem sie unterwegs war, mal zur Toilette ging. Ich fragte nach ihrem Namen. „Christine".

Als ich mit Gisela und Dagmar an Silvester auf dem Österberg war, fiel eine Sternschnuppe. Und ich wusste sofort, was ich mir wünschen wollte. Kurz darauf erfüllte sich mein Wunsch.

Gitta war die erste Frau, die ich geheiratet habe. Wir heirateten in der Erlöserkirche in Jerusalem. Zehn Jahre später war sie tot. Ich denke an sie. Ich vermisse sie. Ich spüre sie noch in mir. Es war das größte Drama meines Lebens. Ich war ein großer Mann geworden. Eine Biografie ist mir gewachsen. Mit Lachen und Weinen. Aber ich war auch unreif. Immer noch. Manche bleiben es ihr Leben lang.

Acht Jahre nach Gittas Tod habe ich einmal diese Erinnerung aufgeschrieben:

Ich hatte nichts mehr zu verlieren

Gitta ist schon acht Jahre begraben. Ich gehe selten an ihr Grab. Aber ich denke manchmal an sie, an ihren Schluckauf, den ich vermisse, oder an das Chaos, das sie in der Küche immer hinterlassen hat. Wenn ich davon anfange, finde ich kein Ende. So viele kleine Momente, Gesten und Worte tauchen mir auf! Sie war eine wunderbare Frau!

Sie war aber nicht nur eine wunderbare Frau. Wenn ich an sie denke, spüre ich auch den Schmerz, die Ohnmacht und das Schweigen der letzten Zeit. Und diesen vernichtenden Willen, sich aufzulösen.

Gitta hat sich aufgelöst. Wie sie es manchmal als Wunsch ausgedrückt hat. Aus der großen Frau mit ihren Stärken, von der wir so gerne profitiert haben, wurde so ganz real die tote, kalte, stumme Frau. Verstummt für immer. Reglos. Ganz zugeschlossen.

Ich habe ihren Tod am Telefon erfahren. Am Telefon, am ersten Tag einer Gruppenreise nach Rumänien, die ich geleitet habe. Meine Schwester hatte unseren Aufenthaltsort ausfindig gemacht. Man hatte Gitta in ihrem Zimmer gefunden, im Zimmer am Bodensee, wo sie die letzten Monate ihres Studiums verbracht hatte. Der Fernseher lief noch, die Spritze lag auf dem Tisch.

Für mich begann eine kleine Odyssee mit dem überfüllten Nachtzug durch die Karpaten, einem Inlandflug ans Schwarze Meer, einem Weiterflug nach Frankfurt. Von dort nahm ich den Zug heimwärts. Im Zug dann schon Telefonate mit dem Beerdigungsinstitut, der Familie, dem Kollegen. Ich fühlte mich wie im Traum. Als das Flugzeug abhob, empfand ich meine Bodenlosigkeit total. Ja, flieg' Flugzeug, flieg' endlos nach oben, stürz' ab! Ich habe nichts mehr zu verlieren.

Im Flugzeug waren Amerikanerinnen, die rumänische Kinder adoptiert hatten, kleine Säuglinge. Manche hatten keine Stimme, so schwach waren sie. Die Revolution war gerade vorbei. Es gab Leute, die haben ihre Kinder verkauft. Und Gitta war tot. Du hast es getan. Du hast mir nichts mehr gesagt. Ich schwebte zwischen Himmel und Erde.

Ganz auf die Erde holten mich Termine, Urkunden, Polizeiprotokolle, Transportanweisungen für Gittas Körper ... Endlich war ich erreichbar. Endlich konnte entschieden werden. So etwas hatte ich noch nie machen müssen.

Im Flugzeug noch der Gedanke: Ich will jetzt keinen Pfarrer hören. Wirklich keinen Pfarrer. Gerhard vielleicht? Nur wenn er singt. Sagt mir nichts von euren Ideen, von eurem Trost, vom Jesus, der lebt. Sagt mir keine großen Worte; Gitta ist tot!

Ich gehe in Gedanken meine befreundeten Kollegen durch. Ja, meine Freunde! Ich will sie schon sehen, kann sie schon brauchen. Aber nicht als Pfarrer. Was hätten sie auch sagen sollen! Ich wusste selbst nicht, was ich sagen sollte. Aber ich beschließe, die Beerdigung selber zu halten. In meiner Fantasie finde ich Worte und verliere sie wieder. Ich habe schon lange nicht mehr richtig geschlafen.

Zuhause will ich Gitta sehen. Als ob ich sie noch etwas fragen wollte. Aber es war Wochenende. Man hatte sie zu uns ins Krankenhaus gebracht, wo sie bis zu meiner Rückkehr bleiben konnte. Wie gut, dass ich unter den Ärzten Freunde hatte. Einer konnte mir diesen Totenraum aufschließen. Einer ist mit mir hingegangen. Nicht ganz nach der Vorschrift. Ich habe sofort Gittas großen Zeh mit dem Zettel ihrer Daten erkannt. Und die Spuren des Barfußlaufens im Sommer auch. Der Anblick ihres Fußes hat mein Herz erwärmt. Und dann sah ich in ihr Gesicht. In ihr verschlossenes Gesicht. Sag' doch was! Und sie sagte nichts. Keine Regung. Ja, Gitta war tot. Du Arme! schoss es mir in den Sinn. Du Arme! Ich Armer! So sehen wir uns wieder.

Ich wusste nicht, ob sie es spüren konnte, dass ich da war. Ich weiß nicht, was die Toten spüren. Ich wusste nicht, ob sie es überhaupt wollte, dass ich sie so ansah. Und zum ersten Mal spürte ich dieses Gefühl, das bald immer stärker werden sollte: Ob du das willst oder nicht, ich werde dich ansehen. Ich werde deine Beerdigung regeln, wie ich will. Ja, wie ich will! Plötzlich wurde ich ganz wichtig. Nur ich werde bestimmen. Und du nicht und auch sonst niemand. Du willst ja tot sein! Dann musst du das alles auch mit dir geschehen lassen.

Ich kannte dieses Gefühl nicht bis dahin. Nicht Gitta gegenüber. Und aus diesem Gefühl heraus wuchs mir die Kraft für die nächsten Tage. Die Kraft, die ich brauchte.

Ich wäre gerne länger bei Gitta geblieben. Aber sie stand nicht auf. Sie öffnete die Augen nicht. Ich spürte, wie kalt es war. Ich hätte sie gerne wärmer zugedeckt.

Tage später kehrte ich wieder. Der Bestatter war ein guter Mann. Er ließ mich dazukommen, obwohl der Pathologe streng untersagt hatte, dass irgendwelche Angehörigen zu den Toten kommen. Wie unmenschlich! Und welches Glück, dass der Bestatter mich respektierte. Gitta lag mitten im Raum und ihr Haar leuchtete wie die Sonne. Ich dachte daran, wie die Sonne immer aufging, wenn ich neben ihr aufwachte. Aber man hatte ihr eine schreckliche Frisur gemacht. Sie trug die Haare wohl öfters so am Schluss. Aber ich hasste das. Ich wollte sie so haben, wie sie mir (!) gefiel. Der Bestatter gab mir den Kamm in die Hand und ich machte ihr die Haare zurecht. Noch einmal habe ich dich gekämmt, Gitta, noch einmal habe ich dich berührt. Wie kalt du warst. Deine schönen Haare, Gitta. Du schöne Frau, wie kalt bist du geworden. Wie tot! Ich sehe dein Gesicht und erinnere mich ...

Der Pathologe kam. „Was ist denn das hier?“, fragte er, und meinte Gitta. Der Bestatter stellte mich in meiner Funktion vor, nicht so, als ob ich irgendetwas mit Gitta zu tun gehabt hätte. Es war nur zum Kotzen.

Man wird dich in den weißen Sarg legen, man wird dir den lila Pullover anziehen, den du selber gestrickt hast und den ich ausgewählt habe. Bärbel sagte: „Wähle ihr etwas Warmes aus. Es ist so kalt im Grab.“ Ich war froh um diesen warmen Satz und um diese liebevolle Sorge.

Man wird dich auch in das lila Tuch packen, das ich als Vorhang für unsere Veranda gekauft hatte. Und ich werde dir noch eine Blume auswählen, wie ich es vor Monaten in meinem Gedicht für dich versprochen habe ....

Ich muss eine Todesanzeige aufgeben („Ich habe sie für immer geliebt und verloren“, schreibe ich), die Beerdigung regeln, so viele Menschen verständigen. Friedhi sagt, sie würde an der Orgel sein. Wie froh ich bin! Ich habe im Flugzeug schon die Lieder ausgewählt: Wie nach einer Wasserquelle ein Hirsch schreiet mit Begier, also auch mein arme Seele ... und Herr, halte mich nah bei dir jeden Tag ... Friedhi sagt, sie hätte dieselben schon gewählt. Mein Herz wird warm. Inmitten des Todes Wärme! Friedhi weiß, dass diese Lieder für mich dran sind. Das bedeutet mir sehr viel. Ich muss es ihr nicht einmal sagen. Ich darf es einfach spüren. Eberhard wird Geige spielen. Gitta würde sich freuen.

Ich bekomme Warnungen aus dem Kollegenkreis. Man macht sich Sorgen über meinen Entschluss, die Beerdigung selbst zu halten. Aber nicht wegen mir. Ich spüre fadenscheinige Argumentationen. Meine Haut ist dünn geworden. Ich spüre ganz viel jetzt. Ich spüre, wie hilflos alle sind. Das ist für mich okay. Das ist echt. Ich bin aber allergisch, wenn sie meinen, mir was vormachen zu können. Sie haben nur Angst, ich könnte es nicht durchstehen. Was dann? Wenn ich plötzlich nicht mehr kann?

Gleichzeitig geht mir aber selber die Kraft aus. Ich spüre, wie leer ich werde, wie mir die Worte ausgehen, wie ich so in mich sinke und so durchlässig und verletzbar werde. Ich bitte Hildegard, meine Kollegin, mich zu begleiten. Ich bitte sie, mich in der Entscheidung zu begleiten. Auf jeden Fall will ich selbst bestimmen, ob ich die Beerdigung halte oder wer sonst. Ich mute Hildegard viel zu. Ich konnte es damals nur ihr zumuten. Wenn ich zurückdenke, weiß ich auch, warum: Wir waren schon miteinander im Theater gewesen. Obwohl wir uns kaum kannten und uns noch siezten, sind wir uns als Menschen begegnet. Das war mir sehr kostbar. Hildegard schützte mich. Sie ließ mich gewähren, blieb in der Ungewissheit, ob sie oder ich die Beerdigung übernehmen würde. Wir haben viel telefoniert. Ich glaube, ich habe sie nieder geredet und endlos gesprudelt. Wie gut sie mit mir war!

Einmal kam sie spontan vorbei und sagte, dass jetzt sie es nicht mehr aushielte. Sie bräuchte jetzt Klarheit. Wir saßen zusammen und einigten uns darauf, dass sie die Trauerfeier gestalten würde und ich eine Klage und einen Psalm schreibe und vortrage. Ich glaube, wir waren beide danach erleichtert. Und sie ist einen wunderbaren Weg mit mir gegangen, die ganze Trauerfeier über, noch einmal zum Sarg und ans Grab. Ich hätte damals anders gepredigt, heute noch mal anders. Aber Hildegard ist authentisch geblieben. Und allein das hat gezählt. Damit konnte sie gar nichts falsch machen. In der Danksagung habe ich geschrieben, sie habe mich an die Hand genommen, und so habe ich es auch empfunden. Und sie hat einfühlsam und vom Herzen her gesprochen.

Jemand sagte, es sei gut gewesen, dass eine Frau die Trauerfeier gemacht habe. Das empfinde ich nicht so. Es war vollkommen irrelevant, ob eine Frau oder ein Mann den Abschied gestaltete. Frau oder Mann wäre austauschbar gewesen, die Person von Hildegard aber nicht. Ich werde es ihr nie vergessen.

Auf der Trauerfeier habe ich ein Tuch vor meinem Gesicht gehabt. Eigentlich die ganzen Tage um Gittas Abschied. Es hat mich geschützt. Ich habe diesen Schutz gebraucht.

Bei der Beerdigung entdecke ich eine Gruppe von jüngeren Menschen. Es könnten Kollegen von Gitta sein oder Kommilitonen. Sie haben entsetzte Gesichter. Sie kennen mich nicht. Ich spüre einen Widerstand. Als ich sie begrüße, wird einer sehr aggressiv. Wie kann sich eine so lebenssprühende Frau das Leben nehmen? Er fährt mich an. Er sieht in mir den Schuldigen. Worin meine Schuld besteht, kann er nicht sagen. Aber ich muss es sein. Ich bin ja ihr Mann gewesen.

Ja, diese Menschen, die da von Gitta Abschied nehmen, gehören halt auch vor allem zu meiner Welt. Zu meiner Kirche. Zu meinem Alltag. Gittas Welt ist schwach vertreten. Und für sie stimmt nicht, was wir hier abziehen: den Abschied von der Frau des Pfarrers, die sie ja innerlich längst nicht mehr war. Wer aber war sie geworden? Wo war ihre Welt? Im Nachhinein stelle ich fest, dass ich immer noch am meisten von ihr wusste. Und wie wenig ihre Freundinnen und Freunde wussten. Wer und was war ihr eigentlich wichtig geworden?

Ich lerne, dass wir alle fragen: Warum hat sie sich umgebracht? Ich frage es auch. Ich lerne auch, wie einfach man sich's machen kann, wenn man einen für schuldig erklärt. Meine Schuld legt sich nahe. Wie gut, dass ich für mich weiß, dass Gitta selbst mir keine Schuld zuwies! Wie gut, dass ich Briefe von ihr hatte, die noch nicht gar so alt waren! Briefe aus der letzten Zeit unseres Kontakts.

Ich habe auch meine Wut. Riesenwut. Ich habe eine Wut auf diese Freunde, die sie mehrfach nach ihren Suizidversuchen gerettet haben. Ich habe eine Wut auf sie, weil sie sich blenden ließen von ihren kargen Worten, ihren Argumenten, ihren Bitten. Ich habe eine Wut auf die, die mir sagten, ich solle Gitta in Ruhe lassen, Abstand von ihr nehmen. Loslassen! Wie ich dieses Wort Loslassen gehasst habe! Ich habe eine Wut auf mich, dass ich mir das habe sagen lassen und dass ich sie in Ruhe ließ. Ich habe eine Wut auf mich, dass ich meinem Gefühl nicht gefolgt bin und meine Wahrnehmung blenden ließ. Und: Ich hätte sie auch nicht halten können.

Ich spüre aber auch, dass diese Wut sein muss und doch nicht weiterführt. Dann spreche ich mit denen, die mit mir sprechen, spüre Trauer über die, die zu Lebzeiten noch mit ihr waren, sie wollten, von ihr forderten, und die zu ihrem Tod nicht kommen konnten. Gitta war halt auch schöner und wärmer, als sie lebte. Jetzt hatten wir nichts mehr von ihr. Jetzt nicht mehr. Ich lese auch in den letzten Briefen, den Tagebüchern, den Briefen, die ich in ihrem Zimmer finde. Ich rekonstruiere, was ich so nicht wusste. Und ich entdecke, wie ihre neuen Kontakte genauso an ihr zerrten, wie alle anderen auch. Wir haben sie alle miteinander ausgezehrt, ausgelaugt, erdrückt mit unseren Ansprüchen. Von wem hat sie noch etwas für sich erwarten können?

Am Grab spricht noch einer der Ärzte. Er kommt sich etwas verloren vor. Irgendwie finde ich es sogar nett, dass er versucht, sie zu würdigen. Eine gute Ärztin wäre sie geworden. Ich spüre, dass er das ehrlich meint. Ich spüre, dass er berührt ist. Aber ich muss auch daran denken, wie Gitta mir erzählt hat, sie hätte eine Stelle angeboten bekommen, und dass ein Arzt dafür mehr von ihr wollte, wie sie sich ausdrückte. Und wie sie das alles zum Kotzen fände. Sie fand ihre Welt sowieso oft zum Kotzen. Und die Kirche auch.

Irgendwann denke ich an unsere letzte Begegnung. Gitta war mit ihrem Rucksack gekommen. Sie war sehr liebevoll an diesem Tag. Wie es mir gehe, fragte sie. Schon diese Frage brachte mich auf. Wie sollte es mir gehen, wenn meine Frau sterben will, wenn meine Frau nur schweigen kann, wenn meine Frau Tag und Nacht nur arbeitet und sich betäubt? Wir hatten eine kleine Diskussion.

Ich schrie meine Gefühle zum Himmel. Ich verfluchte den Tag, an dem ich ihr begegnet war. Gitta hatte wie immer nichts zu sagen. Aber große Augen machte sie. Und sie ging schweigend, entsetzt und traurig weg. Ich war froh um meine Wut. Und ich spürte ein leises Mitleid mit ihr. Erst nach Gittas Tod weiß ich, wie stimmig auch diese Gefühle waren. Es hilft nur nichts mehr. Es hilft nichts mehr.

Dann, nach der Beerdigung, beginnt so ein Weg der Nachforschungen. Wie waren die letzten Tage ihres Lebens? Mit wem war sie in Kontakt? Manche Leute kannte ich. Andre nicht. Ich lese ihre Briefe und spüre noch einen Teil aus Gittas Leben. Manches war so vertraut, anderes so ohne Antwort. Ein paar Entdeckungen erklären mir noch manche Unklarheiten. Aber letzte Antworten hat Gitta ins Grab mitgenommen. Was ich ahnte, bekomme ich bestätigt. Aber es hilft nichts mehr. Ich spüre nur, wie ich meiner Wahrnehmung wieder mehr vertraue. Ich lasse mir nicht mehr wegreden, was ich spüre. Und ich werde nicht über alles reden. Es ist nicht mehr wichtig.

Ein halbes Jahr vor Gittas Tod – wir hatten endlose Diskussionen hinter uns – sprach sie wieder einmal davon, nur den Tod zu wollen. Ihr Gesicht war verschlossen. Sie selbst hatte nichts mehr zu sagen. Es hat nichts mit dir zu tun, dieser Satz machte mich manchmal so wahnsinnig. Womit dann? Ihre Antwort war immer nur noch Schweigen. Ich erinnere mich, dass ich gebrüllt habe: Dann tu's doch endlich!

Ich denke natürlich oft an diesen Satz. Und an meine Ohnmacht. In dieser Zeit bin ich hinter vielen Särgen gegangen. Ich selber fühlte mich sehr schwer. Und ich sah die Trauernden, wie sie den Toten noch eine Blume ins Grab warfen. Blume um Blume fiel in die Gräber. Blumen bei Regen, Blumen in der Sonne, Blumen. Eigentlich habe ich damals schon immer Gitta mitbegraben. Meine Trauer hat immer mitgeschwungen mit der Trauer der Angehörigen auf dem Friedhof. Und ich spürte, dass ich immer meine Blume auch für Gitta warf. Wenn ich am Grab die Worte Erde zur Erde, Asche zur Asche, Staub zum Staub sage, werfe ich immer drei Blumen ins Grab. Ich wähle sie aus dem Korb dort aus, während der Sarg langsam abgesenkt wird. Damals entstand mein Gedicht für Gitta:

Meine Blume (Für Gitta)

Ich wähle dir noch eine Blume aus. Nur eine.
Kein Strauß. Keine Schleife.
Eine Blume mit Stiel.
Und einem Blatt.

Meine Blume für dich ist schlicht.
Kein Zauber mehr. Meine Blume für dich.
In meiner Hand wie ein Halt ist
meine Blume für dich.

Mein Rot, meine Farbe, wähle ich aus für dich.
Eine Blume mit Stiel.
Und ich halte ihn fest.

Wie die Erde zur Erde und der Staub zum Staub
so kommt meine Blume zu dir.
Ich lasse sie los schwebend zu dir.
Und bleibe allein.

Unter der Erde lebt sie noch rot, meine Farbe,
meine Blume für dich. Wie ein Gruß, und ein Halt,
diese Blume, für mich.

Ich wähle dir noch eine Blume aus, nur diese.
Keinen Strauß. Keine Schleife.
Eine Blume.

Ohne Stiel.
Ohne dich.

Ich habe diese Worte auch auf das Liedblatt zu Gittas Beerdigung drucken lassen. Manche fanden es geschmacklos. Geschmacklos, weil ich das Datum darauf geschrieben habe. Das hätte ja nicht sein müssen, sagten sie. Aber mir war es wichtig. Ein Unfall, ein Kurzschluss, eine Panne – irgendwie so sollte man diesen Tod sehen. Nicht als etwas geplantes, gewolltes, das in einem Pfarrhaus präsent sein könnte. Vielleicht lieber als etwas sehr Krankes. Mir war wichtig zu zeigen, dass meine Trauer um Gitta nicht erst um ihren Tod entstanden ist. Meine Trauer war überhaupt an manchen Stellen geschmacklos.

Es waren viele Augen auf mich gerichtet. Was wird dieser Tod heißen? Welche Konsequenzen wird er haben? Wen betrifft dieser Tod? Da waren ja die getrennten Eltern, die Geschwister, die Freunde, die Öffentlichkeit und ich mit meiner Familie. Was verbirgt sich dort hinter unseren Fassaden? Diese Fragen, die Neugier – sie habe ich nicht schlimm empfunden. Ich wäre auch neugierig gewesen. Mich haben auch viele ungelöste Fragen bewegt.

Schlimm waren aber die heuchlerischen Fragen nach meinem Befinden. Oder auch jene Fragen, die nicht mir gestellt wurden. Manche haben mir gesagt, was man sie gefragt hat. Ich bin ihnen dankbar. Ich bin ihnen auch dankbar für das, was sie mir nicht gesagt haben.

Meine Kollegen waren ganz unterschiedlich gut mit mir. Ganz unterschiedlich hilflos auch. Einer hat für mich ein Flugticket gekauft, damit ich nach der Beerdigung wieder zu meiner Reisegruppe stoßen konnte. Er weiß wahrscheinlich gar nicht, wie viel er für mich getan hat. Ich war so überfordert mit manchen kleinen Dingen. Und brachte doch alles irgendwie auf die Reihe. Er organisierte meinen Flug ganz im Stillen. Er war super!! Später hat er mich einmal von einem Friedhof weggebracht, als ich weinen musste. Gute Tränen meiner Trauer. Es sei kein Ort für mich, meinte er. Das ist dann halt auch eine Seite. Ich nehm' das keinem übel. Ich habe ja auch erst lernen müssen, welche Kostbarkeit ich in meinen Tränen hatte.

Meine direkten Vorgesetzten waren menschlich. Fast warm.

Trotzdem habe ich Verletzungen gespürt. Vertraute Verletzungen. Es ist hier nicht der Ort, Personen zu benennen. Deshalb möchte ich es unter dem Begriff der Institution fassen. Der Institution war wichtig, wie die Öffentlichkeit auf Gittas Tod reagiert. Erst dann reagierte sie. Von mir aus hätte sie auch schweigen dürfen.
Ich war froh über meine Gemeinde, die Menschen, mit denen ich dienstliche Beziehungen habe. Sie standen mir überwältigend zur Seite. Wie viel sie mir

zeigen konnten! Und wie gut sie zulassen konnten, dass ich mich zeigte. Wie hilflos dann die Worte der Institution, die ihr formales Beileid eher gestottert hat, nachdem es hier vor Ort wohl möglich ist, dass hinter einem Funktionär ein Mensch zu Tage treten darf mit Verwundungen, mit Gefühlen, mit einem verletzten Herzen. Und wenn es anders gewesen wäre? Wenn diese Gemeinde nicht zu mir gestanden hätte? Ich weiß, wie diese Institution sein kann. Sie kann einen sehr bitteren Geschmack haben.

Wie oft müssen wir diese Rollen spielen in meinem Beruf, diese Vorbildfunktion ausfüllen! Ich glaube, dass ich durch Gittas Tod gelernt habe, dass viele Menschen gerade darin ein Vorbild suchen, dass einer sein Herz zeigt, Mensch wird, und nicht die überhöhte, unwirkliche Rolle spielt. Womöglich bilden wir uns nur ein, was Menschen angeblich von uns erwarten. Womöglich tragen gerade wir selbst die Schuld an diesem unmenschlichen Druck, der auf uns in der Öffentlichkeit lastet. Ich denke inzwischen, dass die Gemeinden immer nur die Pfarrer haben, die sie verdienen. Wenn sie uns als Menschen zulassen und nicht die Übermenschen erwarten, können die Gemeinden ganz anders Orte der Gemeinschaft werden.

Am meisten haben tatsächlich die Profis versagt, denke ich. Die, die am meisten mit dem Tod zu tun haben, die den Trost an den Gräbern predigen – die fanden oft nur zu gestammelten Formeln. Ich wurde auch das Gefühl nicht los, dass sie selbst nicht recht spüren, was denn an ihrer Verkündigung helfen kann. Es sind ja auch nicht die Worte, die helfen. Das habe ich – Gott sei Dank! – gut gelernt. Ich bin allen dankbar, die mich verschont haben mit den Trostworten, die ich so gut kenne.

Ich habe meine berufliche Rolle sehr verändert. Ich bin mehr zu mir gestanden. Ich hatte ja auch nichts mehr zu verlieren. Du darfst dich zeigen – das war etwas Überraschendes für mich. Du darfst so sein, wie du sein kannst. Was ich manchmal schon gepredigt hatte, konnte ich auf mich anwenden. Und wenn nicht, dann habe ich es nicht mehr gepredigt. Mein beruflicher Alltag wurde stimmiger. Nach Gittas Tod habe ich Masken abgelegt. Ohne Masken bin ich ein kompetenterer Pfarrer geworden.

Und manchmal frage ich mich natürlich, warum muss erst ein Mensch sterben, bevor wir uns erlauben können, Mensch zu werden? Warum muss ich erst alles verlieren, bevor ich so einen kleinen Mut zu mir selber entwickle? Warum muss erst eine Frau sterben, dass Menschen anders zuhören, anders hinsehen? Ich hatte das Gefühl, die Neugier der Menschen um mich hat etwas Gutes verursacht. Sie haben viel weniger sich daran festgehalten, wie ich als Pfarrer sein müsste, als dass sie jetzt fragten, was geht in ihm vor und was trägt ihn in seiner Krise.

Diese Menschen. Ich habe ein gutes Gefühl mit den Menschen, mit denen ich arbeite. Da habe ich etwas verstanden: Die Sehnsucht nach dem Leben verbindet uns. Und die Erfahrung des Todes. Oder die Erfahrung dieser vielen kleinen Tode. Ich habe mich über Gittas Tod mit vielen Menschen neu verbunden. Mit Menschen, die den Tod in irgendeiner Form gespürt haben. Und ich habe etwas mehr von dieser Lebendigkeit zugelassen, die manche gar nicht mögen. Andere aber umso mehr. Mich muss niemand mehr mögen, solange ich das Leben mögen kann.

Ich wollte Gittas Tod auch immer wieder ungeschehen machen. Ich bin auch gekreist um diese Fragen warum? und weshalb? und weshalb nicht?. Ich wollte sie wiederhaben. Und ich glaubte manchmal, in einem schlechten Film zu leben. Es war ein langsames Begreifen, dass Gitta tot war. Je mehr ich es begriff, desto mehr tat es weh. Ich habe alles verloren. Das war mein Gefühl. Ich habe alles verloren, weil ich alles auf Gitta gesetzt hatte.

Aber so ist das ja auch. So habe ich es gelernt. So haben es viele gelernt. Diese großartige Frau war meine Frau gewesen. Über sie war ich vollkommener geworden. In sie hatte ich alle Träume meines Lebens gelegt. Auf sie habe ich gesetzt und meine Zukunft gebaut. Und das musste ich gut und gründlich lernen: Dass das Steuer meines Lebens nicht in der Hand wunderbarer Frauen liegen darf. Ich muss auf eigenen Füßen stehen. Selber gehen.

Als Gitta tot war, habe ich wieder kochen können. Sie war die beste Köchin und die beste Gastgeberin. An ihrer Seite habe ich das Kochen aufgegeben.

Und nicht nur das. Als ich langsam wieder Mut gewann zu kochen, hat sie sich am Herd eingemischt. Ich hörte, was sie sagen würde. Ich spürte, was sie besser machen würde. Und es tat mir gut zu sagen: Sei still, tote Frau! Jetzt koche ich. Und wie stolz war ich, meine Gäste mit einem guten Essen zu bewirten. Es schmeckte ganz anders als das von Gitta. Es schmeckte nach meinem Stil. Und der war auch gut. Mein Leben schmeckt inzwischen viel mehr nach mir. Nach Gittas Tod, so scheint mir, habe ich Gehen gelernt.

Ich habe das nicht selbst gelernt, nicht aus eigenen Kräften. Ich habe wunderbare Menschen gefunden, die ganz unterschiedlich meine Begleiter wurden. Menschen, die nicht die großen Rezepte des Lebens haben. Aber lebendige Menschen mit lebendigen Herzen. Ich bin froh, dass Jorgos mich so klar spüren ließ, dass ich Gitta nie wieder sehen werde. Bis dahin, als ich immer hoffte, sie wieder zu sehen, konnte ich weder leben noch sterben. Ich habe mir vorgestellt, dass ich sterben würde und ihr wieder begegne. „Was willst du denn schon wieder hier?", hat sie mich gefragt, in meiner Fantasie. Und ich habe gespürt, dass das Sterben mir nicht helfen würde. Und das Leben auch nicht.

Neue Anfänge habe ich mit Jorgos und einer Gruppe trauernder Menschen gemacht. In der Wehmut meiner Erinnerungen habe ich angeschaut, was alles schön war und jetzt zu Ende ist zwischen Gitta und mir.

Ich werde sie nie wieder sehen. Aber ich habe sie gesehen. Ich habe mit ihr gelebt, gelacht und geweint. Ich habe ohne sie gelebt, gelacht und geweint. Was wir gelebt haben, geht nicht verloren. Es war. Wie reich mein Leben ist!

Manchmal habe ich aber immer noch das Gefühl, sie müsste aufstehen oder aufwachen und aus dem Grab steigen. Manchmal habe ich das Gefühl, sie würde gleich zur Tür hereinkommen. Manchmal halt. Aber ich werde sie nie wieder sehen.

Neue Anfänge

Seit ich das klar sagen kann, ich werde sie nie wieder sehen, kann ich auch wieder leben. Was soll das Wiedersehen? Natürlich würde ich sie alle gern wieder sehen, meine Großeltern, den Vater und die Mutter. Aber ich werde sie nicht wieder sehen. Ich bin jetzt selber groß und komme auch zurecht.

Etwas Schwieriges, was uns Patienten geschehen kann, ist, wenn sich die Zuständigkeiten der Fachärzte überkreuzen. An meinem Beispiel:

Ich kam mit einer Sepsis (Blutvergiftung) in die Notaufnahme des Krankenhauses. Wegen der lebensbedrohlichen Situation kam ich zunächst auf die innere Intensivstation. Mein Blutdruck war wie ins Nichts gefallen. Die Nieren haben versagt. Ich war ein Notfall für die Innere.

In solchen Fällen bekomme ich natürlich auch eine schlechte Lunge. Dort ist ja eine meiner empfindlichsten Stellen. Ich muss aufpassen, dass ich genügend Cortison bekomme.

Nebenbei, als Zufallsdiagnose wird in der Computertomografie eine Lymphocele in meinem Operationsbereich entdeckt.
Ob sie die Ursache für die Sepsis sein könnte? Es folgt eine intrarektale Punktion der Lymphocele unter Narkose. Sie ist zunächst keimfrei. Später finden sich Hautbakterien, also eine Verunreinigung durch die Punktion. Die Urologen kommentieren diese Punktion dann auf ihre Art. Schwaben würden sagen: „Sie haben die Hände über dem Kopf zusammengeschlagen." Gleichzeitig habe ich aber auch seit in paar Wochen zwei Ulcerosa cruris, zwei offene Wunden an den Unterschenkeln. Kommt die Sepsis von dort? Der Chirurg ist sich sicher, dass die Sepsis nicht davon kommen kann. Er behandelt die Wunden auch schon länger. Die Urologen machen die Lymphocele nicht verantwortlich. Die Internisten finden die Lunge nach dem Röntgenbild nicht schlecht genug. „Wahrscheinlich werden wir die Ursache für die Sepsis nie wirklich finden." Die Maschinerie ist aber in Gang gekommen.

Das Antibiotikum greift, die Entzündungswerte gehen zurück, die Lunge wird schlechter, kein Wunder bei dem vielen Liegen, die Nieren arbeiten wieder, aber ich scheide neun Liter Flüssigkeit in 24 Stunden aus. „Wahrscheinlich hat Ihre Hypophyse bei dem Kollaps einen Schlag weg bekommen." Ich bekomme das Hormon ADH. Ich trinke viel. Oh, mein Natriumwert ist auch deutlich gesunken. Dann kann es eigentlich die Hypophyse nicht sein. Ich esse bewusst mehr Salz. Die Ausscheidung normalisiert sich. Ich freue mich über das Salz. Es tut mir echt gut. Ich habe sogar Lust darauf.

Der Internist gibt sich große Mühe. Immer wieder wird der Urologe telefonisch dazugehört. Die Wundmanagerin hat jedes Mal neue Ideen für die zwei Wunden. Sie tun mir sehr weh. Ich nehme sehr starke Schmerzmittel und bin ganz zugedröhnt. Eine neue Methode ist ja, Maden auf die Wunde zu legen. Sie sind eingepackt wie in Teebeutel und fressen die Keime und verdauen sie und töten sie. Ich habe es noch nie ausprobiert. Stelle mir nur so kleine Biester vor, die mit spitzigen, scharfen Zähnen in meiner Wunde herum fressen und brennen. Guten Appetit! Und wie sie in meine Wunden ausscheiden. Wie es stinkt, und wie diese Madenkacke sich mit meinem Blut verbindet, und ich heile. Sie sind zu weit weg von unserem Stand der Evolution, als dass wir uns anfreunden könnten. Man muss Freunden doch in die Augen sehen können. Haben diese Maden überhaupt Augen und diese sympathischen Fältchen um die Augen, die lächeln und uns im Herzen berühren? Ich glaube, sie fressen nur und wissen gar nichts.

Am Ende komme ich auf die urologische Station. Vertraute Ärztinnen und Ärzte. Die junge Ärztin in der Aufnahme erinnert sich an mich: „Sie hatten doch vor zwei Jahren diese spinale Blutung?“ Sie sei damals auch involviert gewesen.

Vertraute Schwestern. Ich werde begrüßt, als ob ich heim käme.

Nur Apotheker sind noch freundlicher. Wenn ich in meine Apotheke komme, werde ich von allen Seiten laut hörbar begrüßt mit Namen und Titel. Die anderen Kunden drehen sich um, als ob alle den Prominenten sehen wollten, der gerade den Raum betreten hat. So einen Kunden bekommt man selten. Mir geht’s ja selber so. Gerne würde ich meine Krankheitskosten als Gehalt bekommen.

Das Konfuse, was uns Patienten geschehen kann, ist, wenn die Zuständigkeiten nicht klar sind oder sich doppeln und vervielfachen. Die Diagnostik verläuft ja nach einem Ausschlussverfahren. Chirurgie, Innere und Urologie schieden bald als zuständige Fachabteilungen aus. Für mich als Patient wird es spätestens jetzt schwierig. Erzähle ich dem Urologen von meiner schlechten Atmung, ordnet er ein Konzil mit dem Internisten an. Der Internist meint, „man" müsse endlich die Lymphocele sanieren. „Man" sind aber immer die anderen. Der Anästhesist meint, eine Narkose für die Sanierung der Lymphocele setzt einen besseren Allgemeinzustand voraus. Der urologische Oberarzt überlegt, ob ich nach den vergangenen drei Monaten nicht doch auch einen Krankenhauskoller habe. Er will mich entlassen, damit die Endorphine (da spielte er auf die Fachrichtung meiner Frau an) das ihre tun können und ich psychisch auch ein andrer werde. Irgendwo hat er ja auch Recht. Das soll erst einmal einer mitmachen: Schlaflose und schmerzreiche Nächte, Ängste, Kraftverlust und diese Unsicherheit, übrig zu bleiben im Getriebe der Welt, nicht mehr gefragt werden. Loslassen. In der Hospizarbeit haben wir oft über das Loslassen gesprochen. Das abschiedliche Leben. Manchmal will ich es nicht mehr hören. Ich will leben, nicht nur abschiedlich. Und in der sozialen Arbeit reden wir immer dann von der Abschiedlichkeit, wenn wir selbst gar nicht davon betroffen sind. Als wollte man mir Lust auf das Sterben machen.

Ich habe das Leben über das Trauern gelernt. Wie ich das meine, kommt gut in einem Vortrag zum Ausdruck, den ich im Rahmen eines Trauerprojektes gehalten habe. Zusammen mit Hans Heppenheimer haben wir das Projekt „Entwicklung einer Trauerkultur in einer Einrichtung für Menschen mit geistiger Behinderung am Beispiel Mariaberg" durchgeführt. Am Schluss des Projektes habe ich nachstehenden Vortrag gehalten:

Kann man Trauern lernen?

„Lasst uns das Leben wieder leise lernen" – so lautet der Titel eines Bildbandes des Benediktinermönches Oswald Kettenberger aus dem Kloster Maria-Laach aus dem Jahre 1974. Seinen wunderbaren Fotografien werden Texte von Poeten, Schriftstellern und Philosophen zur Seite gestellt. Beides, Bilder und Texte, nehmen uns mit auf eine Reise in die Stille, in die Wahrnehmung, in das Staunen, in die Ehrfurcht.

Mir ist dieses Buch eingefallen, als ich mich auf dieses Trauerthema eingelassen habe. Es hat mich als Student zum ersten Mal beeindruckt und seitdem begleitet. „Das Leben lernen" – das ist ja auch auf unsere Sehnsucht getroffen, damals in den jungen Jahren.

Ich habe damals nicht geahnt, dass ich das Leben über das Trauern werde lernen müssen. Aber so ist es gekommen. Manche Wege mussten gegangen werden, manche Berge – symbolisch gesprochen – bestiegen und auch Wüsten durchgangen werden. Es musste manches Lied gesungen und manche Träne geweint werden. Die Sonne – auch symbolisch gesprochen – musste oft untergehen und neue Tage mussten anbrechen, bis das Leben leise gelernt wurde. Ich spreche da nicht nur für mich. Ich spreche auch für Gruppen, mit denen ich in meiner Ausbildung zum Trauerbegleiter Trauerwege gegangen bin.

Wir haben eine Ausbildung gemacht ohne Bücher. Unser Lehrer ist mit uns aber steinige Wege mitgegangen. Er ist mit uns in die Vergangenheit gereist. Wir haben noch einmal angesehen, welche Vorbilder wir hatten, welche Erfahrungen wir mit unseren Eltern und Lehrern gemacht haben, welche Abschiede wir nehmen mussten, und wie wir sie genommen haben. Wir haben noch einmal allen Liebeskummer unseres Lebens gespürt und haben noch einmal das Glück unseres Lebens geweckt.

Er ist mit uns auch auf eine griechische Insel gefahren, in die Natur, wo wir das Werden und Vergehen allen Lebens nachgespürt haben. Und wir haben uns unsere Zukunft ausgemalt mit all den Kräften und Gaben, die jeder und jede von uns zur Verfügung hatten.

Kann man trauern lernen?
Ich möchte dieses Thema mit Ihnen bereisen. Ja, man kann Trauern lernen. Und ja, man kann auch das Leben lernen. Und beides hat etwas miteinander zu tun. Beides gehört total zusammen.
Ich weiß nicht, wie es Ihnen ergangen ist in Ihrem Leben. Aber wenn wir gemeinsam in die Vergangenheit reisen, können wir uns erzählen. Erzählen, wie es war damals, als wir Kinder waren oder junge Menschen.

- *Die einen erzählen, wie man in ihrer Familie zusammengehalten hat. Wie bis heute das Band zwischen den Geschwistern hält und trägt. Wie die Erinnerung an die verstorbenen Eltern das warme Gefühl von Geborgenheit erweckt. Wie sie bis heute gerne in Gemeinschaft sind und Freude teilen.*
- *Die anderen erzählen von ihrer Einsamkeit. Wie sie isoliert von anderen mit ihren Bauklötzen gespielt haben. Wie sie mit ihrer Sehnsucht alleine blieben. Und wie sie bis heute halt ungelebte Träume mit sich tragen. Sie erzählen, wie die Wehmut sie überkommen kann und wie sie träumen von einer guten Welt.*
- *Die einen erzählen, dass sie getröstet wurden, wenn sie geweint haben. Sie erinnern sich an den Schoß des Vaters oder die guten Augen ihrer Mutter, die ihre Tränen gesehen haben. Man hat sie gestreichelt, in den Arm genommen, gehalten.*
- *Die anderen wiederum erzählen, dass sie gar nicht weinen durften. „Sei doch keine Heulsuse", haben sie zu ihnen gesagt, wenn es Mädchen waren. „Ein Junge weint doch nicht, du bist doch schon groß", wenn es Buben waren. Und wer groß war, weinte auch nicht mehr. Er schämte sich seiner Tränen.*
- *Die einen erzählen, dass sie in ihren Familien so sein durften, wie sie waren. Dass sie sich angenommen fühlten. Dass sie sich geliebt fühlten von Mama und Papa. Vielleicht so geliebt, wie von keinem anderen mehr.*
- *Die anderen aber erzählen, dass sie immer gelernt haben, was „man" macht und was „man" nicht tut. „Das tut man doch nicht" – dieser Satz war wie eine Bremse. Ausgebremst sind sie geworden. Normen haben sie erfüllen müssen, ob es passte oder nicht. Normal mussten sie werden. Brav sein.*

  Und eigentlich hätten die Mädchen ja ein Junge werden sollen, oder seltener die Jungen ein Mädchen.
- *Die einen erzählen, dass es in der Familie Konflikte gab. Dass man darüber gesprochen hat. Dass man sich entschuldigt hat. Dass man verzeihen konnte. Sie erzählen, dass die Konflikte auch miteinander ausgehalten wurden. Dass es Solidarität gab.*

- *Die anderen aber erzählen, wie destruktiv sie die Konflikte erinnern. Wegen kleiner Vergehen wurde man tagelang angeschwiegen und ausgegrenzt. Mama war beleidigt und sehr gekränkt. Die Schuld hat einen schier erdrückt. Und es gab kaum eine Chance der Wiedergutmachung. Und dann diese Schubladen: Der ist böse und der andre gut. Nimm dir ein Beispiel an deinem Bruder! Ja, der Bruder, der war immer der Bessere! Was für eine Wut hatte ich auf meinen Bruder, sagen sie dann. Und wer kennt nicht die Beispiele hier in Württemberg beim Erben! Mit dem schwätze ich kein Wort mehr, der ist für mich gestorben. Im Fernsehen macht man Dokusoaps draus, aus den Nachbarschaftshändeln dieser Leute, die nie Konflikte konstruktiv miteinander austragen konnten. Die immer nur Beziehungen abbrechen konnten. Oder Konflikte einfach vermieden.*
- *Die einen erinnern sich an die traurigen Situationen ihres Lebens zusammen mit den Festen und Feiern, mit denen das Leben gefeiert wurde. Lachen und Weinen hat bei ihnen zusammengehört. So wie es im alten Text Salomos in der Bibel heißt. „Ein jegliches hat seine Zeit, Lachen hat seine Zeit, Weinen hat seine Zeit." Es gehört beides zusammen, wenn wir das Leben lernen wollen oder das Trauern.*
- *Die anderen aber erzählen, dass es das so nie gab. Entweder sie haben funktioniert oder nicht. Entweder sie haben getrauert oder nicht. Entweder alles war gut oder gar nichts. Dieses Entweder-Oder im Leben hat manche schon am Trauern und am Leben gehindert. Dieses Schwarz-Weiß-Denken, das immer einen Teil der Wirklichkeit ausblenden muss. Da gibt es nicht das „sowohl – als auch".*

Ich habe jetzt ein paar Lebenserfahrungen gegenübergestellt. Auch ein bisschen „schwarz-weiß". Zur Verdeutlichung. Wahrscheinlich finden Sie manche Erfahrung wieder. Erfahrungen, denen Sie begegnet sind oder die Sie selber kennen aus Ihrer Biographie.

Und ich habe das so aufgelistet, weil ich mit Ihnen auf Reise bin. Auf Reise in die Vergangenheit. Dort, in der Vergangenheit unseres Lebens, liegen die Grundsteine für die Kunst des Trauerns, für die Fähigkeit zum Leben. Wir wis-

sen ja, wie viel davon abhängt von dem, was uns in früher Zeit geprägt hat. Das ist vor allem auch beim Trauern so.

Auch da lernen wir am Modell. Je nach dem, ob wir zu den einen oder zu den anderen gehören, je nach dem, ob wir beim Weinen getröstet wurden oder nicht weinen durften, ja, je nach dem, welches Modell am Anfang unseres Lebens uns vertraut wurde, werden wir leben und trauern können, oder eben verdrängen und funktionieren.

Kann man Trauern lernen? Kann man Leben lernen?

Ich bin mit Ihnen ein bisschen in die Vergangenheit gereist. Ich habe versucht, etwas davon zu verdeutlichen, was die frühen Prägungen für unsere Lebendigkeit und unsere Fähigkeit zum Trauern bedeuten.

Lassen Sie uns jetzt ein bisschen in der Gegenwart verweilen.

Wir sind auf dem Weg zu einer neuen Trauerkultur in Mariaberg. So ist es im Namen des Projekts formuliert. Es klingt nach einem hohen Anspruch. Trauerkultur ist ein großes Wort. Aber es ist letztlich nichts anderes als diese Suche nach einem guten Modell des miteinander Lebens und zusammen Trauerns. Oder ganz einfach gesagt: Es ist das Ziel, sowohl dem Lachen als auch dem Weinen einen angemessenen menschlichen Platz zu schaffen. Ein Modell umzusetzen, wo wir sein dürfen, wie wir sind, die Mitarbeiterinnen und Mitarbeiter, gemeinsam mit den behinderten Menschen und ihren Angehörigen. Ein Zusammenleben zu schaffen, an dem die Weinenden getröstet werden. Und einen Ort des Zusammenlebens zu schaffen, an dem Konflikte zugelassen und gelöst werden, an dem verziehen und versöhnt wird, an dem keiner isoliert bleiben muss. Einen Ort im Sinne eines guten Modells.

Ich weiß, dass das Thema Trauern nicht einladend wirkt. Womit soll man sich noch befassen müssen, mag einer da seufzen. Aber die Fach- und Studientage, die Gesprächskreise, die Gottesdienste und Jahreszeitenfeiern und auch die Abschiedsformen haben es eigentlich schon zeigen müssen: Es geht bei die-

sem Trauern lernen um das Leben. Um das Singen, um das Tanzen, ums Malen und Töpfern und Feiern. Um Kreativität und Sinnlichkeit. Um die Möglichkeit, über sich selber hinauszuwachsen, um schließlich wieder bei sich anzukommen. Um das Reden und Schweigen. Oder die Begegnung ohne Worte. Um Kommunikation zwischen Menschen mit unterschiedlichen Fähigkeiten. Um ein gegenseitiges Lernen.

Und da fällt mir wieder Oswald Kettenberger ein mit seinem Buch „Lasst uns das Leben wieder leise lernen". Ich habe das Gefühl gewonnen, dass das auch der richtige Untertitel des Mariaberger Modells sein kann. Denn das war der Ausgangspunkt des Projekts, dass auf der einen Seite die großartige und nicht einfache Arbeit der Mitarbeiterinnen und Mitarbeiter hier vor Ort gesehen wurde. Dass dieser Boden hier ganz fein vorbereitet war für das Neue, das im Entstehen ist. Dass es auf der anderen Seite auch ein paar Beobachtungen gab beim Abschiednehmen, bei denen sich die Unsicherheit der Zeitgenossen widergespiegelt hat.

Vielleicht war da der behinderte Mensch, dem man den Schmerz über Angehörige nicht zumuten wollte, der nicht mit zur Beerdigung durfte, dessen Gefühle man schützen wollte.
Noch heute bei uns im ländlichen Raum fragen die Leute, ob denn die Kinder mit auf den Friedhof dürfen, zur Beerdigung von Oma und Opa. Und das haben wir gelernt: ja die Kinder und auch die behinderten Menschen dürfen und sollen mit zu den Gräbern, wenn sie das wollen! Da gibt es noch ganz sachte noch ganz viel zu lernen.

Weil in Mariaberg so gute Arbeit gemacht wird in den Wohngruppen, in den Werkstätten und in den therapeutischen Einrichtungen ist die Zeit gereift, dass sich hier eine neue Kultur durchsetzen kann, die Mitarbeiterinnen und Mitarbeiter genauso wie die behinderten Menschen und auch die Angehörigen mit auf einen Weg nehmen kann, auf dem sich das Leben wieder leise lernen lässt.

Die Entwicklung einer neuen Trauerkultur braucht gute Voraussetzungen. Es beeindruckt mich, wie sich die Mariaberger öffnen und einlassen auf das Neue, das ihnen zugemutet wird. Viele haben schon etwas gespürt von dem Gewinn, der von den Trauerwegen ausgeht. Die Trauer ist halt kein düsteres Thema. Sie ist der notwendige Weg zu einer besonderen Lebendigkeit. Not-wendig. Die Trauer wendet etwas. Sie wendet die Nacht zum Tag und erweicht versteinerte Herzen. Sie verändert das Zusammenleben. Leise, ohne großen Wirbel, ohne dass man sich dabei ganz umkrempeln muss. Von den Fach- und Studientagen, wie ich sie bisher erleben konnte, ist schon eine Wirkung ausgegangen in die Einrichtung und darüber hinaus.

Es geht dabei um die Modelle, die ich angedeutet habe auf unserer Reise in die Vergangenheit. Welches Trauermodell trage ich als Mitarbeiterin und Mitarbeiter oder als Vater und Mutter oder Bruder und Schwester in mir? Und welches Modell haben die behinderten Menschen auf ihrem Lebensweg für ihre Trauer mitbekommen? Wer hat ihre Tränen gesehen und verstanden?

Und welche Kinder welcher Zeit sind wir? Wir werden ja nicht nur in den Familien geprägt. In meiner Zeit als Altenheimseelsorger habe ich zahlreiche Lebensläufe gehört. Geschichten von Krieg und Vertreibung, von einer Kindheit auf der schwäbischen Alb, von Armut und Wohlstand, von Schlägen und Gewalt, von Liebe und Tod.

Als mein Vater seine Heimat verlassen hat und später aus der Gefangenschaft kam, besaß er nichts als zerrissene Kleider am Leib. Ich habe mich oft gefragt, was er gemacht hat mit seiner Trauer um verlorene Jahre seines Lebens, um den Verlust seiner Eltern, seiner Heimat, seiner vertrauten Umgebung, seines Besitzes.

Wer hatte Zeit zum Trauern in den schweren Zeiten des letzten Jahrhunderts? Wer kann trauern, wenn er seine Zeit auf Ämtern verbringt und Verhandlungen über einen Asylantrag durchleben oder die Pflegestufen festlegen muss? Wer nach einem Einkommen sucht? Und wie ist das mit der Trauer um behinderte Menschen in den Familien, um geplatzte Ideale und Träume? Hans Heppenheimer hat an anderer Stelle die Trauer behinderter Menschen beschrieben. Um all das geht es. All das und viel mehr schwingt mit, wenn es um eine neue Trauerkultur geht.

Und ich möchte es auf den Punkt bringen:
Das Mariaberger Modell bedeutet, das zu ermöglichen, was Trauer braucht: einen geschützten Ort und eine solidarische Gemeinschaft!

Hier wird man das Trauern lernen können. Der Boden ist bereitet. Die Zeit ist reif. Der Ort ist geschützt. Die Gemeinschaft ist da.

Wir gehen noch ein bisschen in die Zukunft.

Die alten Griechen sind nach Delphi gepilgert, wenn sie etwas von der Zukunft erfahren wollten. Lassen Sie uns ein bisschen orakeln. Spielen. Zukunft spielen.

Wir wollen das Leben leise lernen und das Trauern.

In Mariaberg und überall sollen Menschen sein dürfen, wie sie sein können.
In Mariaberg und überall sollen Menschen weinen dürfen. Ihre Tränen werden gesehen. Das Antlitz der Menschen wird menschlich werden, nicht in Härte und Bitterkeit verzerrt. Die Weinenden werden in den Arm genommen, wenn sie das wollen. Denn unsere Haut ist nicht vergesslich. Der Leib geschlagener Menschen erinnert sich bei Berührungen an die Gewalt ihres Lebens. Lasst uns die Tränen unserer Mitmenschen sachte wahrnehmen, ihren Schmerz, ihre Ohnmacht, ihre Sehnsucht, ihre Einsamkeit.
In Mariaberg dürfen alle dazugehören. Die solidarische Gemeinschaft ist keine Einbahnstraße. Es wird keine Trauerspezialisten unter den Mitarbeiterinnen und Mitarbeitern geben, die genau wissen, was gut und richtig ist. Es wird Mitarbeiterinnen und Mitarbeiter geben, die das Mitleid kennen und die Ablehnung, die Antipathie, die Überforderung, den Ekel, die Grenzen ihrer Gefühle. Die sich damit auseinandersetzen. Mit sich und den anderen. Und es wird behinderte Menschen geben, mit denen wir uns schwer tun, und von denen wir das Trauern lernen können. Wir werden die Kunst des Spürens miteinander entdecken.
In Mariaberg und überall werden wir den Winter verabschieden und den Frühling begrüßen – oder die Nacht und den Tag. Auch den Sommer unseres Lebens und den Herbst.

In Mariaberg und überall wird es Konflikte geben, die nicht ausgrenzen oder die wir vermeiden. In Mariaberg und überall werden wir uns um die Lösung der Konflikte bemühen und einander aushalten.

In Bergischglattbach gibt es einen Bestatter, der hat schon mit Kindern Fußball gespielt nach der Bestattung der Großeltern.

In Sapînta, in Nordrumänien, gibt es den fröhlichen Friedhof. Auf den Grabkreuzen werden auf der einen Seite die guten Lebensgeschichten der Verstorbenen in Reimform aufgeschrieben und gemalt. Auf der Rückseite die Schattenseiten.

Auch bei uns wird nach den Bestattungen, wenn es gut geht, bei Essen und Trinken geweint und gelacht.

Das Orakel von Delphi würde für Mariaberg noch viel mehr sagen können. Träume. Visionen. Bilder einer idealen Welt. Das genau aber ist gar nicht das Ziel.

Mariaberg wird keine ideale Welt sein. Aber ein geschützter Ort, an dem wir Halt finden in guten Ritualen. Und Sicherheit für unsere Gefühle. Und da dürfen wir auch träumen. Wir neuzeitlichen Individualisten werden diese Sicherheit brauchen können.

Vielleicht haben Sie mein Anliegen gespürt: Es ging mir darum, die Frage nach dem Trauern mit der Frage nach dem Leben zu verbinden. Es ist ja das Gleiche. Und wenn wir das Projekt anders genannt hätten, zum Beispiel: „Auf der Suche nach einer neuen Lebenskultur", dann hätte es dasselbe bedeutet. Nichts Großes, nichts Überhöhtes.

Ich möchte schließen mit einem Bild aus meiner Ausbildung zum Trauerbegleiter.
Wir saßen auf einem Felsen am Meer der Insel Ikaria.
Die Sonne war am Untergehen.

Wenn die Sonne dort im Meer versinkt, zeichnet sie mit ihren letzten Strahlen eine goldene Straße auf dem Meer.
Gemeinsam haben wir in aller Stille den Untergang der Sonne beobachtet.
Jeder und jede von uns sollte noch einmal an die Menschen denken, die im Leben wichtig waren.
Und wir ließen sie gehen. Gehen auf der goldenen Straße der untergehenden Sonne entgegen.
Wir ließen sie gehen mit unseren Gefühlen.
Da gingen sie, mein Großvater, meine Mutter und mein Vater, meine verstorbene Frau.
Ich danke euch, haben wir gespürt. Für jede Umarmung, für gute Worte, für einen Kuss.
Ich danke euch für alle Mühe mit mir. Ich bitte euch um Vergebung für die Verletzungen. Ich will euch vergeben.
Unsere leisen Tränen haben die Gestalten unseres Lebens begleitet bis sie am Horizont mit der untergehenden Sonne verschwanden.

Damals dachte ich: Lasst uns das Leben wieder leise lernen.
Ja, lasst uns das Leben wieder leise lernen, in Mariaberg und überall.

Untergang des Helios

Sonne von Ikaria,
wir nannten dich Helios
in der Sprache deines Landes.
Wir dachten dabei
an uralte Zeiten,
die Götter
und ihre Geschichten.

Sonne von Ikaria,
staubig geworden
auf der Reise des Tages
senkst du dich gleich

zum Baden ins Meer.
Wir denken dabei
an den Abend des Lebens,
der trennt, was schon war,
von dem, was noch kommt.

Sonne von Ikaria,
zu deinem Untergang
führt ein Weg
gemalt von deinen Lichterstrahlen
für kurze Zeit.
Wir denken daran,
wer auf dem Wasser
dort geht im Licht deiner Strahlen
von uns aus zu dir.

Sonne von Ikaria,
zu dir zogen
alt gewordene Gestalten
unseres Lebens:
Väter und Mütter,
Geliebte und Gegner,
Träume und Wünsche,
staubig geworden
auf der Reise
unserer Vergangenheit.

Sonne von Ikaria,
bevor deine Straße
eng wird
und wegtaucht ins Meer,
nehmen wir Abschied
vom Staub dieses Tages
und vom Staub unseres Lebens.

Weinend sagen wir leise:
„Mach's gut,
staubiger Helios,
bis morgen vielleicht
oder irgendwann."
Und wir winken dir zu
und wissen,
dich sehen wir wieder,
auch wenn du gleich
versunken bist.
Dich schon.

Vom Leben und Sterben

Nach Gittas Tod und meiner Ausbildung zum Trauerberater habe ich ganz neu und ganz gerne wieder gelebt. Der Abschied hat mich verändert und befreit. Die Trauer hat ihren ganz selbstverständlichen Platz in meinem Leben bekommen. Ich wurde auferweckt. Aus der Nacht in einen neuen Tag. Aber ich habe die Nacht auch durchlitten und mein Leid durchlebt. Ich hatte nichts mehr zu verlieren. Und ich weiß, was es heißt, abschiedlich zu leben und loszulassen.

Das Loslassen ist aber nicht an sich ein großer Wert. Sich dem Leben neu öffnen – das ist die Kunst und die Fähigkeit, um die es da geht.

Die Fachärzte tun, was sie können. Das ist nicht wenig. Mit dem Palliativmediziner habe ich gute Gespräche. Mit der Physiotherapeutin auch. Die Arbeit der Physiotherapeuten wird oft viel zu gering geachtet. Ich erlebe sie kompetent und heilsam. Gerade sagt die Physiotherapeutin zu mir: „Ich weiß, wie es Ihnen geht. Vor fünf Jahren habe ich meine Brüste operieren lassen, und die Eierstöcke und alles. Ich wollte auch meine Kinder groß sehen. In Ihrem Zimmer ist immer frische Luft. Es riecht gut. Ich komme gerne zu Ihnen. Sie sind so sensibel. So anders." Ich bin ganz perplex. Wenn man nicht riechen kann, denkt man oft: Hoffentlich riecht es im Zimmer nicht so übel.
Es freut mich, dass die Therapeutin so mit mir spricht. Von ihrer Angst vor Metastasen. Und wie sie die Haare verloren hat in der Chemotherapie. Es hat sich

im Gespräch ereignet. Einfach beim Sprechen. Ich habe gar nicht überlegt, was ich ihr sagen könnte. Oder was ihr wohl gut tun würde. Ich habe einfach mit ihr geredet. Das, was mich interessiert hat und das, was gerade so zwischen uns war. Ich denke an meinen Beruf und daran, ob ich es gut mache. Wie es ist in der Seelsorge? Ob ich oft daneben liege? Bei den einen geht es ja leichter als bei den anderen. Bei manchen ist sofort ein direkter Kontakt da. Ich sage niemandem, dass er abschiedlich leben soll. Nur vielleicht, dass es mir so leid tut, dass wir immer wieder Abschiede nehmen müssen. Und so ist es auch.

Vielleicht besteht ja gerade darin das Geheimnis: Abschiedlich leben kann nur, wer Lebensquellen hat. Wer Erfahrungen gemacht hat, die ihm Vertrauen ins Leben schenken. Aber abschiedlich leben, ohne auf dieser Erde auch den Trost des Neuanfangs erfahren zu haben, geht nicht.

Viele Hospizmitarbeiterinnen sind begeisterungsfähig. Die meisten begleiten Sterbende, weil sie selbst Abschiedserfahrungen gemacht haben. Und weil sie die Erfahrung kennen, dass da so eine Verwandlung stattfindet. Eine Verwandlung aus der Nacht zum Tag, aus dem Tod zum Leben. Die eigene Betroffenheit ist zunächst eine große Qualifikation der ehrenamtlichen Arbeit. Nur wer die Trauer selbst kennt, weiß, wie sie sich anfühlt und wie Verwandlung möglich ist. Es muss aber immer auch die eigene Auseinandersetzung mit den Lebensthemen stattfinden. Wichtig bleibt der Erfahrungsaustausch und das Wissen darum, dass die eigenen Wege nicht 1:1 übertragbar sind.

Viele sind begeisterungsfähig, weil die Begleitung Sterbender Kontakt bedeutet. Da sind die Angehörigen, die Mitarbeiter in den ambulanten oder stationären Hospizen und schließlich die Kranken und Sterbenden selbst. Kontaktmöglichkeiten genug! Und die Chance zur Identifikation.

In der Begeisterung liegt aber auch die Gefahr. Die Gefahr, andere mitzunehmen auf den eigenen Weg. Sie anstecken zu wollen, wie die frustrierten Damen des Besuchsdienstes. Sie aufheitern zu wollen. „Sieh mich an, was ich alles durchgemacht habe, und sieh, wie gut es mir jetzt geht." Ich finde Sterbenmüssen sehr traurig. Mir tun Abschiede weh.

Ich will nicht so abschiedlich leben, dass ich den Tod willkommen heiße und ihm die Tür aufhalte. Er wird mein Leben beenden, meine Beziehungen abbrechen, meine Liebsten zurücklassen. Es wird mich nicht mehr geben. Das ist so schade! Er wird zu früh kommen.

Aber vielleicht wird es mir bis dahin so gehen, dass ich einfach auch nicht mehr kann und nicht mehr will. Beides ist möglich und noch andere Varianten. Das Leibliche ist nur die eine Seite. Werde ich vorher gepflegt werden müssen und ausgeliefert sein? Werde ich jemandem zur Last fallen und angewiesen bleiben, dass mir jemand die Nase putzt, mich wäscht und sauber hält? Wie wird es denen mit mir gehen, die das dann tun? Werde ich bitter sein? Schlecht gelaunt oder nur stöhnen? Werde ich freundlich sein und manchmal sogar schöne Worte des Dankes und der Anerkennung finden?

In den Pflegeheimen habe ich meine Wege gemacht mit den alt gewordenen Menschen. Zum Abschied habe ich ihnen eine Rose geschenkt. „Länger als diese Rosen blühen, werde ich an Sie denken," – das war mein Abschiedssatz. Von Herzen gesprochen. Die Rosen sind längst verblüht. Ich habe mein Versprechen gehalten. Ihr habt mir von euch erzählt, von dem, was euch getragen hat. Von Situationen aus eurem Leben, die ihr nie vergesst, die euch wehgetan haben und nie wieder loslassen. Ihr habt mir auch erzählt von eurer Freude, euren Kindern, den Eltern.

In der Hospizarbeit habe ich viel gelernt.
Manchmal habe ich mich in dem Gefühl wieder gefunden, dass ich jetzt sterben könnte. Nicht wollte. Aber dass es so ein Einverstandensein gegeben hätte. Ich glaube, es war dann so, wenn ich etwas zum Abschluss gebracht hatte. Wenn ich mit mir zufrieden war. Wenn die Arbeit und die Freizeit ausgeglichen war. Wenn jemand nach mir gefragt hat. Aber jetzt habe ich ein Kind. Jetzt möchte ich nicht mehr sterben. Ich meine immer, ich müsse ihn noch begleiten.

Und ich bin viel zu neugierig auf ihn, als dass ich ihn einfach loslassen könnte. Vielleicht später einmal, wenn ich meine, er wird seinen Weg schon machen.

Aber wer soll ihm denn beistehen, jetzt, wenn bald die Frauen in sein Leben treten? Wer sollte ihm gute Hinweise geben, ihn unterstützen und Mut machen? Wer könnte ihn bewahren in diesen verhängnisvollen Zeiten der Verliebtheit, der Bindungen und der Beziehungen?

In der Hospizarbeit haben wir viel gelacht. Am Anfang hat es uns gewundert. Aber bald haben wir das verstanden, dass es immer zusammengehört: das Frohe mit dem Traurigen. Und: dass Sterbebegleitung Lebensbegleitung ist. So wie die Trauerbegleitung auch. Die Sterbenden leben ja noch. Die Trauernden auch. Es war eine der schönsten Phasen in meinem Leben, mit den ersten Frauen der Hospizarbeit in unserer Region die Themen der Sterbebegleitung zu entdecken. Wir haben schnell gemerkt, dass es dabei immer um uns und unser eigenes Leben geht. Ganz ohne Experten haben wir die Hospizarbeit gestaltet. Und alle haben etwas gelernt dabei. Zum Beispiel:

Es gibt nicht die ewige Jugend und die ewige Schönheit oder Gesundheit.
Abschiede tun weh. Aber sie bergen auch eine Chance in sich.
Der Tod gehört nicht zum Leben – er ist das Gegenteil von Leben.
Aber das Sterben gehört zum Leben – es ist der letzte Teil davon.
Die Wege im Trauern und im Sterben sind eigene Wege. Sie können ganz unterschiedliche Gesichter haben.

Im Leben und im Sterben geht es dabei immer um dieselben Themen:

Zum Beispiel um unsere Grenzen. Das habe ich auf der Insel Ikaria an der Tempelruine der Artemis gelernt. Die alten Mythen haben mich dort wieder berührt. Die Geschichten aus dem alten Griechenland. Es sind Menschheitsthemen! Dort bei der Artemis haben wir einen wichtigen Weg zusammen gemacht. Wir sind ein Tal entlang gegangen, weg vom Meer, und haben in aller Stille versucht zu hören, was das Wasser des Baches dort erzählt. Natürlich kann jeder nur das Seine hören. Wir waren trauernde Menschen. Und wir waren verspielte Menschen. Dann haben wir dem Wasser ein Blatt gegeben, jeder eines. Alle mit der Erinnerung an gute Menschen, die sie verloren haben. Das Wasser hat sie mitgenommen. Es war wie eine Andacht. Und wir haben den

Blättern nachgeschaut. Jeder mit seinen Gefühlen. Manche haben etwas dazu gesagt. Ein Stück weiter haben wir in einem Teich gebadet und die alte Geschichte von der Artemis gehört, die dort im Wald gejagt hat. Der Jäger Aktaios, der sie beim Baden beobachtet hatte, wurde von ihr in einen Hirsch verwandelt und später von den eigenen Jagdhunden erlegt. Er hatte eine Grenze überschritten. Grenzen sollten auch das Thema unseres Tages sein. Dafür haben wir die alten Geschichten als Symbole gebraucht. Zum Schluss trafen wir uns bei der Tempelruine und überlegten, was wir der Artemis denn schenken würden. Ich schenkte ihr ein Stück Zaun, das ich am Wegesrand gefunden hatte. Dabei dachte ich daran, was der Sinn meiner Grenzen ist. Meine Grenzen schützen mich. Sie lassen durch, was durch darf und halten zurück, was mir zu nahe kommt. Es ist gut, auf seine Grenzen zu achten.

Es geht aber auch um die Lebensfreude und um dieses Geheimnis des „Sowohl – als auch". Das haben wir bei der Höhle des Dionysos gefeiert mit einem Riesen-Picknick. Es gab alles, was die Natur gab. Säfte und Wein. Trauben und Knoblauch, Brot und Käse, Oliven und vieles mehr. Und unseren Gesang und die Musik der Flöten und der Tanz. Vorher haben wir den mächtigen Fels wahrgenommen, der dem Wasser Halt gibt, und das Wasser, das den Felsen aushöhlt. Im Spiel ließen wir den Felsen und das Wasser miteinander sprechen. Es braucht beides: Das Harte, Halt Gebende, und das Weiche, Fließende. So haben wir in der Trauer das Leben gefeiert und unsere Dankbarkeit entdeckt.

Es geht aber auch um die Themen wie Schuld und Versöhnung. Oder um Liebe, Geduld, Bindung, unsere Herkunft (Verwandtschaft und Familie). Es geht auch um die Zärtlichkeit des Leibes, der nichts vergisst und geprägt ist von der ganzen Geschichte unseres Lebens. Es geht um das Halt geben und Fließen, wie beim Felsen und dem Wasser, wenn wir weinen oder lachen. Es geht um Krieg und Frieden und um unsere Arbeit.
Immer wieder kehrten wir zu den Fragen zurück, was uns denn im Leben trägt. Es waren die Meinungen und Standpunkte, zu denen wir gefunden haben, aber auch die Versorgung, das Materielle, unsere Arbeit oder die Gesundheit des Leibes und der Seele. Es ging auch um Beziehungen und Kontakte oder um Heimat.

Wir haben uns auch an einer „Theologie der Trauer" versucht. Eine Gruppe von Männern und Frauen traf sich über einen längeren Zeitraum monatlich. Wir malten miteinander Bilder zu Psalmen oder anderen biblischen Trostworten. Jeder und jede von uns hatte ja solche Verse im Kopf, denen wir im Leben begegnen. Den einen haben sie viel bedeutet, andere haben eigene Assoziationen dazu gehabt. Es waren Bilder und Texte, die wir zusammengetragen haben unter dem Aspekt, hilfreich oder auch provozierend zu sein. Der Spruch „Einer trage des anderen Last, so werdet ihr das Gesetz Christi erfüllen" (Galaterbrief, 6,2) hat ganz besondere Bilder in uns geweckt. Das Kostbare in der Gruppe war der hemmungslose Umgang mit den alten Texten und der biografische Zugang dazu. Leider konnte unser Ziel, eine „Theologie der Trauer" zu schreiben, nicht mehr verwirklicht werden.

Yvonne und die Gegenwart

Während ich dieses Buch schreibe – es ist Ende Juni 2013 – lasse ich mich röntgen. Seit einiger Zeit habe ich beim Husten einen stechenden Schmerz im Rücken. Ich spüre hin und weiß nicht, ob es von der Lunge kommt oder doch eher von den Rippen oder der Wirbelsäule. Der Schmerz kommt auch bei bestimmten Bewegungen oder wenn ich in einer ungünstigen Position liege. Er kann sehr stark werden.

Der Arzt sieht die Bilder mit mir an. Er vergleicht mit denen, die er noch in seinem Computer hat. Mein sechster Brustwirbel ist gebrochen. Aber ich kann mich nicht mehr erinnern, wann das passiert sein kann. Vor allem kann ich mich auch an kein auslösendes Ereignis erinnern. Man kann ein bestimmtes Material einspritzen und den Wirbel damit etwas aufbauen. Aber bei meiner Vorgeschichte sei das nicht ratsam, meint der Arzt. Er würde es lassen, was immer das heißt. Ich werde es erleben.

Gestern waren wir bei der Akupunktur bei Yvonne, „unserer" Hausärztin. Es ist mir ein angenehmer Termin. Yvonne kenne ich schon 25 Jahre. Sie wohnte damals in der Nachbarschaft und hat mit Gitta studiert. Sie haben miteinander gelernt und auch den Präpkurs zusammen gemacht. Es war kurz nach Gittas und Yvonnes Abitur. Ich hatte meine erste selbstständige Pfarrstelle und habe sehr viel geschuftet. Damals war ich noch ein unerfahrener Pfarrer. Aber es war schön, manchmal zu viert nach der Arbeit und nach dem Lernen Karten zu spielen, miteinander in der Natur zu gehen und sich zu erzählen. In meiner Familie hat man nicht Karten gespielt. Ich weiß gar nicht, warum es verpönt war. Aber mein Vater hat es gar nicht gerne gesehen.

Zusammen mit Yvonne haben wir aber Canasta und Binokel gespielt. Ich denke gerne daran. Wie unerfahren und wie jung wir waren. Wir haben viel über Medizin und Theologie gesprochen.

Yvonne hat sich später der Homöopathie zugewandt. Sie half in der Praxis eines kompetenten homöopathischen Arztes mit und hat sich dann selbst niedergelassen.

Unser Kontakt hat die ganzen Jahre bestanden, mal intensiver, mal weniger intensiv. Ich erinnere mich, dass wir uns wieder näher kamen, als ich Sigrid heiratete. Sigrid ist eine leidenschaftliche Ärztin und interessiert sich für viele medizinische Methoden. Sigrid und Yvonne waren zusammen der Meinung, dass ich mit meiner Erkrankung auch homöopathisch unterstützt werden könnte. Damals war ich dafür gar nicht offen. Als Kranker probierst du ja alles aus. Und es wird auch zwischendurch zu viel. Ich habe mich oft ganz meschugge gefühlt, wenn ich einen Ratschlag aus der einen und einen anderen aus der anderen Richtung gehört habe. Kranke kennen es gut, wenn wir von unseren Beschwerden erzählen, weiß der Gesprächspartner in der Regel ein Rezept, das einem anderen schon mal geholfen hat. Hier auf dem Lande, wo wir leben, habe ich schon Mittel empfohlen bekommen, die den Kühen irgendeines Bauern neue Vitalität geschenkt haben.

Jedenfalls war ich damals gar nicht offen für eine neue Methode. Ich war schon auf dem „Zauberberg" in Davos gewesen. Kranke hören Geschichten von Blinden, die wieder sehen konnten, von Lahmen, die wieder gehen, oder vor allem auch die Wundergeschichten von Heilungen aller Art. Als ich einmal auf einer Esoterikmesse war, sah ich zu, wie ein Heiler einen Kunden behandelte, indem

er ihn in einem Abstand von etwa 20 cm allein mit den Händen umstreifte. Gegen Vorauskasse natürlich. Ich sah Handleser, Aurafotografen, Kartenlegerinnen und Astrologen und vieles mehr. Meistens bunt angezogen an bunt beleuchteten Ständen, etwas verdunkelt, zauberhaft und beeindruckend. Ich habe mir in Israel auch einmal aus der Hand lesen lassen und später einen Kurs gemacht, um es zu verstehen. Ich bin begabten Menschen begegnet und richtig simplen Scharlatanen.
Dennoch bin ich auch für vieles offen, aber auch skeptisch. Manche sagen, „es gibt mehr zwischen Himmel und Erde, als wir wissen und sehen können". So ist es.

Ich habe mich der Homöopathie geöffnet, weil ich Yvonnes Begeisterung erlebte. Und weil ich ihr vertraute. Und weil wir ein ganz wichtiges Abkommen miteinander geschlossen haben. Ich bat sie, mir immer zu sagen, warum sie was macht, so gut sie es mir als medizinischem Laien erklären konnte. Und ich bat sie, dass sie mir nichts wegnehmen sollte, z.B. das Cortison. Für so viel Risiko war ich nicht offen.

Yvonne ist jetzt 15 Jahre unsere Hausärztin. Die ganze Familie wird behandelt mit einer großen Kompetenz, die auf einer guten schulmedizinischen Ausbildung beruht und dazu auf einer jahrelangen Praxis mit homöopathischen Mitteln und Methoden der traditionellen chinesischen Medizin aufbaut. Es sind ja ganz verschiedene Ansätze.

Und das habe ich dabei vor allem gelernt: Es gibt nicht immer nur das eine oder nur das andere. Es ist wie immer im Leben. Wir hätten es gerne einfach. Am liebsten schwarz-weiß. Aber das ganze Leben und Zusammenleben, die ganze Schöpfung, ist sehr komplex und hat ihre Schattierungen und Farbtöne zwischen schwarz und weiß und darüber hinaus.

Nach ein paar Monaten Akupunktur bei Yvonne konnte ich meine tägliche Cortisondosis um mehr als die Hälfte reduzieren. Das hat mich verblüfft. Das hat auch andere Ärzte verblüfft, die mich in dieser Zeit behandelt haben. Und ich bin durch mehrere Winter gekommen, ohne ein Antibiotikum einzunehmen. Yvonne hat mir aber auch schon Antibiotika verschrieben. Ich habe aber meine verschleimte Lunge ganz unglaublich mit ein paar Globuli frei bekommen. Ganz ohne Nebenwirkungen!

Es ist ein spannender Weg, den wir da miteinander gehen. Ich bestaune dieses Können. Und die Weite dieses medizinischen Ansatzes.

Etwas, das mich sehr fasziniert hat, ist zum Beispiel der Einsatz von Ingwer und Birnendicksaft. Je nach Art meines Hustens, ob ich trocken huste oder verschleimt bin, kann ich in bestimmten Situationen heißen Birnendicksaft trinken. In der anderen Situation eher heißen Ingwertee. Und die Lunge bessert sich in der Regel ganz schnell. Auch ohne Nebenwirkungen. Solche alten Hausmittel sind für uns chronisch Kranken Gold wert. Jedes Antibiotikum, das ich nicht nehme, hilft mir in meinem Allgemeinzustand.

In anderen Zusammenhängen, etwa in der Rehabilitationsklinik nach einer Operation, hörte ich schon Vorträge. Zu den guten Kliniken gehört ja auch die Patientenaufklärung und die Schulung im Umgang mit chronischen Krankheiten. In der Reha sprach ein Professor über alternative Heilmethoden. Er war für vieles offen. Insgesamt war er sehr klar in seinen Aussagen. Er machte eine Power Point Präsentation. Klipp und klar. Dann begann er sehr abfällig über die Homöopathie zu sprechen. Er tat das sehr überheblich. In mir regte sich Unmut. Ich hatte das Bild von Yvonne vor Augen. Ihr Engagement. Ihre Kompetenz. Und auch ihre Erfolge. Warum muss er das so abtun? Er bewertete die homöopathisch behandelnden Ärzte als Utopisten oder Geschäftsleute (was nun wirklich schwierig ist, wenn man die Kosten vergleicht). Und die Patienten als gutgläubige naive Personen, deren Heilerfolge in der Regel Placeboeffekte sind, die auf dem Vertrauen zum behandelnden Arzt beruhen.

Und dann kommen die Experimente: Man nimmt ein ganzes Fläschchen Globuli zu sich und nichts passiert. Wie sollte so was wirken? Es prallen echt Welten aufeinander, ganz unterschiedliches Denken. Als Kranker mit meinen eigenen Erfahrungen finde ich wichtig, dass wir nicht abwerten und mit begrenzten Maßstäben vergleichen, was nicht vergleichbar ist. In der Homöopathie kommt es sehr darauf an, ob die behandelnden Ärzte die Hintergründe gut begreifen und sich gut einfühlen können und eine gründliche Anamnese vornehmen. Auf keinen Fall kann man, was beim einen stimmt, automatisch für den anderen mit gelten lassen. Menschen sind verschieden. Das nimmt die Homöopathie – und die TCM auch – sehr ernst. Wer Homöopathie standardisiert einsetzt, missbraucht sie. Er hat sie gar nicht verstanden. Insofern bleibt sie eine Kunst, die wenige gut beherrschen, und setzt Erfahrung und viel Können voraus.

Auf der Esoterikmesse habe ich für mich auch vieles abgewertet. Das weiß ich. Ich bin mir da auch nicht so sicher, wo die Grenzen zwischen Scharlatanen, Geschäftemachern und Spielern liegen und denen, die mit Ernst und Wissen hilfreich wirken können.

Gestern waren wir bei der Akupunktur. Danach bei der Wundversorgung. Seit der Operation, jetzt schon drei Monate, habe ich an beiden Beinen so genannte Ulcerosa cruris. Ich sage einfach offene Wunden dazu. Sie sind extrem schmerzhaft. Der Palliativmediziner hat mich mit zwei Morphinpräparaten, einem anderen Schmerzmittel und einem die Schmerzlinderung unterstützenden Antidepressivum eingestellt. Es tut trotzdem sehr weh. Mehrere Wundmanager (in den verschiedenen Kliniken, in denen ich war), Chirurgen und Krankenpfleger haben mich behandelt. Ich stelle fest, dass jeder seine Sicht der Dinge hat. Jeder auch eine andere Firma, mit deren Präparaten er arbeitet. Die Wunden heilen bei mir sehr langsam. Die Ärzte würden am liebsten das abgestorbene und infizierte Gewebe entfernen. Aber das halte ich nicht aus. Eine Narkose dafür ist mir aber auch zu riskant. So reiben sie unter lokaler Betäubung die Wunden aus. Oder schaben darin rum. Aber wenn die Betäubung nachlässt, halte ich es schier nicht mehr aus. Ich zapple wieder die Nächte durch. Keine Position passt. Ich schlafe mehr schlecht als recht im Sitzen. Zwischendurch mache ich dann Licht und lenke mich mit Lesen ab.

Manchmal döse ich ein, wenn ich so viele Schmerzmittel einnehme. Kurz bevor ich in einen tiefen Schlaf falle, gibt es eine besondere Phase. Da nehme ich Menschen wahr, die gar nicht da sind, und antworte ihnen laut auf Fragen, die sie gar nicht gestellt haben. Dann wache ich auf und sehe mich um und merke, dass ich ja alleine bin. Ich habe aber auch schon in Gesellschaft etwas gesagt, was überhaupt nicht zur Unterhaltung gepasst hat, weil ich während des Gesprächs wegschlief und mich in andere Zusammenhänge wegträumte. Ich zucke dann zusammen, wache auf, staune. Es wird wieder anders werden.

Heute Nacht habe ich in Franz Werfels „Abituriententag" gelesen. Sehr spannend. Aber im Wirkungsfeld der Morphine gleiten meine Gedanken über die geschriebenen Worte und verwandeln sie. Plötzlich erscheint Sigrid im Buch von Werfel. Oder der Dekan. Und sie nehmen die Gestalten des Buches an, sind zurückversetzt nach Prag und Wien im 19. Jahrhundert. Es liest sich auch in dieser Version sehr spannend. Aber die Füße brennen, stechen und es rumort in mir. Die Blutwerte ergeben, dass ich vielleicht doch noch eine Antibiose brauche, stationär. Welches Krankenhaus werde ich mir wählen? Ich versuche, keine Angst zu haben.

In solchen Situationen suche ich nach Hilfe, nach Ideen, ob es denn noch etwas gäbe, was mir helfen kann. Ich erinnere mich an den Chirurgen Dr. F., der mich früher immer behandelt hat. Er war der erste, der meine Cortisonhaut genäht hat. Inzwischen schon oft. Aber wir leben ja jetzt schon über 10 Jahre in dieser Region in 80 km Entfernung. Trotzdem rufe ich ihn an und frage, ob er sich die Wunde einmal anschaut. Er empfängt mich. Ich bin so dankbar. Als er die Wunde sieht, nimmt er ganz klar Stellung: So wird sie nie heilen. Der Belag muss entfernt werden. Er versucht es mit Skalpell und Pinzette, ganz fein, Millimeter um Millimeter. Stellenweise tut es sehr weh. Aber er entfernt ein gutes Stück. Es blutet. Das ist gut so. Und wir verabreden uns auf übermorgen. Sigrid ist schon sehr erschöpft. In ihrem medizinisch gebildeten Kopf geht vieles hin und her. Wahrscheinlich kann ich mir die Schreckensbilder gar nicht ausmalen, die sie vor Augen hat. Bilder davon, was alles sein könnte, wenn. Ja, wenn der oder der Fall auftritt oder das eine Medikament auf die andre Symptomatik negativ wirkt, wenn das alles auf uns zukommt, was sie in ihrem Kopf hat usw.

Ich sehe, wie sie leidet, während Dr. F. in meiner Wunde kratzt und schneidet. Sie hat schlechte Nerven bekommen. Sie ist blass geworden. Sie hat Ringe unter den Augen. Ich kann nichts anderes machen, als ihr immer wieder zu danken für alles, was sie für mich tut. Gestern ist sie an eine Grenze geraten. Ich habe bemerkt, dass sie immer an meiner Stelle geantwortet hat. Das bringt mich in eine Position, als ob ich nicht selbst erwachsen wäre und nicht selbst reden könnte.

Dann hat sie Dr. F. widersprochen, als es um das Verbandsmaterial ging. Ich spürte, wie er selbst auch erschöpft war. Ich versuchte, mich in ihn zu versetzen. Er empfängt uns in der Mittagszeit, viele Patienten warten, wir bitten um seinen Rat und dann wissen wir noch alles besser. So ein Arzt hat es auch nicht leicht.

Vorher haben wir im Wartezimmer gesessen und sind mit einer älteren Dame ins Gespräch gekommen. Sie zog ihre Jacke nicht aus, obwohl es so warm geworden war. Aber sie zog sie nicht aus, weil sie so „Hildegard-Knef-Ärmchen" bekommen hatte. So bezeichnete sie ihre Cellulitis. In irgendeinem Film hatte sie mal Hildegard Knef im Älterwerden so gesehen, und seitdem wurde der Ausdruck „Hildegard-Knef-Ärmchen" in ihrer Familie zum geflügelten Wort. Wir quasselten über dies und jenes und amüsierten uns.

Schließlich war ich froh, als wir die Arzttermine und Wartezeiten hinter uns hatten. So ein Tag erschöpft maßlos. Dazwischen habe ich mir noch den Bart schneiden lassen.

Dass ich jetzt weiß, dass mein sechster Brustwirbel gebrochen ist, lässt mich ganz ohne Emotionen. Ich habe gerade keine Gefühle mehr übrig für solche Dramen. Er ist gebrochen. Ja. Er schmerzt. Er kann mir einen Nerv einklemmen, mir die Atmung lahm legen oder einen Querschnitt machen. Ich fühle nichts. Sind es die Morphine oder einfach ein ganz menschlicher Schutzmechanismus, wenn alles zu viel wird? Ich schreibe einfach an diesem Buch weiter und frage mich, ob ich es je gedruckt in Händen halten werde und ob es je jemand lesen wird.

Land der Kindheit – Land der Sehnsucht

In den 90er Jahren des letzten Jahrhunderts las ich das Buch „Hinter den Gittern wachsen die Blumen" von Bahman Nirumand. Er lebte nach seiner Flucht vor dem Regime des Schah Mohammad Reza Pahlavi im Exil in Berlin. Wie alle Flüchtlinge hat er seine Sehnsucht mitgenommen. Die Sehnsucht nach dem Land seiner Kindheit. Manchmal, so schreibt er, sei er am Flughafen gestanden und habe den Flugzeugen nachgesehen. Nach drei Stunden nur würden sie in Teheran landen. Und wenn er die Augen schloss, wachten die Bilder seiner Heimatstadt in ihm auf. Die Berge mit den Schneegipfeln. Die Gerüche und Klänge der Stadt. Die Wärme der Sonne, die vertrauten Stimmen.

Als der Ajatollah Chomeini an die Macht kam, flog Bahman Nirumand als einer der ersten zurück in seine Heimat. Es waren ja nur drei Stunden. Drei Stunden und eine Ewigkeit. Und dann beschreibt er, was viele Heimatvertriebene auch so sagen könnten: Wie es diese Stadt nicht mehr gab. Jahrzehnte sind drüber gegangen. Die Erinnerung hat sich bewahrt, was damals war. Die Realität aber ist mit der Zeit gegangen. Alles hatte sich verändert.

Im Straßencafé ist eine andere Bedienung inzwischen. Die andere wäre ja auch viel älter geworden. Was ist aus ihr geworden? Und der Baum in Nachbars Garten? Er ist gefällt. Das Vertraute hat sich verändert, ist verloren gegangen oder sieht jetzt ganz anders aus: kleiner, geschrumpfter, fremder. Das Land unserer Kindheit gibt es nicht mehr, ob wir Flüchtlinge sind oder nicht.
Viele haben das Land ihrer Kindheit verlassen. In der Erinnerung bleibt es ein wichtiger Ort. Wie ein Schutz. Oder eine Oase.

Mein Vater hat mir vom Land seiner Kindheit erzählt. Nach 30 Jahren hat er es wieder bereist. Er traf sich nach Jahrzehnten mit seinem besten Freund, den er vor dem Krieg aus den Augen verloren hatte. Zunächst fuhr er mit meiner Mutter, bald darauf auch mit uns Kindern. Er hat gestrahlt und gelebt und war dort glücklich. Es waren die Gerüche, die Klänge (z.B. der Sprachen und Mundarten), das Klima, die Architektur, die Musik, die Läden, die Landwirtschaft, die Tierhaltung und so viele andere Details und Momente der Erinnerung, die das Vertraute ausmachten. Alles wichtige Kategorien, wenn man die Frage stellt, was uns Heimat bedeutet.

Andere sind dann enttäuscht, wenn sie nicht mehr finden, was sie lange vermisst haben. Das Land unserer Kindheit ist ein sensibler Ort. Es birgt die Enttäuschung, den Zorn und auch den Hass in sich, genauso wie die Freude, die Liebe, den Schutz. Je nach dem, wie wir gewachsen sind. Je nach dem, was es in uns aufweckt.

Ich konnte immer wieder ins Land meiner Kindheit gehen. Da gab es keine Grenze dazwischen. Keine Ausweis- oder Visumpflicht. Aber auch mein Land ist verloren gegangen. Ich habe es gar nicht oft aufgesucht. Es war in mir – so wie es auch die Flüchtlinge und Heimatvertriebenen in sich tragen. Es ist ein Ort der Erinnerung und der Bewahrung. Im Land meiner Kindheit sprudeln meine Quellen, leben meine Freuden und Ängste, klingen die inneren Stimmen meines Lebens.

Als Erwachsene können wir immer ins Land unserer Kindheit reisen. Ins Land unserer Sehnsucht. Für mich hat es etwas Heilsames. Denn es ist ein schönes Land. Ich kann symbolisch dorthin reisen wie alle Menschen. Zum Atem holen, um mich zu sortieren, um die Quellen in mir wieder anzustoßen.

Land der Kindheit

Wie schön bist du.
Vor meinem inneren Auge sehe ich deine Hecken,
rieche ich deine Erde in Bildern.
Ich höre dich in dem Geräusch eines Flugzeugs,
aber auch in der Stille der Sonnenstrahlen dieser Welt.
Im Regen spüre ich deine Nässe,
in der Sonne deine Trockenheit,
in der Erinnerung an die Tiere deine Lebenskraft.
Steck mich an,
Erde von daheim.
Rührt mich an und gebt mir Halt,
Steine auf meinen ersten Wegen.
Singt mir euer Lied im Bach,
ihr kleinen Wellen.
Ihr habt meine Papierschiffchen weggetragen.

Damals mit Papa.
Mein erstes Reh habe ich bei dir gesehen,
die wilden Schweine gefürchtet,
Angst gehabt,
und mich gefreut.
Du trägst mich
krank und gesund.
Mein Land.
Land der Kindheit.
Land der Sehnsucht.

2013-06-11

Mein Land der Kindheit: eine Gedankenreise

Das Land meiner Kindheit ist kleiner geworden. Was ich als ein großes Wohnzimmer inmitten einer Hecke erinnere, ist nur ein kleiner Raum. Die Wiesen sind geschrumpft.
Aber der Himmel ist noch weit. Inzwischen wächst es wieder. Das Land meiner Kindheit weitet sich. Es kommen andere Orte des Vertrauens hinzu. Andere Erfahrungen. Neue Prägungen auf meiner Haut und in meiner Seele. Die Rumänen sagen, dass die Toten im Land ohne Sehnsucht sind. Was für ein Wort! Ohne Sehnsucht: das hat beides, das Ende und die Erlösung. Keine Sehnsucht ist aber auch kein Leben. Was wäre ein Leben ohne Sehnsucht, ohne Traum, ohne Visionen? Aber was wäre ein Leben auch, wenn sich die Sehnsucht nie erfüllt, kein Traum wahr wird und keine Vision dich trägt? Ich lebe gerne im Land der Sehnsucht. Ich reise auch gerne dorthin, wo ich meine ersten Begegnungen hatte und zum ersten Mal geliebt wurde. Land ohne Sehnsucht. Alles hat ein Ende. Das ist gut so!

In unserem Garten war ein wunderschöner Sandkasten. Er war für mich ein Lieblingsort im Land meiner Kindheit. Dort habe ich mir meine Welt gebaut.

Die Weite Afrikas zum Beispiel, die Wüste mit Sand und Steinen, den Dschungel mit Ästchen, Gras und allerlei Unkraut, und die Oasen und Flüsse – wozu ich mir das Wasser aus dem Gartenschlauch holte. In meiner Phantasie baute ich mir das Urwaldspital Albert Schweitzers, wo ich am liebsten einmal gearbeitet hätte, wenn ich einmal groß bin ... Und meine Holz- oder Plastiktiere belebten den Kontinent.

Ich baute auch den Süden Nordamerikas. Prärien, Schluchten und Seen, Land der Indianer mit ihren Wigwams oder Pueblos, Land der Rinderzüchter mit riesigen Farmen, Land der tapferen Männer. Irgendwann habe ich dort einmal leben wollen, wenn ich einmal groß bin ...

Eine Zeit lang baute ich Europa. Es gab damals die Fünfer-Lutscher, Lutscher zu fünf Pfennigen. Der Stiel war aus dünnem Plastik. Meistens Flugzeuge, Panzer, irgendwelche Soldaten. Nach dem Lutschen konnte man sie wundervoll in den Sand stecken. Ich habe mir ein ganzes Heer zugelegt. Auch Kasernen habe ich, gut getarnt, als Schutz für Menschen und Gebäude, gebaut. Im Sand war das alles möglich. Im Sand konnte ich den Lebensraum ganz geschützt gestalten. So wollte ich mal leben, wenn ich einmal groß bin, beschützt in einem sicheren Land, und beschützt von tapferen und gut ausgestatteten Soldaten.

Wir wohnten neben einer Kaserne der Amerikaner. Im Dorf lebten die Soldaten mit ihren Familien mit uns mit. Und wir lebten nicht weit vom Flughafen in Stuttgart. Wenn die Flugzeuge gelandet sind, den ganzen Tag lang, habe ich zu ihnen aufgeschaut. Es waren riesige Maschinen und schon zur Landung sehr tief über mir. Wenn sie zur Landung anflogen, wackelte das Fernsehbild bei den Nachrichten und der Ton setzte manchmal aus. Es zischte und pfiff und knarrte. Das hat dazu gehört, in unserem Dorf, damals. Wir haben zum Geräusch der Flugzeuge geschlafen oder uns auch unterhalten – es war das Geräusch, das zum Leben gehörte.

Die Flugzeuge gaben mir immer Stoff zum Träumen. Sie kamen von weit her, mal aus Afrika, mal aus Texas, mal aus den Ländern der Kriege, von wo sie die Schwerverletzten oder die Gefangenen brachten. Je nach dem, welche Situation ich gerade im Sandkasten gebaut hatte. Je nach dem, wo ich mit meiner Phantasie gerade stand. Die Flugzeuge haben sich immer integriert in meine Träume.

In unserem Haus haben auch Soldaten gewohnt. Sie kamen und gingen. Manche blieben nur ein paar Monate, andere bis zu zwei Jahren. Ich habe mit ihren Kindern gespielt. Wir haben amerikanisch gesprochen. Mal habe ich mich auf einen breiten Südstaaten-Slang einstellen müssen, mal auf den Akzent der Puertoricaner, mal auf den Klang Kaliforniens oder Washingtons.

Eine Zeit lang wohnten Philippinos bei uns. Sie waren abergläubisch und hielten das Alleinsein überhaupt nicht aus. Die Fenster und Türen haben sie mit roten Kreuzen und Zeichen angemalt, um sich vor bösen Geistern zu schützen. Sie haben ganz andere Sachen gekocht als die Schwaben im Dorf. In ihrer Küche habe ich gerne nur so vor mich hingerochen.

Einmal wohnte eine Familie aus Puerto Rico im zweiten Stock, wo auch mein Schlafzimmer war. Abends hatten sie oft Gäste und machten Séancen, bei denen sie zur jenseitigen Welt Kontakt aufnahmen. Es war die Normalität, in der ich aufwuchs. Ich habe früh gelernt, dass das Leben so oder auch ganz anders geht.

Schön war die Zeit, als ich abends vorm Schlafengehen noch „Tom Dooley" hören durfte, bei Betty Robinson, einer warmherzigen Amerikanerin. Oder noch auf dem Schoß von Trudy Grafenhorst liebkost wurde, einer Deutschen, die ihr Geld bei den Soldaten verdient hat. Sie war sehr zärtlich und nannte mich ihr „Butter-Männeke".

In meiner Erinnerung tauchen zahlreiche Personen auf, Leute, die ich mochte, andere, vor denen ich Angst hatte, solche, bei denen ich mich genierte, andere, mit denen ich Schönes erlebt habe. Die Kinder, mit denen ich gespielt habe, sind mir in einzelnen Situationen vor Augen: Kerry, Patty und Mike, Sandy und Bob, Peggy, Quenn und die anderen. Ich bin mit ihnen in der Kaserne gewesen, im Toy-Land, diesem riesigen Spielwarenladen, oder auf den großen Spielplätzen, in der Pizzeria, im Supermarkt, wo wir gerne milk-shakes tranken, am thanksgiving-day oder an halloween, bei diesen großen Festen. Dort habe ich auch den Zapfenstreich miterlebt, wenn sie die Fahne hissten und wieder einholten. Wir mussten dann alle still stehen. Die Soldaten, alte und junge, weiße und schwarze, mit den Uniformen und den lauten Stiefeln, gehörten zum alltäglichen Bild. Sie haben oft Manöver gehabt, joggten durch unser Dorf zum Frühsport oder zogen mit ihren Panzern und Hubschraubern ins Feld. Es war eine spannende Welt. Die Kinder im Dorf haben den Soldaten in den Jeeps immer gewunken und laut Tschingam („chewinggum") gerufen. Wenn sie Glück hatten, warfen die Soldaten ihnen Kaugummis zu.

Wenn neue Familien bei uns einzogen, war ich immer neugierig, wer da ankam, und ob sie Kinder hatten. Es dauerte immer seine Zeit, bis wir dann Kontakt aufgenommen hatten und Freundschaft schlossen. Es dauerte meist nicht lange, bis wir uns wieder verabschieden mussten. Mit der Zeit kannte ich das Ritual schon. Und auch das Gefühl dabei. Es hieß: „Familie XX muss wieder in die Staaten" oder „Herr XX wurde nach Korea versetzt", später auch „Herr XX muss nach Vietnam."

Ich wusste dann, es würde nicht lange dauern, bis meine Freunde an der Tür stehen würden: „Sagt tschüss und danke für alles!" Wir waren unbeholfen wie immer. Ein Augenblick des Abschieds und dann waren sie weg. Weg für immer. Ich habe mich tagelang leer gefühlt. Dann habe ich im Sandkasten den Mississippi gebaut und den Flugzeugen nachgeschaut, die meine Freunde nach Amerika brachten und ihre Väter in ferne Länder, wo es auch Kasernen gab und Krieg.

Ich habe geträumt von Kalifornien, vom Meer, das es dort geben sollte, wie sie mir erzählt haben, von Arizona, wo der Himmel nachts violett wurde und manchmal Kojoten heulten. Ich habe meine Augen zugemacht und die Freunde noch einmal als innere Bilder zu mir geholt, so als müssten sie wieder da sein, wenn ich die Augen wieder aufmachte. Als ob sie gleich die Treppe runter kommen müssten.

Sie kamen nie wieder. Nicht einmal zu Besuch. Vielleicht kam mal eine Karte. Meistens aber nicht. Wenn sie abgereist waren, meine Freunde, hat kaum mal mehr jemand von ihnen gesprochen. Von den Erwachsenen vielleicht. Und wie sie die Wohnung ruiniert hatten. Und wie viel Arbeit sie hinterließen. Und wer wohl nachkommen würde.

Das Geräusch der Flugzeuge hat zu meiner Trauer gehört. Es hat zu meiner Sehnsucht gehört. Die Flugzeuge haben in mir meine Sehnsucht wach gehalten. Tag für Tag. Ich habe mich auch nach den fernen Ländern gesehnt. Aber ich habe mich wohl in Wirklichkeit noch mehr gesehnt nach all den verlorenen Freunden, mit denen ich Ball gespielt habe, oder Familie mit Puppen und Fahrrädern, mit denen ich gesprochen habe, mit denen ich das Aufstehen und das viel zu frühe Schlafengehen geteilt habe, mit denen ich gegessen habe, das wunderbare weiße Gummibrot mit Erdnussbutter und Marmelade. Und vielleicht haben die Freunde in Amerika sich nach dem Schwarzbrot meiner Mutter gesehnt mit Butter und Zucker drauf.

Ich hatte auch deutsche Freunde im Dorf. Es waren zwei Welten. Im Dorf ging es um Fußball. Überhaupt viel um Sport. Aber mein Vater hat es lieber gesehen, wenn ich bei uns im Garten spielte. Er war ja auch groß und ein abgegrenzter Ort –mit der alten, großen Hecke.

Das Versprechen

Floyd war ein Spielkamerad in meiner Kindheit. Sein Vater war Soldat in der amerikanischen Armee.

Wir haben damals neben der Kaserne gewohnt, neben dem „Fugplatz", wie wir im Dorf sagten, weil vor dem Krieg die Deutschen dort einige Flugzeuge stationiert hatten. Und Floyd wohnte bei uns im Hause in einer der Wohnungen, die meine Eltern an Soldatenfamilien vermietet hatten. Die meisten der Amerikaner, die bei uns wohnten, waren junge Wehrpflichtige, die ihre Frauen und Kinder mit nach Deutschland gebracht hatten.

Floyds Vater war Berufssoldat, ein strenger Mann, älter als die anderen Soldaten, die ich sonst kannte. Er war schon viel in der Welt herumgekommen, meistens mit traurigen Missionen. Seine Erfahrungen hatten ihn ziemlich zugeschnürt. Irgendwie haben wir ihn gemocht, wenn er uns mal einen Blick gegönnt hat oder gar ein Wort sagte. Wir konnten spüren, er war uns Kindern wohl gesonnen, auch wenn seine Augen meistens zugekniffen waren und der Mund ganz verschlossen. Seine tiefe Stimme klang hart, und wir kannten sie vorwiegend von seinem Rufen nach uns. Wenn er uns ins Haus gerufen hat, zögerten wir nicht, ihm zu folgen. Sein Ruf war immer ein richtiger Befehl. Er war ja auch Soldat.

Manchmal hat er mit meinem Vater über den Krieg geredet. Und von Korea hat er erzählt. Er war sehr ernst dabei. Und er schüttelte immer den Kopf, wenn er erzählte, was sie alles gemacht haben von den Führerhäusern ihrer Flugzeuge aus oder unterwegs auf ihren Patrouillen. Und er war kritisch. Ich erinnere mich gut an sein Achselzucken, sein Stirnrunzeln, sein beschwertes Schweigen. „Ich weiß nicht, wieso wir (er meinte die Amerikaner) immer überall dabei sein müssen."

Mit Floyd habe ich viel Zeit verbracht. Unsere „Helden" waren die Stars im Kino: „Wyatt Earp, Buffalo Bill, Billy the Kid" – und mit ihnen haben wir manche Schlachten geschlagen, manche Gefahren durchbangt und unseren Atem angehalten, wenn sie ihre „Kämpfe der Gerechtigkeit" ausfochten. Ich war innerlich ja meist mehr auf der Seite der Indianer. Die waren fremder, weiser, geheimnisvoller. Aber mit Floyd, der sich mit den Cowboys identifizierte, zitterte ich um die Revolverhelden und die „Hüter des Gesetzes" im Westen. Ja, der Westen! Der Westen wurde zu einem komischen Stück Heimat für mich.

Die Amerikaner hatten ja die Hosen der Helden mitgebracht in die Läden der Kaserne. Wir trugen die Jeans, die aufgekrempelt das rotkarierte Futter sehen ließen, wie bei den „Rangers". Wir schnallten uns die Nietengürtel um, wünschten uns Stiefel – je höher die Hacken, desto echter, desto heldenhafter –, knoteten uns Halstücher um und hängten uns lässig Filzhüte an Kordeln in den Nacken.

Ja, der Westen! Wir haben dort gelebt, und unsere Phantasie ritt mit uns über die Weite der Prärie durch all die Bedrohungen und Gefahren, die das Leben uns tapferen Männern in den Weg stellte. Und unser Revolver, ein Stück Holz oder ein Plastikteil, steckte an der Hose und wir zogen schnell ...
Die Welt der Rodeos, das Leben auf der Ranch – ich sah es im Kino bei Popcorn und Cola. Floyd und all die anderen Freunde aus der Kaserne konnten da-

von erzählen. Sie kamen aus Texas, aus Kalifornien, von Arizona – und sie sangen Verse der „Hillbillies", konnten Ausdrücke der Indianer und Mexikaner nachsagen – der Westen!

Der Westen war die eine Welt, in der wir lebten und phantasierten.

Eine andere Welt war die Kaserne, das Soldatsein, der Krieg. Wir haben als Kinder auch den Krieg bei Popcorn erfahren. Im Kino sahen wir die fiesen „Krauts", die Nazis, wie dumm sie Schlachten verloren und wie großmütig die Amerikaner von den Flugzeugen aus dem deutschen Terror ein Ende setzten. Im Namen der Gerechtigkeit, auch, natürlich.

Wir haben das Feuer des Kriegs gesehen, die Schreie der Sterbenden gehört und die Kühnheit der Soldaten mitempfunden.

Und das Knacken des Popcorns hörte oft auf im Kino, wenn die Kamera bei eisigem Schweigen einen Menschen einfing, den in wenigen Sekunden die Granate zerfetzen würde.

Ich saß zwischen den Soldaten, neben Floyd, als Deutscher, und war froh, die Blue Jeans Amerikas zu tragen. Nur mein Haarschnitt verriet mich noch. Ich spürte es wohl und war froh um den Schutz von Floyds Begleitung.

Wir haben nicht nur den Westen gespielt, die Duelle, die Faustkämpfe, das Rindertreiben.

Wir haben auch den Krieg gespielt. Und toll war es, wenn wir uns ins Schlafzimmer schleichen konnten zu Mr. Spencer, dem Vater von Floyd. Auf dem Schrank lag er da: ein Stahlhelm mit Netz, und wir holten ganz leise den Stuhl bei dem Bett, stiegen nach oben und setzten ihn auf. Ganz kurz nur, ganz schwer lag er auf uns, und dunkel wurde die Welt. Vor unseren Augen: der Krieg. Und wir: die großen Generäle. Wir fühlten die Größe. Und wir fühlten: Der Sieg, der wird unser! Und unser die Orden. –

Wir fühlten uns auf der richtigen Seite mit diesem Helm. Und manchmal stand auch das Gewehr da. Wenn bei Kuba die Schiffe auffahren, dann stehen in

Deutschland die Gewehre im Schlafzimmer der Soldaten. Die Männer sind „on alert", in Alarmbereitschaft. Das waren immer aufregende Tage. Plötzlich ein Anruf oder jemand an der Tür, viele Jeeps, viele Lastwagen, rennende Soldaten, die auf die Fahrzeuge aufsprangen mit Seesack und Gewehr und Helm, aufgeregte Frauen, gepackte Koffer (damals gab es klare Pläne, wie in der Krise alle Familien am schnellsten in die Staaten zurückgeflogen werden konnten). In Zeiten der Bereitschaft mussten wir immer in der Nähe des Hauses spielen. Floyd musste immer schnell erreichbar bleiben. Und wir spielten den Krieg.

Wir hatten Panzerfäuste aus Kunststoff. Vorne flogen Plastikgranaten heraus. Wir hatten Plastikhelme und Stiefel. So lagen wir auf den Wiesen unseres Dorfes und versuchten, die Russen aufzuspüren, die unsere Familien bedrohten. Und wir siegten, meistens im letzten Augenblick. Unsere besten Freunde fielen im Kampf, denn die Russen waren unerbittliche Feinde. Wie gut, dass wir davon gekommen sind!

Einmal planten wir unser Spiel. Wir verteilten die Rollen: Deutsche, Amerikaner und Russen. Die Russen wollte niemand sein. Die mussten ja den Krieg verlieren. Die Amerikaner – der Floyd, der war gern Amerikaner. Die mussten ja gewinnen. Die Deutschen? Irgendwie war das ein Problem.

Da haben wir uns unterschieden in der Einschätzung. Ich meinte, die Deutschen müssten auch gewinnen, und sie kämpften ja auch gut. „Der deutsche Soldat war ein guter Soldat." Irgendwo hatte ich das schon gehört.

Aber Floyd hatte andere Informationen: Der deutsche Soldat verliert den Krieg. Und auf welcher Seite war er überhaupt? Der deutsche Soldat war die schwierigste Rolle.

Wenn ein Krieg kommt, wer kämpft dann überhaupt gegen wen? Wieder Deutsche gegen Amerikaner, oder Amerikaner und Deutsche gemeinsam gegen die Russen? Oder: Das gab es doch auch schon, Amerikaner und Russen gegen die Deutschen?

Das waren unsere Probleme. Einfach war der Krieg nicht.

Aber wir waren doch Freunde, der Floyd und ich. Und wir spürten, da gibt es was, das ist nicht einfach.

Und was immer auf uns zukommen sollte, eines haben wir uns an diesem Tag versprochen: Wenn der Krieg kommt, und wenn ich über Amerika fliegen werde mit meinen Bomben, dann werde ich über Kalifornien keine abwerfen, denn dort wird ja der Floyd wieder leben.

Das haben wir uns ganz fest versprochen, der Floyd und ich.

Und er wird es auch allen sagen, über unserem Dorf soll keine Bombe fallen. Komme, was da wolle.

Irgendwie hat uns das Versprechen beruhigt. Wir haben an diesem Tag den Krieg nicht mehr gespielt. Auch nicht gegen die Russen.

Die Leute in unserem Dorf haben in dieser Zeit oft Angst gehabt. Wir haben Lebensmittel „gehamstert", und manche haben Bunker in ihrem Garten geplant, und die vielen Flugzeuge, Hubschrauber und Panzer um die Kaserne haben uns beruhigt. Noch oft waren die Soldaten „on alert" und die Frauen besorgt.

Die Schiffe vor Kuba haben wieder umgedreht. Aber bis heute steht noch etwas aus: unser Versprechen, das Versprechen von zwei Schuljungen in den fünfziger und sechziger Jahren, das haben sich bis heute viel zu wenige gegeben von denen, die noch von den Orden träumen und den Ritten der Prärie und den Siegen auf den Feldern.

Ich bleibe dabei: Über Kalifornien werde ich keine Bombe werfen! Und überall, wo ich Freunde gefunden habe auf der Welt, werde ich keine werfen. Und es beruhigt mich, dass es irgendwo in den Staaten einen gibt, der vielleicht Soldat war inzwischen, der aber ganz bestimmt über meinem Dorf keine Bombe werfen wird.

Im Garten hatten wir Tiere. Wenn die anderen Jungen mit ihren Vätern am Wochenende auf dem Sportplatz waren, war ich meistens mit meinem Vater bei den Kleintierzüchtern unserer Region. Sie waren in Vereinen organisiert, züchteten Hühner, Enten, Gänse, Tauben und Fasanen. An Wochenenden wurden die Tiere ausgestellt auf großen Ausstellungen, wo sie bewertet wurden nach ihren Rassemerkmalen. Ich habe als Kind die vielen Hühnerrassen kennen gelernt und wusste Bescheid.. Ich wusste, dass es schwer war, englische Zwergkämpfer zu züchten, weil sie zu leicht Formfehler aufwiesen, dass Lachshühner fünf statt vier Zehen hatten, dazu Bart und Schopf, dass sie aber wenige Eier legten. Ich kannte Nackthalshühner, New Hampshire, Brahmas oder Orpingtons.

In unserem Garten hatten wir Sulmtaler-Hühner, zeitweise Lachshühner, aber vor allem Warzenenten. Ich habe sie jahrelang versorgt und auf Ausstellungen ausgestellt und Preise gewonnen. Preisrichter haben sie bewertet auf der Basis der Musterbeschreibungen, die es dafür gab. Unsere Tiere gehörten zu den seltenen Rassen. Sie sahen exotisch aus. Und sie legten natürlich nur wenige Eier, die wir fast alle zum Brüten brauchten, für die Nachkommen. Meine Mutter hat sich oft beklagt, dass wir Eier kaufen mussten, obwohl unser Garten voll war von Ställen, in denen Eier legende Tiere wohnten. Wir hatten ihn abgeteilt in verschiedene Bereiche, mit jeweils eigenen Ställen. Ich baute den Jungtieren Volieren. Es war insgesamt eine schöne Sache. Ich mochte den Kontakt zu den Tieren und den Leuten im Dorf, mit denen mein Vater sein Hobby teilte. Ich habe schon in frühen Jahren dort wie ein Spezialist dazugehört.

Wenn im Dorf Hühner krank wurden, hat man sie zu meinem Vater gebracht. Er galt als der absolute Fachmann für Hühner. Und ich war immer dabei. Er verordnete den erkälteten Hühnern eine rote Flüssigkeit, die wir ihnen in den Hals gepinselt haben. Er konnte gut diagnostizieren. Mit der Zeit habe ich aber beobachtet, dass er immer dieselben Dinge sagte, wenn er aussah, als ob er nicht Bescheid wusste. Wenn ich das Gefühl hatte, er überlegt und kommt nicht weiter, dann hat er nach einer Weile ernst genickt und gesagt: „Das Tier hat die Marek'sche Lähme, es muss geschlachtet werden."

Später, als meine älteren Schwestern schon ihre ersten Freunde hatten, sind oft die Bäuerinnen zu uns gekommen, meistens mit einem Huhn unter dem Arm.

Ihr Huhn sei krank, und ob mein Vater nicht da wäre, um nach ihm zu schauen. Sie kamen aber meist, wenn er sicher nicht zuhause war. Bei dem Anlass konnten sie dann aber gleich fragen, wer denn der junge Mann war, gestern, der mit meiner Schwester im Dorf unterwegs war. Ich habe mit der Zeit in solchen Situationen gesagt, dass ich mich auch gut auskenne, und habe die Tiere untersucht. Ich habe ihren Kropf abgetastet, die Flügel gespreizt und in den Schnabel geschaut. „Marek'sche Lähme" war es dann und: „Das Tier muss geschlachtet werden". In Wirklichkeit hatte ich keine Ahnung. Aber ich weiß nicht, wie vielen Hühnern die Liebschaften meiner Schwestern das Leben gekostet haben.

Die Hühner und alles Geflügel mussten für die Ausstellungen beringt werden. Es gab für jede Rasse eine entsprechende Ringgröße. Der Ring enthielt die Daten: den Jahrgang und die registrierten Nummern des Tieres und seines Eigentümers. Damit war sicher gestellt, dass einzelne Tiere nicht für unterschiedliche Züchter ihre Preise erlangten. Und dass sie auch auf den richtigen Schauen ausgestellt wurden, im richtigen Verein.

Die Ringe mussten zur richtigen Zeit auf die Füße gemacht werden. Die Tiere durften noch nicht zu alt sein, damit die Füße nicht schon zu dick waren. Sie durften aber auch nicht mehr zu jung sein, damit sie die Ringe nicht verloren. Die Züchter im Dorf haben den richtigen Zeitpunkt oft verpasst. Und wenn es zu spät war, musste wieder mein Vater helfen. Ich habe ihm oft assistiert, wenn er mit Schmierseife und mit viel Geduld und anatomischem Wissen die Tiere beringt hat.

Mit der Zeit kannte ich so viele Leute und viele Häuser im Dorf. Es war eine ganz eigene Welt. Ich glaube, ich habe auch die Tiere gekannt, und wusste, wem sie gehörten.

Zweimal im Jahr haben wir unsere Tiere sortiert. Es waren nach der Aufzucht zu viele geworden. Mein Vater wählte die aus, die wir weiterhin zur Zucht haben wollten. Ein Teil musste geschlachtet werden. Mein Vater hat selbst keine Hühner gegessen. Er konnte es nicht einmal riechen, wenn es Hähnchen gab zuhause. Bei uns gab es immer Hähnchen, wenn er mal ein paar Tage nicht da war. Wir haben sie gerne gegessen.

Abends war ich mit meinem Vater im Hühnerstall. Oft lagen wir auf dem Boden dabei. Er zeigte mir, welche Tiere für die Zucht nicht geeignet waren. Sie hatten vielleicht einen Farbfehler, einen ungeraden Kamm oder sonst ein Merkmal, das sich in der entsprechenden Rasse nicht vererben sollte. Ich habe sie eingefangen und in eine Kiste gesperrt. Am nächsten Tag hat sie der Onkel Karl abgeholt, der Vorstand des Vereins. Es war ein schlimmer Tag. Ich hatte die Tiere ja gefüttert, habe sie jeden Tag gesehen und die mit den Formfehlern waren mir genauso ans Herz gewachsen wie die anderen.

Irgendwie waren es traurige Zeiten. Wie ein Kannibale bin ich mir manchmal vorgekommen. Ich konnte ihnen schier nicht in die Augen sehen, wenn ich sie einfing und dem Onkel Karl übergab. Sie waren so ahnungslos. Später habe ich noch von ihnen geträumt. Ich habe davon geträumt, wie Hähnchen geschlachtet wurden und wie ausgeliefert sie waren.

Wenn die Küken schlüpften, habe ich zugesehen. Wenn die Enten im Teich schwammen und die Sonne dazu schien. Wenn die Hähne gekämpft haben, wenn sie wegflogen, unsere Enten, über das Dorf hin.

Die Flugzeuge sind jeden Tag gelandet. Ich habe ihnen nachgeschaut vom Sandkasten aus. Im Schatten der alten Tanne. Ich habe ihnen nachgeschaut, wenn Onkel Karl geschlachtet hat. Sie haben die Sehnsucht in mir wach gehalten. Und die Trauer.

Später, als ich schon als Pfarrer Heimatvertriebene aus den Ostgebieten besucht habe, haben sie mir erzählt, dass sie gerne noch etwas züchten wollten. Einer hat Dackel gezüchtet in Erinnerung an seine große Pferdezucht in Ostpreußen. Wenigsten noch etwas züchten! Es hat seine schönen Seiten gehabt. Der Kontakt mit den Tieren. Die Einigkeit und Innigkeit dort in der Natur unseres Gartens.

Irgendwie hat es aber auch etwas Trauriges gehabt. Mich hat dieses Züchten und Aussortieren noch an etwas anderes erinnert. Später, als ich Bücher gelesen habe über die Rassen, die Rassenmerkmale, über blaue Augen und blonde Menschen, später, als ich las vom Sortieren auf der Rampe, als ich hörte von „rein" deutschen Dörfern in Osteuropa – da war mir, als hörte ich noch einmal das Geräusch der Flugzeuge von früher. Dieser Flugzeuge, die mein Herz berühren, meine Sehnsucht wecken und zu meiner Trauer gehören. Sie haben schon immer sortiert. Sie haben immer ein Muster dafür gefunden. Eine Ideologie. Einen Rassenwahn.

Ich habe an diese Hühner gedacht, die ich eingefangen habe für den Onkel Karl, als ich die Bücher las vom Deutschland des letzten Jahrhunderts. Und ich glaube schon, dass es etwas miteinander zu tun hat.

Onkel Karl hat geschwiegen, als er das Fleisch brachte. Wir haben geschwiegen beim Essen. Manchmal habe ich mich gesehnt nach den Tieren, die nicht mehr da waren. Wir haben geschwiegen, wenn die Amerikaner versetzt wurden und meine Freunde mich verlassen haben.

Nur das Geräusch der Flugzeuge blieb immer dasselbe. Und meine Träume im Sandkasten, meine Sehnsucht, meine Trauer.

Wieder auf der Intensivstation

In manchen Krankenhäusern gibt es diese weißen Wände und Decken nicht mehr. Wie froh ich darüber bin! Selbst das Grün in manchen Operationssälen hat mir eher gut getan. Oder auch das Blau. Kürzlich auf der Intensivstation, als ich wegen der vielen Kabel immer auf dem Rücken lag, sah ich ein etwas verwaschenes Bild an der Decke. Ich habe die einzelnen Motive nicht sehr wahrgenommen. Mir fiel aber gleich ein, wie wir auf einer Fortbildung für Altenheimseelsorger einmal in die Rolle der pflegebedürftigen Heimbewohnerinnen und -bewohner schlüpfen sollten. Mit geschlossenen Augen haben wir versucht, Geräusche zu identifizieren. Oder mit offenen Augen: Wir haben immer auf denselben Punkt an der Decke geschaut. Schön, dachte ich, da hat jemand an uns gedacht und uns ein Bild an die Decke anbringen lassen. Ich schaute hin, schloss zwischendurch die Augen, war warm berührt. Und meine Gedanken gingen auf Reise.

Ich denke zum Beispiel immer wieder an die Taxifahrt in Coesfeld im Januar 1995. Sigrid und ich standen beide etwas verloren am Bahnhof. Wir haben uns zum ersten Mal gesehen. Ich dachte mir schon, dass sie wahrscheinlich auch die Ausbildung zur Trauerbegleiterin beginnen wollte, so wie sie suchend dort mit ihrem Gepäck herumging. Ihr Vater war von einem Betrunkenen zu Tode gefahren worden, und ich hatte meine Frau verloren. Sigrid sprach mich an, und wir nahmen zu zweit das Taxi zum Seminarhaus. Unsere erste Begegnung. Wir erzählten uns, als wir auf den Beginn des Seminars warteten bei einem Kaffee, kurz aus unserer Biografie. Sigrid war Ärztin und lebte in Amsterdam. Sie erzählte von ihrem Vater. Später sagte sie mir, dass sie ganz geschockt gewesen sei, wie sachlich ich vom Suizid meiner Frau gesprochen hatte. Unsere erste Begegnung!

Unterwegs in Prag im Mai 1987

Unterwegs in der Stadt. Ich bin auf der Suche nach meinem Namen. Meine Vorfahren stammen von hier. Plötzlich höre ich einen Schlager aus dem Lautsprecher eines Geschäftes am Wenzelsplatz. Komisch, was das in mir auslöst: Ich denke an Jugoslawien, wie wir am Meer saßen, wie dort ein Jugoslawe gesungen hat und damals diese Sehnsucht in mir weckte: diesen Traum von Unabhängigkeit, den Traum, auf einem Schiff zu fahren, einfach auf dem Meer dahin mit einer guten Freundin und anderen Leuten – der Sonne entgegen. Tage im und unter Wasser, Musik und Gesänge von Glück und Leichtigkeit. Eine Welt im Frieden. Der Sänger meint es gut mit uns.

Ich denke an eine Freundin in Jugoslawien, braun war sie und ausgeruht. Ich denke auch an Venedig, die Gondel und den Gondoliere, der für uns seine Lieder singt von den Sternen, die dann so nahe kommen – wenn „sie" dabei ist auf der Gondel. Auf meiner Suche in Prag bleibt sie anonym. Sie, nach der ich mich sehne.

Ich denke an Frankreich nach dem Abitur, wie mir der Schlager „Un banc, un arbre, une rue" (Eurovision Song Contest 1971) ins Ohr kam. Ich denke an „Spanish Rose in Spanish Harlem", gesungen von Aretha Franklin, und mein

Herz klopft ganz ähnlich. Ich denke an den Tisch voller Frauen aus Rumänien, dort an der Bega in Timisoara und ihre Gesänge. Ich denke an Ghoghi, meinen Verwandten, am Klavier, und die „Tigani" (Zigeuner) von Csiklova.

Ich kaufe die Platte am Wenzelsplatz. Einen billigen Schlager. Mein Prager Lied.

Ich bin noch nie auf einer Gondel in Venedig gefahren. Aber ich höre diese Fahrt aus vielen Liedern. Vielleicht sollte ich deshalb nie Gondel in Venedig fahren?

Vielleicht doch. Aber die Frau muss goldene Ohrringe tragen, ein herrliches Kleid und Nagellack – und ich einen Anzug und weiße oder rote Schuhe. Vielleicht sollte ich doch nicht Gondel in Venedig fahren?

Mit Sigrid war ich später dort. Wir sind nicht Gondel gefahren. Es hat für mich durch und durch nicht gestimmt. Diese Gondolieri haben mich sehr abgestoßen. Aber ich bin mit ihr auf den Eiffelturm gegangen, in Paris, obwohl ich eine schreckliche Höhenangst habe. Ich habe es ihr nicht gesagt vorher. Aber als wir oben waren, konnte ich es nicht verbergen.

Familiäres

Die Ausbildung ging über ein Jahr lang. Es war eine intensive Zeit in einer Gruppe von 24 Teilnehmerinnen und Teilnehmern. Ich hatte ein Zimmer mit einem Krankenhauspfarrer.

Sigrid hatte eine dreijährige Tochter. Ich ahnte damals nicht, dass wir eine Familie werden würden und ich einmal der soziale Vater von Juliana.

Es waren erste kleine Schritte. Zuerst holte ich sie vom Kindergarten ab. Das war etwas ganz Neues für mich, und ich war ganz aufgeregt, dass sie auf dem Heimweg nicht überfahren wird. Dann war ich immer mal Babysitter, wenn Sigrid Vorträge oder Seminare hielt. Wir waren zusammen auf Spielplätzen, in Eisdielen oder im Kindertheater. Ich erwarb mir im Kreis von Julianas Freundinnen den Ruf als bester Pfannkuchenbäcker. Manchmal habe ich ihr die Haare gewaschen und sie zu Bett gebracht.

Ich dachte auf der Intensivstation auch an die Bayern, die ich einmal für Juliana engagiert hatte. Eine bayrische Blasmusikgruppe. Juliana war vielleicht zehn Jahre alt und hörte manchmal mit der Oma Musikantenstadel. Sie mochte damals Blasmusik. Weil wir sowieso gerade auf Reiterferien in Bayern waren, hatte ich die Chance, diese Musiker zu einem frühen Ständchen einzuladen. Sie sollten uns alle mit bayrischer Blasmusik wecken. Es gab hinterher Weißbier für die Männer, für mich auf nüchternen Magen. Ich musste gleich wieder ins Bett. Simon war noch nicht geboren. Ich machte erste Erfahrungen als „Vater" und wollte ein guter Vater sein.

Tagsüber waren wir auf dem Hof zwischen den Tieren: Ziegen, Katzen, Hühnern, Enten, Hunden, Kühen und Pferden. Zwischen Stallarbeit, traumhaften Ausritten dann die Ruhe der Landschaft an der österreichischen Grenze. Während Sigrid und ich stundenlang im Wald ritten, bekam Juliana Reitunterricht auf dem Hof. Einmal ist Sigrid vor mir im Galopp vom Pferd gestürzt. Ich sah es kommen. Wie sie den Sitz verlor und aus dem Sattel rutschte. Durch die Galoppschritte überschlug es sie und sie landete auf dem Rücken. Ein paar ewige Sekunden lang blieb sie auf dem Waldweg liegen. Mein Herz blieb schier stehen. Aber es ging gut aus.

Wir haben anfangs noch die Krankenhäuser gezählt, in denen wir gemeinsam waren. Ich trug natürlich ein gutes Teil zur Statistik bei. Dabei versuchten wir es humorvoll zu nehmen. Ich sagte oft: „Das ist eine Geschichte, die wir einmal unseren Enkeln erzählen können." Und so kamen alle Dramen, aber auch alle erfreulichen Ereignisse, in unseren „Geschichtensack" für die Enkel.

Als Jugendlicher bin ich oft vom Pferd gefallen, weil ich ja in der Voltigiergruppe war. Wir haben schöne Kunststückchen und sportliche Übungen auf dem Pferd gemacht, in allen Gangarten. Einmal schlug das Pferd aus, als ich rückwärts von seinem Rücken mit einer Rolle absprang. Es hätte mich böse treffen können. Mein damaliger Reitlehrer war ein sehr cholerischer junger Mann, den das sehr zornig machte. Er rief mich mit hoch rotem Kopf an: „Rauf!" Ich sprang auf das galoppierende Pferd, und der Reitlehrer schlug zornig mit seiner langen Peitsche auf das Pferd ein. Er hatte es ja an der Longe, so dass es nur im Kreis galoppieren konnte. „Halt dich fest!", rief er noch, und ich krallte mich in die Mähne. So bestrafte er das Pferd und war wahrscheinlich überzeugt, dass es die passende Erziehungsmethode war.

Ein anderes Mal flog ich im Galopp in einem weiten Bogen vom Pferd. Ich weiß den Grund nicht mehr. Aber ich erinnere mich an den Aufprall mit meinem Rücken, und dass mir kurze Zeit der Atem weg blieb. Es dauerte gefühlsmäßig sehr lange. Ich war aber unverletzt.

Wenn ich im Krankenhaus liege, erinnere ich mich an den Nachtritt, als Sigrid und ich uns, zusammen mit der jugendlichen Bauerntochter, im Wald verirrt haben und einen Bach überqueren mussten. Sigrids Pferd hatte Angst. Es war ein guter Moment für mich. In aller Ruhe ritt ich über den Bach, stieg ab, übergab mein Pferd unserer Begleiterin und holte Sigrid mit ihrem Pferd nach. Ich fühlte mich natürlich wie John Wayne, und es ist eine meiner Lieblingsgeschichten aus dem Geschichtensack, die von Mal zu Mal mehr ausgemalt wird.

Abends dann immer das wunderbare Schaumbad. Ich sähe aus wie ein Streifenhörnchen, lachte Juliana immer. Es gab dann ein schönes Essen, am liebsten neben einem Stammtisch, wo ich fast nichts verstand von der Mundart. Als Nachtisch der Apfelstrudel mit Vanillesoße!

Auch das ist Intensivstation. Die Gedanken machen große Reisen. Zu den Kindergeburtstagen, der Schulzeit, den Autoritäten. Manchmal ganz durcheinander. Und wie ich Vater wurde. Ganz unverhofft. Ganz unvorbereitet. All diese neuen Kinderbücher, die wir abends vorm Schlafen zusammen gelesen haben. Die Theaterstücke, der Kinderchor. Und wie Juliana in die Brennnesseln fiel oder Benjamin Blümchen von Stuttgart bis Salzburg aus dem Kassettenrekorder sein „Törööööh" röhrte.

Später war sie Konfirmandin bei mir. Sie hat keinen besonderen Konfirmandenunterricht erlebt. Sie hätte es besser (aber auch schlechter) treffen können.

Aber eingesegnet habe ich sie mit ganzem Herzen. Wie viele Jahre schon vergangen sind! Jahre, in denen der Geschichtensack immer schwerer wurde.

Auf Intensivstation bin ich abgeschnitten vom Leben und doch eigenartig wieder hineingeführt in das, was ich schon alles gelebt habe. Wenn es nur nicht immer so durcheinander ginge!

Mein Asthma

Wie gut,
dass ich nicht atmen kann:
Du wirst mich fangen können,
wenn ich weglaufe.

Wie schlimm,
dass ich nicht atmen kann:
Ich werde dich nicht fangen können,
wenn du wegläufst.

Krankenhäuser

Eine Zeit lang haben wir die Krankenhäuser gezählt, die wir als neue Familie aufgesucht haben. Zuerst einige in Stuttgart, dann in Bayern und Reutlingen, aber auch Saarbrücken, Tübingen, Davos, Esslingen und Mainz oder Berlin.

Als der Dalai Lama in Berlin am Brandenburger Tor vor Tausenden von Menschen sprach, habe ich mich an einem Strauch verletzt. Ein kleiner Ast, der aus einem Zaun ragte, stach in meinen Unterschenkel und riss meine Pergamenthaut auf. Ich musste genäht werden und suchte einen Sanitäter auf. Ein Polizist, dem ich das erklärte, geleitete mich zu einem Notarzt. Dem war meine Problemhaut zu heikel, um sie einfach im Notarztwagen zu nähen. Der Weg zur Charité war nicht weit. Dort konnte ich besser versorgt werden. Bis dahin war aber ein großes Polizeiaufgebot, das niemanden durchließ. Als der Dalai Lama seine Rede beendete und von einigen Prominenten und vielen Polizisten durchs Brandenburger Tor begleitet wurde, ging ich in wenigen Metern Abstand, von einem jungen Polizisten begleitet, ebenfalls durchs Brandenburger Tor. Von dort war es nicht mehr weit in die Klinik. Dort wurde ich gut versorgt und konnte sogar abends mit meinem Neffen Matthias ins Kabarett gehen. Wer ist schon mal vom Dalai Lama durchs Brandenburger Tor begleitet worden? Auch das war ein historischer Moment in meinem Leben.

Es war mein zweiter Charité-Besuch. Der erste war im Rahmen einer Jugendreise durch Polen. Ich hatte mir eine Blutvergiftung geholt und wurde von einer herben Chirurgin versorgt. Immerhin hat mein Onkel auch einmal in der Charité gearbeitet. Und hat nicht der Sauerbruch dort geforscht und gewirkt? Die Charité gehört auf jeden Fall in die Liste, wenn man die Krankenhäuser schon zählt.

Es gehören aber auch die anderen Krankenhäuser dazu: Schwäbisch Hall und Saarbrücken, wenn Sigrid sich auf einem Trauerseminar den Ellbogen verletzt und ich einspringen muss, die Stuttgarter Kliniken, wenn Juliana z.B. nach einem Kopfsprung im Schwimmbad sich fürchterlich erbricht, oder die Kinderklinik in Waiblingen, wo wir um die Gesundheit von Simon mit großem Herzklopfen gebangt haben.

Zwischentext: Für einen meiner Lehrer

Großer Mann in einem kleinen Leib.
Ich denke an dich
in aller Wärme und Freundschaft.
In großem Respekt.
Als ich noch unreif war
und du schon ein erwachsener Mann,
hast du mich bestätigt.
Bestätigt gegen alle Moralvorstellungen
kleinlicher Menschen in Kirche und Gesellschaft.
Ich habe mich verstanden gefühlt
und auch ein bisschen erkannt.
Ja, ich darf sein, wie ich sein kann.
Keiner muss es mir erlauben.

*Keiner ist besser, größer, klüger.
Höchstens auch klug
und auch gut
und auch groß.
Wir wollen alle geliebt werden.
Wir sind so liebenswert
mit den Tränen in unseren Augen
und der Sehnsucht nach Liebe.
Du hast mich begleitet
auf den Wegen in die Vergangenheit.
Du bist mit mir in eine Höhle gestiegen
und hast mir die Angst genommen.
Deine Stimme war da.
Dein Trost.
Ich darf ängstlich sein.
Ich darf meine Wut zum Himmel schreien,
und wenn es vom höchsten Punkt der Erde ist.
Denn ich habe Grund,
wütend zu sein,
wütend
auf all diese Moraliker,
diese Betrüger,
die mir mit hohlen Worten
das Heil versprechen,
den Frieden,
den großen Schalom Gottes.
Was wissen sie schon!
Haben sie selbst die Liebe etwa erfahren?
Oder nur die Rollenspiele,
in denen sie sich ihre Befriedigung holen?
Kennt ihr überhaupt
die grünen Augen der Ehrlichkeit,
die weiche Haut der Versöhnung,
das Orakel über eurem Leben?*

Mein Orakel heißt:
Es ist genug da.
Es wird mir langen.
Mein ganzes Leben lang.
Dort am goldenen Strand von Mikis Theodorakis
habe ich in meinem Orakel gelesen.
Es wird gut sein.
Was da ist, wird reichen
für mich und die anderen.

Ikaria ist auf der ganzen Welt

Wenn dir die Welt zum Land der Kindheit wird, wenn sie sich so aufmacht, dass du dich zuhause fühlst, dann wirst du heimkommen und überall zuhause sein. Überall, wo es Steine gibt und Wasser, Gras und den Himmel, Licht und Nacht. Zuhause sein. Welche Sehnsucht! Welches Geschenk! Heimkommen heißt: Überall zuhause zu sein. Es ist die große Mutter Erde, die uns alle gemeinsam trägt. Auf ihr sind wir verbunden. Menschheit im 21. Jahrhundert. Wir atmen dieselbe Luft und teilen die Ressourcen. Ein erhebender Gedanke. Ich bin krank, aber ich lebe.

Ikaria ist eine kleine griechische Insel. Wir konnten im Herbst 1991 und im Herbst 1995 mit einer Gruppe von etwa fünfundzwanzig Frauen und Männern die Insel besuchen. Der Sage nach sollen Dädalos und Ikaros dort in der Nähe geflogen sein. Sie hatten sich Flügel aus Federn und Wachs gebaut, um von Kreta zu fliehen. Der Rat des Vaters an den Sohn war: „Flieg' nicht zu hoch; die Sonne könnte das Wachs deiner Flügel erweichen!" Und: „Flieg' nicht zu tief; das Wasser könnte die Federn deiner Flügel nass machen!"

Ikaros, als junger Mensch, wagte begeistert den Höhenflug und stürzte ins Meer. Er fand bei Ikaria den Tod. Sein Vater hat ihn auf der Insel betrauert. Seine Trauer schwingt bis heute auf der Insel.

Jorgos Canacakis, der uns den Aufenthalt dort ermöglicht hat, hat uns von dieser Geschichte erzählt. Später hat dort am Strand Mikis Theodorakis im Exil einige seiner Lieder geschrieben. Die Trauer seines Exils schwingt mit der Trauer des Dädalos. Das Meer und der Wind erzählen noch davon. Hier das Lied von Theodorakis:

Στο περιγιαλι το κρυφο& (Sto perijali to krifo)

Entsagung

An dem versteckten Strand, so weiß wie eine Taube,
bekamen wir Durst am Mittag, doch das Wasser war fade (salzig).

Auf den goldenen Strand schrieben wir ihre Namen;
wie schön wehte die Brise, und die Schrift erlosch.

Mit welchem Mut, mit welcher Kraft, mit welchen Wünschen
und Leidenschaften begannen wir unser Leben; Fehler!
Und wir änderten das Leben.

Ikaria hat mit seinem Meer und seinen Steinen meine Trauer berührt und ins Fließen gebracht. Es fällt uns wie dem Ikaros oft schwer, die richtige Höhe zu finden, ohne dass nasse Flügel oder weiches Wachs uns zum Absturz bringen. Das hat mich auf Ikaria immer wieder zum Nachdenken und Nachspüren gebracht.

Am Strand von Ikaria haben wir unsere Zukunft gestaltet. Mit dem Sand und allem, was wir dort finden sollten, haben wir zuerst unsere Grenzen gebaut und dann symbolisch Bilder unserer Zukunft hergestellt. Es war ein wichtiger innerer Prozess, der so ganz spielerisch in Gang kam. Wir nannten unsere „Werke" dann Orakel, passend zur Geschichte und Mythologie Griechenlands. Ich fühlte mich getröstet von meinem Orakel, weil es so schlicht war. Zum Abschied sagten wir uns: „Ikaria ist auf der ganzen Welt." Welcher Trost! Es liegt an uns, ihn anzunehmen.

Sandorakel

vom sand
berieselt

und dann
in ihm vergraben
habe
ich
meine grenzen gespürt
froh
berührt
umhüllt

im selben sand
schöpferisch
gebaut
meinen lebensweg
vom jetzt
ins morgen
und danach

zusammengetragen
was da war
spürte ich schnell
es war genug

fragend
was mir
das wenige
schenken wird
höre ich
die antwort
des sandes
auf dem klein
begrenzten
platz meines lebens:

es bringt
dir genug

der platz
wird dir reichen
und es braucht
nichts dazu

staunend
nehme ich wahr
umsonst sammle
ich
schmuck
farben
und orte

im sand
entdeckt
begrenzt von mir
war
viel farbe
viel schmuck
und
viel platz

Mein Misstrauen

Manchmal habe ich das Gefühl, Sigrids Mutter flüstert mit ihr. Es kommt bei mir so an, als ob es Geheimnisse gibt, die ich nicht wissen soll. Geheimnisse über meinen Gesundheitszustand. Sie sieht mich auch immer so seltsam beobachtend an. Ob er jetzt gleich tot umfällt? Ich weiß, dass ich das interpretiere. Aber ich bin jetzt so empfindlich. Dann sagt mir Sigrid aber auch, dass sie sich Sorgen macht um mein Bein. Es tut so weh. Ich kann nachts nicht liegen und hänge beide Beine zum Bett heraus. Sie sind danach ganz angeschwollen. Als ob sie bald platzen. Meine Abwehrkraft ist gerade so unterdrückt durch die hohe Cortisondosis, die ich nur langsam reduzieren darf. Dann sind da noch die Keime in der Wunde am Fuß, die gegen die meisten Antibiotika resistent sind. Aber was soll ich machen? Ich mache mir auch Sorgen. Nur was kann ich tun? Ich kann nicht mehr, als den fachmännischen, sterilen Verbandswechsel zweimal in der Woche durchführen zu lassen.

Sigrid hat sich auch erkundigt, wie es rechtlich steht, wenn ich noch mehr Pflege bedarf. Ich bin aber so zuversichtlich, dass es jetzt einfach wieder langsam besser wird. Es beschwert mich, dass sie sich für die schlimmsten Fälle vorbereitet und sie im Sinne einer „Self fulfilling prophecy" herholt, wie ich das empfinde. Ich weiß auch noch von meiner Arbeit im Pflegeheim, dass viele der älteren Menschen misstrauisch geworden sind. Sie fürchten, dass man sie abschiebt, ihnen nicht die Wahrheit sagt, und sie nur noch zur Last werden. Es geht mir gerade auch so, und ich kann nicht sortieren, was davon real ist und was ich nur projiziere.
Sigrid ist so belastet durch mich. Ich kann ihr gar nicht helfen. Die Situation ist so sensibel. Wissen alle anderen mehr als ich? Wissen sie, dass ich nicht mehr arbeiten kann, dass es jetzt nur noch bergab geht? Will man mich nur schonen und mit der Wahrheit hinterm Berg bleiben?

Intimität und Würde

Wenn ich aus der Klinik komme, sage ich manchmal zu Sigrid: „Ich fühle mich wie ein Gefangener, der entlassen wird." Es hat auch etwas davon. Von der Klinik in den Alltag ist eine große Umstellung. Der Unmündige muss wieder mündig werden. Es ist gar nicht so einfach, plötzlich wieder eigene Entscheidungen zu treffen oder auch dem Tag seine Struktur zu geben und in Beziehung zur Familie zu sein. Nicht umsonst spricht man in den Sozialwissenschaften von den „totalen Institutionen" bei Gefängnissen, Altenheimen oder Krankenhäusern.

Patient zu werden heißt auch, ein Stück Würde zu verlieren. Schon das Ausziehen vor den Ärzten und Pflegern und Schwestern hat etwas Entwürdigendes, auch wenn es natürlich sein muss. Aber mit den Kleidern legt man auch seine Würde ab. Ein Patient schlüpft in eine eigenartige Rolle. Du bekommst das Essen gebracht, man macht an deinem Leib rum, manchmal musst du gewaschen oder gefüttert werden. Ein gutes Stück Selbstständigkeit, die zur Würde gehört, geht verloren. Du hast dich einzuordnen in das jeweilige System und den jeweiligen Tagesablauf. Oft wird man sehr früh geweckt, es ist hektisch, aus dem Schlaf heraus geht es in die Routine des Krankenhausalltags. Dafür gibt es sehr früh das Abendessen, und der Abend kann sehr lang werden.

Meine Zimmernachbarn sehe ich nackt, in Unterwäsche, in den Flügelhemden. Ich sehe sie auf dem Nachtstuhl, beim Gewaschenwerden, beim Essen. Ich höre ihr Schnarchen, ihr Räuspern, Husten und Spucken. Manchmal überlege ich mir, wie es der Königin von England wohl ginge, wenn sie alle diese Geräusche, Gerüche und Ansichten wahrnehmen müsste. Das lenkt mich ab. Die Königin gibt mir oft Stoff zum Träumen und Schmunzeln.

Als ich auf der Intensivstation sehr verkabelt war, konnte ich nicht aufstehen. Ich lag und lag und wurde von jungen Frauen gewaschen. Ich konnte auch nicht auf die Toilette gehen. Man brachte mich auf einen Nachtstuhl, wofür ich von einigen Geräten abgestöpselt wurde. Da saß ich dann mit dem Flügelhemd des Krankenhauses und sonst ganz nackt. Einmal ging auf dem Flur eine Besucherin vorbei, die mich wohl kannte. Sie grüßte mich mit meinem Namen. Ich habe daran gedacht, wie ich mit dem Talar auf der Kanzel stehe und jetzt nackt auf dem Nachtstuhl sitze. Welcher Kontrast!

Einmal haben sie mich auf den Flur legen müssen, danach wurde ich in den Wintergarten verlegt. Da lag ich dann wie im Freien im Bett mit Urinflasche und allem, was zu einem Patientendasein gehört. Ich bin schon sehr schamlos geworden im Laufe der Jahre. „Den Luxus der Scham kann ich mir nicht mehr leisten", sagt in dem Buch von Gottfried Lutz eine behinderte Kollegin. So geht es mir auch. Auf dem Nachtstuhl dachte ich auch daran, wie die mittelalterlichen Könige sich auf dem „Thron der Toilette" mit ihren Gästen unterhielten. Patient sein, kann so gesehen auch etwas Königliches haben.

Wie mag es den zahllosen Patienten damit gehen? Menschen, die noch nicht so schamlos geworden sind?

In den schwäbischen Dörfern gab es eine „Leichenwäscherin". Sie hat die Verstorbenen gewaschen, bevor es die modernen Bestatter gab. Es ist schon lange her. Einer der Männer in so einem Dorf, der sehr schwer erkrankte, sagte zu ihr: „Marie, jetzt darfst du bald mein Spitzle sehen." Spitzle ist ein verniedlichender Ausdruck für das männliche Genital. Er drückte damit seinen nahen Tod, aber auch seine Scham aus. In diesem Satz kommt das zum Ausdruck, wie wir im Leiden und Sterben einen Teil unserer Würde ablegen werden.

Geh doch in den Ruhestand!

„Geh doch in den Ruhestand", sagt mir mein Freund. Wieso eigentlich? Ich weiß nicht, ob er mir damit etwas Gutes meint oder nicht. Mich beschäftigt dieses Wort. Schon ein paar Menschen haben mir das gesagt, und ich denke an störrische alte Männer, die nicht aufhören wollen. Bin ich auch so ein störrischer alter Mann geworden? Kann man mich nicht mehr brauchen? Mich, meine Kompetenz? Oder kann man mich nur stark und strotzend vor Gesundheit brauchen? Wer braucht mich überhaupt noch?

Ich denke daran, wie schön ich mir den Ruhestand einmal ausgemalt habe und wie ich mir ihn als die schönste Zeit des Lebens vorgestellt habe. Ich habe ihn mir vorgestellt unter der Voraussetzung, mich so zu fühlen, wie ich mich damals gefühlt habe.

Ich hatte Bilder von einem Ruhestand in Wien oder Berlin, Paris oder Rom. In Wien die Zeitung lesen, im „Café Sperl" mit seiner Geschichte einen Schwarzen trinken, in Berlin ins Theater und in den Dom gehen zu ganz modernen Stücken oder einer ganz konservativen Predigt, in Paris im rumänischen Restaurant neben dem Eiffelturm Mamaliga essen, mit den Kellnerinnen sprechen, und im Rodinmuseum träumen, und auf der Piazza Navone in Rom dem Jazzer zuhören, an einem der Brunnen oder dort in einem der Cafés, wenn mein Blutdruck gerade spinnt. Und ein Buch lesen, ein verrücktes. Oder einen historischen Roman. Es gäbe so schöne Seiten. Im Ruhestand. Endlos könnte ich vom Ruhestand träumen.

Aber diese Frage: „Wann hörst du endlich auf?", diese Frage beleidigt mich. Ich arbeite gerne. Was würde denn dann besser werden? Soll ich zuhause sitzen, ohne Herausforderungen, und darauf achten, wie sich mein Kranksein anfühlt?

Ich werde das Gefühl nicht los, dass hinter dieser Frage der Wunsch steht, mich nicht mehr ansehen müssen, meine Schwäche, meine Leiden. Weg damit! Aus meinen Augen!

Es sind gerade mal 70-80 Jahre her in unserem Land, da hat man das Leiden auch nicht ausgehalten. Weg damit! Und dieser alte Satz aus unserem Dorf fällt mir wieder ein: „Sie haben es ewig schön gehabt", diese getöteten, behinderten Menschen, vom Leiden Erlöste durch Mörderhand! Es wühlt sich in mir auf, dieses Gefühl, dass ich auch mit wohlwollenden Worten aus dem Blick gehen soll.

Dann denke ich an den kranken Papst Johannes Paul II. Sehr gezeichnet von seiner Krankheit hat er vor den Augen der Weltöffentlichkeit als kranker Mensch getan, was er noch tun konnte. Mit letzter Kraft. Ich war da auch gespalten zwischen Hochachtung und Mitleid. Ich habe auch Hochachtung vor dem Schritt des Papstes Benedikt XVI. Bei beiden haben die Kräfte nachgelassen. Jeder aber hatte seinen Grund, seine Beschwerden, seine eigene Krankheit bzw. seine eigene Weise, älter zu werden. Man kann gerade das nicht verallgemeinern.

Es hat der Welt gut getan, mit Johannes Paul zu sehen, wie seine Kraft in den Schwachen mächtig sein kann. Und es tut der Welt gut, zu sehen, wie einer Platz machen kann und seine Grenzen akzeptiert.

Jörg Zink hat das sehr sensibel ausgedrückt. Er schreibt: *„Wichtig ist, dass du nicht karg wirst. Viele brauchen deine Erfahrung und deinen Frieden und alles, was in dir an Trost und Hilfe wächst. Denn die Erde, die durch das Leiden des Christus erlöst wurde, braucht den Trost, der von den Trauernden ausgeht."*

Ich könnte mich gut beschäftigen im Ruhestand. Es gibt da für mich auch schöne realistische Bilder, die nicht nur den ewigen Urlaub bedeuten. Aber im Moment bin ich noch nicht soweit. Das ist nicht mein Wunsch. Ich möchte noch ein bisschen arbeiten, bei allem Ärger, der dazu gehört. Und ich möchte wie alle Menschen das Recht haben, dazwischen Zeiten zu leben, in denen ich nicht so gut funktioniere. Zeiten, in denen ich einfach ausfalle. Zeiten, in denen seine Kraft auch in mir neu mächtig wird. Weil beides zu uns gehört: das Schwache und das Starke.

Doktor werden

Heute lese ich in der Zeitung von einem Chefarzt, der in den Ruhestand geht. Ich war auch mal sein Patient. Ich erinnere mich an gute Gespräche mit ihm. Er mag Erdnüsse. Komisch, das fällt mir als erstes ein. Seit ich meine Doktorarbeit geschrieben habe, hat sich mein Verhältnis zu den Ärzten verändert. Viele von ihnen haben ja auch promoviert, obwohl ich feststelle, dass es inzwischen auch immer mehr Ärzte ohne diesen akademischen Grad gibt. Die Ansprüche sind auch gestiegen.
Seit Karl Theodor von und zu Guttenberg sowieso.

Die weißen Kittel und der akademische Grad haben schon eine große und hierarchische Distanz hergestellt. Inzwischen gehöre ich aber auch dazu. Ich bin froh über dieses Selbstbewusstsein, das mir da gewachsen ist.
Ich denke manchmal daran, wie ich „Doktor" wurde.

Es hatte mit Gittas Tod und meinem Volkskundestudium zu tun. Ursprünglich hatte ich vor, eine Magisterarbeit über die Kulturkonflikte der Aussiedlerfamilien aus Rumänien zu schreiben. Mit dem empirischen Teil, Interviews mit Aussiedlern, hatte ich schon begonnen. Den Fragebogen bin ich mit Prof. Ingeborg Weber-Kellermann, der großen Volkskundlerin in Marburg, durchgegangen. Es war auch eine jener seltenen Begegnungen, die ich gerne erinnere. Wir haben zusammen Tee getrunken, in ganz kleinen Tassen, und ohne Pause einander erzählt. Sie freute sich über mein Thema und hat es sehr unterstützt und mir Mut gemacht.
Gittas Tod hat aber auch das sehr durcheinander gebracht. Ich hatte plötzlich keinen Elan mehr für das Thema. Als Altenheimseelsorger, meiner neuen Aufgabe, hatte ich gerade begonnen, eine Sterbebegleitungsinitiative in einem Altenheim aufzubauen. Durch Gittas Tod kam ich zu Dr. Jorgos Canacakis, der mir mit seinem Trauermodell sehr geholfen hat. Bei ihm habe ich auch meine

Ausbildung zum Trauerberater gemacht und Sigrid kennen gelernt, meine allerbeste Frau.

Von Dr. Canacakis erfuhr ich, dass in den ländlichen Regionen Rumäniens noch vereinzelt die Toten von Klagefrauen beklagt wurden. In mir wuchs der Wunsch, darüber mehr zu erfahren. Ich suchte an der Universität von Timisoara, in der Stadt, wo meine Großeltern begraben sind, in der Bibliothek nach Fachliteratur. Rumänisch hatte ich ja schon ein bisschen gelernt. Weil ich dafür eine Erlaubnis brauchte, fiel mein Interesse dem damaligen Rektor der Universität, Professor Dr. Eugen Todoran, auf. Er war ein großer Literaturwissenschaftler, schon über siebzig Jahre alt. Im Gespräch mit ihm bot er mir an, zu dem Thema bei ihm zu promovieren. Es begann ein echtes Abenteuer mit zwei Rumänischprüfungen in Timisoara und Bukarest, vier mündlichen Prüfungen vor großen Kommissionen des Lehrköpers an der Universität Timisoara auf Rumänisch, einer schriftlichen Dissertation (die ich auf Deutsch schreiben und sie dann übersetzen lassen durfte), und schließlich dem Defendum. Vor dem Defendum starb Professor Todoran und ich fand in Bukarest den Universitätsprofessor für Volkskunde, Dr. Nicolae Constantinescu, der mich bis zum Abschluss der Promotion begleitete. Auch der Leiter des volkskundlichen Instituts in Bukarest und Senator im Parlament, Prof. Dr. Vasile Vetiseanu, hat mich sehr unterstützt und mir ermöglicht, auf einem Kongress von Volks- und Völkerkundlern in Moldawien zu referieren. Dort habe ich Dr. Gisela Suliteanu kennen gelernt und mit ihr ein zweisprachiges Buch veröffentlicht. Es war eine sehr kreative Zeit, und meine Entdeckungen in der rumänischen Volkskunde und Trauerkultur haben mich mehr und mehr fasziniert und auch meine Seelsorgearbeit inspiriert.

Jetzt bin ich schon ganz selbstverständlich „Doktor", obwohl ich ein schlechter Schüler war. Es hat mein Verhältnis zu Ärzten tatsächlich verändert. Nicht, dass es nur mein eigenes Selbstwertgefühl wäre, ich erlebe es so, dass ich in der Tat ernster genommen werde. Besonders von (manchen) Ärzten. So, als ob ein Stück dieser Hierarchie zwischen Arzt und Patient aufgehoben wäre.

Während ich meine Dissertation schrieb, entwickelte ich eine immer größer werdende Leidenschaft. Die Motive der rumänischen Volkskunde sind mir erst im Verlauf der Arbeit vertraut geworden. Ich habe mich auf die psychologische Bedeutung der rumänischen Totenklagen konzentriert. Oft habe ich in diesem Zusammenhang von einem verborgenen Schatz gesprochen, der verloren ging und jetzt wieder entdeckt wurde. In meiner Trauer kann ich das gut nachfühlen. In einem rituellen Trauergesang heißt es einmal im Original sehr poetisch, in der Übersetzung sinngemäß:

Oben bei der Himmelspforte
zur Rechten Gottes,
ist ein stiller Brunnen mit einem Stuhl zur Rast.
Bleib auch du und ruhe aus!
Und denke an die Eltern dabei.
Bleibe doch länger und ruhe dich aus!
Denke auch an deine Schwester!
Bleibe länger, ruhe aus
und denke an deinen Bruder dabei!
Lenuza sei nicht traurig,
dass dein Leben zu Ende ging,
denn auf dem Weg, den du gehen musst,
wartet ein stiller Brunnen auf dich!

Mich hat diese Aufforderung zum Verweilen sehr beeindruckt, dieses Zeit lassen für die Trauer. In der Erinnerung verbindet sich der trauernde Mensch noch einmal mit allen, zu denen ein Kontakt bestand, zu den vertrauten Menschen. Das tue ich auch, indem ich in den begrenzten Zeiten meiner Krankheit Gedankenreisen mache und symbolisch gesagt am Brunnen vor dem Paradies Rast mache. Wie gut, dass dort ein Stuhl steht! Wie gut, dass vor der Himmelspforte die Gelegenheit besteht, zurückzudenken, innezuhalten und dem ungelebten Leben einen neuen Raum zu geben. Und der Brunnen: Quelle neuer Kraft!

Der 15. Februar war nicht mein Todestag

In der Akupunktur hatte ich ganz tief geschlafen. Ich war ja auch schon lange wach. Um fünf war ich schon am Schreibtisch und habe die Andacht für das

Kirchengemeinderatswochenende vorbereitet. Ich wollte etwas zum Leib Christi sagen. Und dazu, dass Krankheit und Gesundheit nicht auf einzelne Glieder am Leibe zu begrenzen sind. Es geht um das Zusammenspiel. Und wenn eines leidet, wirkt es sich auf den Rest aus.
Ich fuhr ins Stadtzentrum. Es war kurz nach 11 Uhr. Die Gegend ist mir ganz vertraut.
Plötzlich spürte ich wieder diesen Schwindel vom Januar. Zum Glück war es etwas Harmloses: eine Störung am Gleichgewichtsorgan. Wird sicher gleich wieder vergehen.
Während ich das dachte, nahm der Schwindel zu. Immer mehr. Es drehte sich fürchterlich. Noch zwei kleine Kreuzungen, dann konnte ich parken und mich etwas auf den Sitz legen ... Aber wo war ich ...? Ich erkannte die Straßen nicht mehr, ich sah fast nichts mehr. Irgendwie noch um die Ecke und anhalten ...oh, ich sterbe, was ist denn das für ein Datum ... der 15. Februar? Der 15. Februar wird mein Todestag sein. Ein blödes Datum zum Sterben. Und ich werde Simon nicht mehr sehen, werde Sigrid nicht mehr sehen ...sie werden mich tot am Steuer finden. Woran sterbe ich eigentlich? ... ich werde es nicht erfahren ... ach, so fühlt sich das Sterben an? Wie mächtig! So eine Gewalt in mir – ich kann nichts mehr tun, mich nicht wehren, es geschieht ... Ich bremse, ziehe die Handbremse an und drehe den Zündschlüssel um ...

Mein Leib beschleunigt immer mehr, und es wird geschehen, geschehen, ich staune und durchbreche die Schallmauer. In meinem Kopf zerbricht ein Ast, ein Knall, mein Kopf bricht. Ich bin tot.

Aber der 15. Februar wurde nicht mein Todestag. Gerade habe ich unserem Sohn vom Fenster aus nachgewunken. Er hat einen kranken Vater. Es war nur ein generalisierter Krampfanfall, wie es im Arztbrief heißt. Ausgelöst von diesem Medikamentencocktail der letzten Zeit. Vielleicht.

Die alten Männer Rumäniens

In den siebziger Jahren – ich war gerade neunzehn Jahre alt, den nagelneuen Führerschein in der Tasche – bin ich ihnen mehrfach begegnet: diesen alten

Männern Rumäniens. Sie arbeiteten außerhalb der Dörfer auf den riesigen Feldern. Sie hüteten am Wegrand eine Kuh oder ein Schaf, saßen auf der Bank vorm Haus oder gingen weite Wege, um kleine Dinge zu erledigen.

Es waren besondere Menschen. Ganz eigen wach und aufrichtig. So karg empfand ich ihr Leben! Aber so lebendig interessiert waren sie!

Einem von ihnen bin ich in den Hügeln von Ciclova begegnet, wo vor dem Kriege das bekannte Bier gebraut wurde. Er hatte einen riesigen Schurz um, den obligatorischen Schlapphut auf dem Kopf, seinen (!) Hut, das mit ihm alt gewordene Hemd mit aufgekrempelten Ärmeln, enge Hosen aus Schafsfell und diese Schuhe!!

Er trug noch die alten Opanken, diese absatzlosen Sandalen aus Leder, mit aufgebogener Spitze um den Fuß genestelt. Sein braunes, faltiges Gesicht hatte den Stoppelbart jener Männer, die mit einer Klinge durchs Jahr kommen. Und seine freundlichen, offenen Augen wussten von lang Vergangenem. Er grüßte, weil man sich dort gerne trifft. Und er lachte und freute sich des Tages und der Begegnung. Ich konnte damals noch nicht mit ihm sprechen in seiner Sprache. Aber zur Freude braucht man die gesagten Wörter ja auch nicht. Es war nur eine kurze Begegnung, fast ohne Worte, und doch ein Erlebnis, an das ich gerne noch denke.
Ein anderer kam auf der Landstraße des Weges, als ich gerade aus dem Kanister den Tank nachfüllte. Mit Stoppelbart, dem Schlapphut und dem Schurz. Er trug seine Opanken schon aus zerschnittenen alten Autoreifen ohne Profil. Die Leute waren ja arm geworden. Er hielt an: „De unde veniti (woher kommt ihr)?", fragte er. Und: „Unde mergeti (wohin geht ihr)?" Ich werde die zwei Fragen nie vergessen. Er gab mir ein Stück Käse vom Schaf, Brot und eine Tomate aus einem kleinen Wanderbeutel. Es war egal, woher ich kam und wohin ich ging. Ich war ihm willkommen, der Fremde am Weg. Der Gast in seinem Land.

Ich mochte diesen Käse damals nicht. Aber ich habe viele von diesen stoppelbärtigen Gesichtern jenen Käse essen sehen. Und wenn du sie essen siehst, mit dieser Freude und dieser Lust, dann merkst du: Es ist nicht nur der Geschmack beim Essen. Ich esse ihn gerne inzwischen, den Käse vom Schaf mit Tomaten und Schoten von der Paprika. Dabei habe ich die Gesichter dieser Männer vor Augen und im Herzen, die nur zwei Fragen brauchen und eine Klinge pro Jahr.

Vom Geschmack der Erinnerung

Franks Familie hatte ein Landhaus in der Normandie, wo wir die Wochenenden verbrachten. Es war nicht weit vom Feriensitz Brigitte Bardots, im Norden, nahe der See. Als Austauschschüler waren wir gerne dort. Die Leute hatten oft Gäste, und ich denke noch an die langen Mittagstafeln, an denen wir ausgiebig miteinander gegessen haben. „Die Franzosen verstehen zu leben", sagte Bernd, mein Klassenkamerad, immer wieder. Ich war mir nicht sicher, ob gut essen auch schon gut leben hieß. Aber es war ja auch nicht nur das Essen. Da war das geschwätzige Mahl, die Aufmerksamkeit für die kleinen Dinge, das Genießen des gemeinsam Dargebrachten. Ich habe zum ersten Mal dort den „Bordeaux" getrunken, von dem ich wusste, dass Rasputin, der legendäre Wunderheiler am Zarenhof in St. Petersburg, ihn mengenweise getrunken hat.

Ich stand nicht so auf Wein als junger Kerl, aber dieser frohen Runde entsprach er ganz. Irgendwie spürte ich: Es ist nicht der Geschmack, um den es geht. Es war alles miteinander: die zärtlichen, fast heimlichen Berührungen der jungen Pärchen, die seriöse Konversation der Damen und Herren über Geschäfte und Pläne und Ideen, die aufmerksame Elsässerin, die schweigend servierte und ihre eigene Geschichte hatte, der offene Kamin, die Kuh hinterm Zaun, der Schimmelkäse und die Gedanken an Brigitte Bardot.

Die Woche über lebten wir in Le Havre. Franks Vater hatte dort an den Felsen ein sagenhaftes Haus konstruiert, hoch oben über der Stadt. Wir lagen dort manchmal im halboffenen Zimmer auf dem Bauch. Die Glaswand in die Mauer versenkt. Unten lag der Hafen mit seinen Schiffen und dem vielen Hupen, das wir wie von weit her hörten. Und dazu sang Bob Dylan vom Tonband:

"I once loved a girl, her skin it was bronze
With the innocence of a lamb, she was gentle like a fawn
I courted her proudly but now she is gone

Gone as the season she's taken ..."

Wir hatten damals alle unsere Träume von diesem "Girl" und ihrer "Skin". Und sie war fern wie Brigitte Bardot.

Seitdem sind viele Jahre vergangen. Bei unserem Partnertreffen in Jena hatte ich zwei Schülerinnen getroffen, die gleich nach der Öffnung der innerdeutschen Grenze einen Besuch bei mir machten. Ich wurde zu einer kleinen Durchreisestation für sie auf ihren Reisen durch die europäischen Länder. Ganz überraschend standen sie manchmal vor der Tür mit ihren Rucksäcken, wuschen ihre Reisewäsche bei mir und machten Pause. Mich hat das an meine Reisen von damals erinnert, und ich habe ihnen natürlich erzählt, wie es war, als ich in ihrem Alter war. Wir tranken zwischendurch auch den Bordeaux miteinander. „Es kommt nicht darauf an, wie er schmeckt", war immer meine Rede, „vielmehr, woran man sich erinnern wird und was man damit verbindet."

Und ich trinke den Bordeaux mit Gedanken an Gorgonzola und Brigitte Bardot, an den Hafen in Le Havre und Marseille, und an die Stimme Bob Dylans, an die Träume, das Glück und den Abschied.

Immer wenn sie wiederkommen, meine lieben Freundinnen auf ihren Reisen, trinken wir Bordeaux, nicht nur weil er schmeckt.

Zu den alten Erinnerungen vom Landhaus in der Normandie, wo die jungen Leute sich zärtlich berühren und die Alten wichtig diskutieren, kommen ganz neue dazu. Ich erzähle beim Bordeaux von Rasputin, von den Gassen Le Havres und den Wiesen vorm Meer, vom Mond und den alten Träumen. Und manchmal singt dazu Bob Dylan:

„Come mothers and fathers throughout the land don't criticize what you can't understand ... As the present now will later be past the order is rapidly fadin' and the first one now will later be last for the times they are a-changin'."

Und der Geschmack ist immer derselbe.

29. Juni 2013

Dieses Jahr ist mein schwerstes Jahr. Ein Leidensjahr. Seit fünf Monaten bin ich jetzt nicht mehr im Dienst. Ich freue mich darauf, im Juli wieder zu arbeiten. Die Erntebittstunde mit den Bauernfamilien soll mein erster Dienst werden. Aber ich bekomme Fieber. Was tun?
Zwei Blutvergiftungen liegen hinter mir, die Operation im Februar, die Reha, die offenen Wunden an den Beinen und die schrecklichen Schmerzen! Wo sitzt der Entzündungsherd? Sind es die Wunden, die Lymphocele, der neu gebrochene Brustwirbel?

Sigrid lässt mich das Krankenhaus wählen, in das sie mich bringen wird. Ich will in kein Krankenhaus. Die ganze Maschinerie wird von vorne losgehen. Ich werde wütend. Ich bin verzweifelt. Ich kann nicht gegen Sigrids Willen zuhause bleiben. Sie spricht ernst mit mir. Mein Zustand kann lebensbedrohlich werden bei diesem vom Cortison geschwächten Immunsystem und den Keimen, die z.T. gegen die Antibiotika resistent sind.

Ich wähle Reutlingen, ein Stück Heimat, ein Stück Zuhause und Geborgenheit. Stadt mit wichtigen Erinnerungen. Aber ich bin so wütend. Ich habe keine Kraft, mich in Sigrid zu versetzen. Ich habe für mich keine Kraft. Ich bin wütend auf eine unsichtbare Gestalt. Auf die schuldige Gestalt, die ich nicht kenne, nicht finde. Ich bin so wütend und weiß nicht, wohin mit dieser Wut. Sigrid weint. Sie fragt, was ich ihr vorwerfe. Ich weiß es selbst nicht.

Im Krankenhaus beginnt die Prozedur:
Formulare, Wahlleistungen, Blutentnahme, EKG, Urinprobe, Blutdruck, die ganze Krankengeschichte. Das Fieber ist schon weg ... Ich komme auf Station 6, wie kürzlich erst. Wir kommen auf der Station an, und ich habe das Gefühl, heimzukommen. Ich überlege mir, ob ich mich wohl zuhause im Pfarrhaus oder hier in der Klinik gerade mehr heimisch fühle.
Eine Antibiose wird angehängt und Kochsalz. Ich habe seit acht Stunden nichts mehr getrunken.
Zuhause zum Abschied eine Umarmung mit Simon. „Ich hoffe, dich bald wieder zu sehen." Ich bin so traurig. So wenig habe ich ihn gesehen in diesen letzten Monaten. Es fühlt sich so leer an.

Ich möchte nicht schon wieder diesen Kraftaufwand aufbringen müssen: Hoffnung schöpfen, an die Zukunft glauben, an ein Leben ohne Schmerzen glauben und hoffen, an schöne Tage glauben, auf bessere Zeiten warten. Wird es das alles für mich überhaupt noch geben? Ich bin doch so kraftlos.

Ich sehe Sigrid von der Seite an, als sie mich fährt. Sie sieht erschöpft aus und müde und traurig. Vielleicht hat sie dasselbe in sich, diese Leere und Hoffnungslosigkeit und diesen Kraftmangel. Partner stehen sich bei. Partner helfen sich. Wir sind zwei hilflose Partner gerade. „Der, der gerade mehr Kraft hat, muss dem anderen helfen", hat mir mal mein Analytiker in einer anderen Situation gesagt. Aber was, wenn beiden die Kraft ausgeht?

Irgendwann dreht sich alles. Ich spüre, dass ich einfach nicht mehr kann. Danke, Sigrid, dass du mich in die Klinik bringst. Irgendwie wächst auch dieses Gefühl wieder. Sie ist eine gute Frau.

Mein Zimmernachbar wird seinen Zeh verlieren. Er leidet an Diabetes und hat einige Krankheitsfolgen zu verkraften. Er bekommt Besuch von seiner Frau und später von der Geliebten. Ich bin gerade sehr dünnhäutig und ertrage das Obszöne im Zimmer sehr schwer.

Die Schmerzen sind groß. Ich kann nicht schlafen. Ich drehe mich und hüpfe im Bett umher. Meine Morphintherapie wird erhöht. Der Urologe erkennt mich und punktiert gleich meinen Bauchraum, um Flüssigkeit aus der Lymphocele zu holen. Sie wird auf Keime untersucht werden. Ein vollkommen überflüssiger Akt, der mir weh tut. Aber ich kann mich gerade nicht wehren.

Ich möchte ins Bett, nur liegen, Ruhe haben. Es gibt nichts, was mir gerade helfen könnte. Nichts, was ich mir richtig wünschen könnte.
Die Ärzte sind sehr nett. Die Schwestern auch.

Wir müssen klären und uns einigen, worauf wir die Behandlung jetzt fokussieren. Auf jeden Fall auf die Keime und die Wunden. Es ist wohl das Sinnvollste. Aber es gibt dafür kein Rezept, von dem man sagen könnte: Für genau diese

Symptomatik müssen wir dieses spezifische Medikament oder diese bestimmte Wundbehandlung einsetzen. Alles bleibt zunächst Versuch. Der Arzt klärt mich gut auf. Ich verstehe das Dilemma, wenn auch nicht in allen Details. Ich spüre aber seine redliche Bemühung, auch seine Kompetenz und bin ihm dankbar, dass er mich mit auf den Weg nimmt und mir nichts aufoktroyiert.

Jetzt habe ich sie! Ich bekomme die Maden in die rechte Wunde. Darauf einigen wir uns. Sie kommen aus Norddeutschland. Es sind kleine Tiere, sehr kleine mit einem dunklen Punkt am Kopf. Ich sehe sie an. Sie sind in eine Art Teebeutel verpackt. Zwei dieser Beutel legen sie mir auf die Wunde und verbinden dann alles. Ich erinnere mich an die Mehlwürmer, mit denen wir in meiner Kindheit verletzte Vögel hochgepäppelt haben. Eigentlich sind sie schon sehr eklig. Und sie sind wuselig. Ich versuche mir ihre Seelenlage vorzustellen. Haben sie Hunger? Freuen sie sich auf meine Wunde? Was haben sie auf dem Transport empfunden? Manche kommen auch aus England. Was für ein Aufwand!

Nun habe ich sie unter der Haut, eine Nacht schon. Ich spüre sie. Sie sind sehr aktiv. Und ich stelle mir vor, dass das, was ich spüre, ihre Zähne sind, mit denen sie ununterbrochen in sich hineinfressen. Mir fallen Walt Disney Filme ein. Maden werden da immer sehr gefräßig und glücklich dargestellt. Und so habe ich das Bild vor mir, die ganze Nacht, wie sie sich glücklich fressen und strahlen vor Freude. Tanz der Maden stelle ich mir vor.

Die Schwestern müssen ihnen zu trinken geben. In jeder Schicht einmal. Sie tropfen dann Kochsalzlösung auf den Verband. Es darf nicht zu viel sein, dass sie nicht ertrinken. Sie werden sich dick fressen in dieser Woche mit meinem „Fleisch und Blut". Und wenn sie dann groß genug sind, haben sie ihren Dienst getan und werden entfernt. Sie landen schlicht im Müll. Was für ein Dasein!

Der Chirurg bringt noch einmal das Thema Autoimmunkrankheit ins Gespräch. Meine Wunden deuten ja für manche Ärzte auch darauf hin. Mir kommt noch einmal die ganze Geschichte mit der Hautklinik hoch, in der ich so abfällig behandelt wurde. Es war vor wenigen Jahren, als ich mich mit ähnlichen Verletzungen wie jetzt in einer Hautklinik vorgestellt habe. Der Arzt in der Ambulanz holte den Oberarzt hinzu, der mich kaum beachtet hat. Ich stand fast nackt vor seinen Augen. Nach einer kurzen Untersuchung stellte er die Diagnose: „Verdacht auf Vaskulitis". Und er sagte, ohne etwas mit mir zu besprechen, zu seinem Kollegen: „Den sollten wir kasernieren."

Es hat mich verletzt, dass er nicht direkt mit mir gesprochen hat. Ich fragte dann den jüngeren Arzt, was der Oberarzt meinte. Der erklärte mir, dass Vaskulitis eine Autoimmunkrankheit ist, ähnlich wie Rheuma, bei der der Körper sich gegen sich selbst richtet. Man könnte stationär den Versuch mit hochdosiertem Cortison und einer Art von Chemotherapie machen. Das Ganze vor allem, um das Immunsystem zu unterdrücken. Das wollte ich aber nicht. Ich stand mit dieser Diagnose ganz alleine da. Wie gut, dass ich eine wunderbare Hausärztin habe, die mit dem Oberarzt telefonierte. Leider war er nicht bereit zu einer Besprechung meines Falls und legte ihr den Hörer auf. Traurig, dass es das auch gibt.

Später fand ich in Stuttgart einen Professor, der sich intensiv mit Vaskulitis beschäftigt. Er ging ein gutes Stück Wegs mit mir und die Wunde konnte heilen, ohne mehr Cortison und ohne Chemotherapie. Als diese Diagnose wieder ins Gespräch kam, kam mir das alles noch einmal hoch. Ich hoffe, dass ich um diese Vaskulitis-Versuche herumkomme. Aber der Chefarzt wird nur tun, was ich mittrage. Darüber bin ich sehr froh.

Zurzeit ist Wahlkampf in Deutschland. In einer Fernsehveranstaltung musste der Kanzlerkandidat Peer Steinbrück öffentlich weinen. Das hat viele überrascht. Das hat man ihm nicht zugetraut. Mir ging es auch nahe. Weinende Menschen machen uns ja weich. Er weinte, weil seine Frau in seiner Gegenwart öffentlich etwas über die Beziehung und ihre Solidarität mit ihrem Mann gesagt hat. Ich weiß gar nicht mehr, was sie gesagt hat. Es war jedenfalls etwas sehr Menschliches und Warmes, indem sie auch Verletzungen ansprach. Später, als er gefragt wurde, ob seine Tränen ihm jetzt im Nachhinein peinlich seien, hat er verneint. Er hat kurz ausgeführt, wie ihn seine Frau einfach gerührt habe.

Mir ging es heute auch so. Sigrid hat mich sehr berührt. Als sie in die Klinik kam mit dem Scrabble in der Tasche, habe ich ihr erzählt, dass die Autoimmunkrankheit wieder im Raum steht. Der Chefarzt war noch in der Nähe, und so kam es zu einem Gespräch zwischen ihm und Sigrid und mir. Sie sagte ihm, dass ich von meinem Allgemeinzustand her eine Narkose und belastende Therapien nur schwer schaffen könnte. Dieser Hinweis auf meinen Allgemeinzustand hat bei mir so ins Schwarze getroffen! Ich habe mich so verstanden gefühlt! Tränen kamen in meine Augen, und ich sah auch, dass das bei dem Arzt ankam. Sigrid hat mich sehr berührt. Es macht mich so froh, dass ich da jetzt nicht alleine bin. Ich weiß nicht, wie das sonst wäre, und mit wem ich mich so vertraut beraten könnte. In den letzten Jahren habe ich einen echten Substanzverlust erlitten. Ich erhole mich nicht mehr. Ich bin immer müde, schlapp, langsam. Mein Geist geht noch am schnellsten. Natürlich gibt es auch leichte Zeiten, im Schwimmbad (wie ich mich danach sehne!) zum Beispiel und gute Tage zuhause. Aber insgesamt habe ich Substanz verloren. Ich habe abgebaut.
Wir spielen miteinander Scrabble. Sigrid ist eine sehr gute Spielerin. Jeder gewinnt ein Spiel.
Wenn ich von meinem Bett aus dem Fenster schaue, sehe ich die Marienkirche und das Stadtzentrum von Reutlingen. Dort am Stadttor haben wir einmal gewohnt. Das Panorama öffnet sich fast bis Tübingen. Abends ist die Marienkirche beleuchtet. Zusammen mit den anderen Lichtern der Stadt und den Autos ergibt das ein sehr romantisches Bild. Hier habe ich einmal gelebt. Es war eine lange, schöne Zeit. Zusammen mit Tübingen eine intensive Zeit in meinem Leben. Eine Zeit des Lachens und des Trauerns. Hier bin ich wohl am meisten Zuhause. Hier wurde ich geprägt. Hier habe ich auch die Stadt mitgeprägt und meine Spuren hinterlassen.

Auf dem Turm der Marienkirche habe ich mit einer Jugendgruppe und mit Sigrid unser erstes gemeinsames Silvester gefeiert. In der Marienkirche habe ich Kinder getauft, Andachten gehalten, Paare getraut und gepredigt. Bei einer Andacht habe ich über Steine gesprochen. Es war eine gute Predigt. Es ging um den Stein, mit dem Goliath von David getötet wurde, aber auch um den Stein, den schließlich keiner mehr warf und um den Stein, der vom Grab Jesu gewälzt wurde. Dort im Zentrum habe ich einmal auf einer Bank geschlafen. Es war eine Bank auf dem Marktplatz, gleich um die Ecke von unserer Wohnung. Die Sommernacht war warm, und ich sah den Menschen zu, bis ich mich in den Schlaf fallen ließ. In der Morgendämmerung ging ich nachhause. Ich habe mich in dieser Stadt wirklich sehr zuhause gefühlt. Fast schamlos zuhause.

Hier habe ich die meisten Menschen beerdigt. Bestimmt vierhundert. Die Friedhöfe der Stadt sind gute Orte. Der Name Friedhof passt zu ihnen, obwohl sie grundverschieden sind. Mit all meinen Gefühlen bin ich hinter den Särgen gegangen. Bei vielen habe ich ein bisschen mit geweint und dabei meine Trauer mit ausgedrückt. Mit jeder Beerdigung habe ich selber mit Abschied genommen von meinen ungelebten Möglichkeiten.

Wenn ich hier auf der Station aus dem Zimmer komme, hängen gerade Bilder vom Mariaberger Atelier im Flur. Direkt vor meiner Tür hängt das Bild von Christian von Aichstein vom Reutlinger Marktplatz. Wie schön! Ich habe ihn in Mariaberg kennen gelernt. Er hat nach dem Tod seines Vaters dort einen ganzen Zyklus von Bildern gemalt, die uns sehr angesprochen haben. Hans und ich, die wir zusammen das Mariaberger Projekt über die Trauer bei Menschen mit geistiger Behinderung konzipiert haben, sind uns sicher, dass die Trauer in seinen Bildern ganz fein ausgedrückt wird. Christian von Aichstein stammt aus Siebenbürgen. Als ich ihn kennen gelernt habe, konnten wir unsere Eindrücke von den rumänischen Tänzen und Liedern, aber auch von der Natur Rumäniens, teilen und einander ausdrücken.

Plötzlich treffe ich meinen früheren Analytiker. Er geht an uns Scrabblespielern vorbei, älter geworden, aufrecht, mit einer guten Ausstrahlung. Er wirkt zufrieden, offen, neugierig und nachdenklich. Offensichtlich ist er Patient auf meiner Station. Ich freue mich darauf, ihn anzusprechen. Heute vielleicht. Oder morgen. Er hat mir in meinem Leben so viel geholfen. Von ihm habe ich das Werkzeug für mein Leben bekommen. Ich denke oft daran.

Heute wird mein Zimmernachbar operiert. Er bekommt einen Zeh amputiert. Gestern Abend hat er ein bisschen gejammert und auch geweint. Da lagen wir, zwei Geplagte, und jeder hatte wieder s e i n Päckchen. Ich kam gleich in so eine seelsorgerliche Haltung, aber meine Schmerzen waren zu groß, als dass etwas daraus hätte werden können. Ich bin auch so weit weg von dieser Rolle. Ich bin nur Zimmernachbar. Er tut mir leid. Ich schaue meine Zehen an und denke, wenn sie mir den ganzen Fuß abnehmen würden, wären die Schmerzen wenigstens weg. Aber ich träume weg bei dem Gedanken, was dann alles wäre ...

Er ruft seine Frau an. Unsere Frauen, was sie sich nicht alles anhören müssen, bis der „Tod uns scheidet"! Aber ich würde es umgekehrt auch tun. Ich würde für Sigrid alles tun, was ich kann. Aber es ist nicht umgekehrt.

Er ist jetzt so hilflos.

Ich hüpfe mal wieder im Bett rum, die ganze Nacht, vor Schmerzen. Jetzt tut mir der linke Fuß weh, wenn er hängt, und der rechte, wenn er liegt. Ich lasse also das rechte Bein raushängen und lege das linke vorsichtig auf die Matratze. Bei meinem gebrochenen Wirbel scheint die „Kreuzung" zu sein bzw. die Kurve, bei der sich mein Leib von der einen Seite zur anderen dreht. Nach kurzer Zeit tut mir alles weh, ich versuche das Ganze andersherum, indem ich meinen Kopf auf den Fußteil des Bettes lege ...

Mein Zimmernachbar schläft unruhig.
Heute Morgen ist er langsam, schwerfällig, traurig.
Es gibt gar keine Rituale, um seinen Zeh zu verabschieden. Dabei haben die Zehen so viel für uns getan in einem langen Leben.
Das Krankenhausritual klammert alle Gefühle aus.

Gestern war die Aufklärung des Anästhesisten. Er hat den Text schon so oft aufgesagt. Dazu hat er den schlafenden Patienten geweckt. Der war gar nicht aufnahmebereit, hat aber unterschrieben. Der Chirurg sagte noch einmal, dass er nach 18.00 Uhr nicht mehr essen dürfe und ab 6.00 Uhr morgens nichts mehr trinken. Wann er denn ungefähr dran komme, fragt der Patient. Wenn es nach ihm ginge, gleich um 9 Uhr, antwortete der Chirurg, aber da haben noch andere mit zu reden. Es sind neun Operateure parallel zugange. Er wird dann um 13.00 Uhr abgeholt. Was passiert nur mit den Gefühlen in so einem Haus?

Für den Operateur ist das alles sein Beruf, sein Interesse, sein „Handwerk". Er muss lernen, das Handwerkliche und das Emotionale für sich zu trennen und sich zu konzentrieren auf das, was von ihm gefordert wird. Der Anästhesist muss schnell kombinieren bei allen Anzeichen, die vom normalen Prozess abweichen. Je freier er sich von dem emotionalen Bereich trennt, desto handlungsfähiger bleibt er. Für die Schwestern ist es immer dasselbe. Die Vorbereitungen, Hilfe beim Waschen, kein Essen ausgeben, ein paar Trostworte, so sie noch trösten können, oft gehen sie nicht viel weiter als auf „Sie brauchen keine Angst zu haben" hinaus. Mir sind die am liebsten, die nicht viel sagen, aber vielleicht ihre Hand auf meine Schulter legen oder mir in die Augen sehen. Für die Schwestern ist es „the same procedure as every year" bzw. jede Woche derselbe Ablauf. Sie rufen den Transportdienst, der Patient wird weggefahren, vielleicht noch mit einem Weg begleitenden Wort („Alles Gute, Herr ...') und später wieder gebracht mit einem freundlichen Wort („Und? War halb so schlimm, oder? – Jetzt haben Sie es hinter sich!").

Der Transportdienst fährt den ganzen Tag Patienten in Betten oder Rollstühlen vom Zimmer zu Untersuchungen oder zum Operationssaal. Sie überprüfen noch einmal den Namen und den Geburtstag. Dann fahren sie vor die Tür, auf der in großen Lettern steht: „Zutritt verboten". Wir sind angekommen. Vor mir liegt der Eingriff, ich habe Angst.

Um mich herum die Menschen mit Kopfbedeckung, Mundschutz, OP-Kittel und Handschuhen. Ein bisschen wie Geisterbahn. Aber auf jeden Fall wieder ganz verschiedene Welten. Die einen in ihrer, die anderen in der anderen.

Magnetresonanztomographie (MRT)

Heute machen wir ein MRT vom linken Unterschenkel. Der Transportdienst bringt mich nach unten, stellt mich im Rollstuhl vor den Untersuchungsraum und meldet mich an. „Sie werden gleich geholt", sagt er noch. Das sagen sie immer. Aber es stimmt nicht. Wir warten und warten.

Ein Arzt holt mich rein, klärt mich auf, ich unterschreibe und komme ins nächste Zimmer. „Sie kommen gleich dran", sagt er noch. Aber auch das stimmt nicht.

Nach einiger Zeit komme ich dran. Ich merke, dass die Mitarbeiter hektisch sind. Sie wollen Feierabend. Mir tut die Lage weh, weil ich doch auch den gebrochenen Brustwirbel habe. „Es dauert nicht lange", sagen sie. Es tut trotzdem weh. Im MRT schließe ich immer die Augen. Dann kann ich wegträumen und die Angst vor der Enge vermeiden. Sie setzen mir einen Kopfhörer auf, um mit mir zu kommunizieren. Es läuft Musik in einer vollen Lautstärke, wohl um das laute Geräusch des Gerätes zu übertönen. „Ich will' nen Cowboy als Mann ...". Wahrscheinlich gut gemeint. Es quält mich. Die laute Musik zusammen mit dem lauten Gerät. Wahrscheinlich haben sie mich altersmäßig so eingeschätzt, dass das meine Musikrichtung sein könnte. Wäre ich kein so erfahrener Mann, wäre ich fast beleidigt. Ich höre lieber die Lieder von Bob Dylan. Aber nicht im MRT. Doch irgendwann ist auch das vorbei. Sie stellen mich im Rollstuhl vor die Tür auf den Flur. „Sie werden gleich vom Transportdienst abgeholt", sagen sie. Aber es ist gelogen.

Die Maden noch einmal

Die Maden sind fett geworden. Vorgestern hat der Chirurg sie in den Mülleimer geworfen. Ich habe sie noch einmal dankbar angeschaut. Sie haben gute Arbeit geleistet. Die Wunde hat den Belag verloren. Es sieht rot aus, blutig. Die Maden sahen so fett noch ekliger aus. Im Internet lese ich, dass sie sich das Hundertfache an Körpergewicht anfressen können. Jetzt habe ich auch diese Erfahrung gemacht.

Die eine Welt und die andere Welt

Ich bekomme von Sigrid immer die Zeitungen mitgebracht. So kann ich vom Krankenhaus aus Anteil nehmen an dem Geschehen der Region zuhause. Gestern las ich, dass bei uns in der Kommune ein Gemeinderat zurückgetreten ist. Ich denke an unsere Kommune. Es ist schon ein besonderes Pflaster. Einige Dörfer wurden bei der Gemeindereform vor über vierzig Jahren zu einer Gemeinde zusammengelegt. Der Zusammenschluss vollzog sich nicht reibungslos, an manchen Stellen schmerzlich. Es scheint, als ob diese Schmerzen endlos immer wieder aufgefrischt werden, obwohl nichts mehr rückgängig zu machen geht. Anstatt sich zu arrangieren und gestalterisch nach gemeinsamen Konzepten für die Zukunft zu suchen, bleiben manche Gräben offen. Immer wieder werden alte Wunden berührt. Anders gesagt: Man ordnet unterschiedliche Standpunkte in das immer gleiche Schema von „die einen und die anderen" ein. Das ist bei uns ganz besonders schwer: unterschiedliche Meinungen auszuhalten, ohne sich zu beleidigen und zu bekämpfen.

Der alte Bürgermeister hat sogar Gemeinderäte aus Sitzungen ausgeschlossen. Manche freuen sich auf diese Sitzungen wie die Römer damals auf die Arena, wo einfach was los war.
In der Region nimmt man unsere Kommune entsprechend sonderlich wahr.
Ich würde mir wünschen, dass wir das miteinander besser lernen, kirchlich und kommunal: einander stehen lassen, freundlich, jeden mit seiner Meinung, ohne diese Haltung, wer nicht für mich ist, ist gegen mich.

Wenn uns die Standpunkte der anderen sogar interessieren könnten in der Bemühung, sie zu verstehen, wären wir einen wichtigen Schritt weiter. Seltsam, wie schwer das sein kann!

Von Sigrid habe ich viel gelernt in dieser Hinsicht. Wir haben beide das Buch von Gary Chapman „Die fünf Sprachen der Liebe" gelesen. Es war frappierend, wie leicht Verletzungen und Missverständnisse zwischen Paaren aufkommen können, weil sie gewissermaßen (in ihrer Liebe) unterschiedliche Sprachen sprechen. Auch hier könnten wir das Bild von Susan Sontag aufnehmen und von zwei verschiedenen Staatsbürgerschaften sprechen, wobei in den beiden Reichen jeweils eine andere Sprache gesprochen wird. Während die eine sich besonders geliebt und wahrgenommen fühlt, wenn ihre Anstrengung und ihre Mühe wahrgenommen und wertgeschätzt wird, kann ein anderer mit einer kleinen zärtlichen Geste ohne Worte sich besonders geliebt fühlen. Sigrid erzählt mir da aus ihrer Arbeit als Therapeutin, und wir lassen uns begeistern und entdecken uns neu.

Ich denke auch daran, dass ich gestern von diesem Positionspapier der EKD (Evangelischen Kirche in Deutschland) gelesen habe. Der württembergische Bischof und hinter ihm an und für sich ganz liebenswerte Gruppierungen unserer Kirche vermissen die explizite Wertschätzung und die prominente Stellung der Ehe. Aber man kann lebenslange Treue und lebendige Partnerschaft in der Ehe nicht einfach wollen und verordnen. Es wäre besser, wir würden in unserer Kirche die verschiedenen Sprachen der Liebe miteinander entdecken, sie mit der Leidenschaft der Kinder, die Ostereier suchen, entdecken und ausprobieren. Die Sprachen der Liebe lernen: das wäre so ein wichtiges Anliegen in den Beziehungen der Paare und in den Beziehungen der Gremien und Gemeinden. Wenn ich gesünder werde und wieder arbeiten kann, möchte ich dem in meiner Gemeinde mehr Raum geben. Es muss in verschiedenen Formen zum Thema werden. Solche Gedanken hege ich gerade auf der chirurgischen Station im Reutlinger Krankenhaus. Schon ohne die Maden.

Simon und die Amsel

Beim Essen fragt Simon, was ich denn immer auf dem Friedhof mache. Er ist noch klein, aber schon Schulkind. Ich verspreche ihm, dass er einmal mit darf. Bald darauf passt es. Simon geht mit mir zum Sarg und darf sehen, dass der Tote sich nicht mehr bewegen kann. Er sitzt dann bei den Trauernden, mit denen ich das abgesprochen habe, in der ersten Reihe und nimmt die Worte, die Musik und die Tränen wahr. Am Grab schaut er genau nach unten und wirft eine Blume für den Verstorbenen. Der würde sich freuen.

Mein erster toter Mensch war meine Großmutter. Ich war erst dreieinhalb Jahre alt. Danach sagte ich zu meinem Großvater: „Ich habe noch nie einen Toten mit Schnurrbart gesehen." Er antwortete: „Bub, du darfst mich einmal sehen." Das hat mich beruhigt.

Auf einer anderen Beerdigung, auf der wir noch zusammen waren, sagte Simon beim Gehen: „Papa, es ist nicht gut, wenn wir die Leute jetzt alleine lassen." Er hat das gut gespürt.

Bald darauf fand er eine tote Amsel im Garten. Wir beschlossen, sie zusammen zu beerdigen. Ich bat ihn, die Predigt zu halten. Er sagte Sätze wie: „Du liebe

Amsel, jetzt bist du tot. Du hast immer so schön für uns gesungen. Aber jetzt hast du deine Ruhe. Andere Vögel werden jetzt auch für dich singen. Danke, dass du für uns gesungen hast. Wir wünschen dir viel Ruhe und Frieden. Schade, dass du gestorben bist. Wir sind traurig."

Ich freue mich über Simon. Er hat etwas Wichtiges begriffen.

Die Krankheit als Chance

In der Reha hatten wir allerlei Vorträge über die Symptome und Folgen des Diabetes, über die verschiedenen Aspekte der Krebserkrankung, die Konsequenzen der Krankheit für die Angehörigen und natürlich auch psychologische Themen, wie den Umgang mit der Krankheit oder ähnliches.

Ein unerfahrener Psychologe wollte mit uns die „andere Seite" der Krankheit erörtern, die Chance in der Krise sozusagen. Er stieg mit dem Thema Lottospielen ein. „Wer von Ihnen hat letzte Woche Lotto gespielt?", fragte er in die Runde. Ich fragte mich, wer das so öffentlich zugeben würde. Es hat sich auch keiner gemeldet. Der Psychologe mochte es kaum glauben und sagte uns, dass wir dann aber ein untypischer Ausschnitt der Bevölkerung seien. Was wir denn mit einem Millionengewinn tun würden, war sein nächster Schritt. Zaghaft kamen die üblichen Dinge zur Sprache: ein schönes Haus, eine Reise, ein tolles Auto und natürlich Geld für die Kinder.

Ich werde ungeduldig. Mein Nachbar wird unruhig. Er flüstert mir zu: „Das sind doch lauter ungelegte Eier, über die wir hier sprechen." Er meinte, dass es uns doch um ganz andere Themen im Moment geht.

Dann stellt der Psychologe die Frage in den Raum, was wir denn neben allem Schwierigen auch an Positivem an unserer Krankheit entdecken. Hier sitzen lauter frisch operierte Menschen, die meisten Männer. Viele sind sehr geschwächt. Die meisten sehr traurig über den Verlust, der sie getroffen hat. Es kommen keine Wortmeldungen. Einer ruft dazwischen: „Ich finde meine Krankheit nur eine einzige Katastrophe." Er spricht uns so aus dem Herzen. Der Psychologe nimmt das nicht auf. Er nickt und fragt in die Runde, ob es jemandem anders geht. Einer hat ein Buch gelesen. Da geht es um die Krankheit und die Krisen als Chance im Leben, als Chance zur Veränderung. Das will der Psychologe auch hören. Das ist sein Thema. Aber sein Publikum ist weit weg von ihm und er weit weg von uns. Wir haben gerade andere Sorgen zwischen Todesangst und Verzweiflung und dem Gefühl, dass wir gar nichts mehr anders machen können. Am nächsten Tag eine andere Psychologin. Sie kann sich sehr gut einfühlen, nimmt unsere Voten auf und versteht sogar uns Männer mit unseren Ängsten. Es tröstet uns, wenn sie als Frau sagt, worin wir Männer den Frauen wichtig sind. Das können sogar wir Operierten sein.

Rumänien

Wenn ich an Rumänien denke, erinnere ich mich an Herrn Tamas, der schon länger gestorben ist. Er war ein schöner, schlanker Mann mit einem braunen Gesicht und drahtigen zerzausten Haaren. Er kam aus der Nachbarschaft zu uns, wenn wir uns in Rumänien aufhielten. Sein Deutsch war sehr begrenzt. Aber er strahlte große Freude aus und legte seinen Arm um meine Schulter, wenn wir im Garten saßen. Ich wusste, dass er arm war. Aber er hat mich mit seiner Wärme sehr beschenkt, dieser Wärme, die ich aus Württemberg nicht kannte.

Die Zärtlichkeit ist die eine Seite dieses geliebten Landes. Die Bitterkeit ist die andere. Ich habe unter den Deutschen dort Menschen getroffen, die die Enteignung nie überwinden konnten und von der guten alten Zeit sprachen, die nie wiederkehren würde. Sie haben mich sehr beschwert. Später habe ich sie besser verstanden, als ich von der Deportation in die Baragan-Steppe gelesen habe. Manche wurden direkt nach der Internierung in Russland in den Baragan verschleppt.

Andere haben sich arrangiert mit dem System, mit dem alten damals und dem neuen in der neueren Zeit. Ich habe es als Jugendlicher gut beobachtet, wer wohin gehörte. Ich hatte auch enge Kontakte zu den verschiedenen Gruppen, weil sich unsere entfernte Verwandtschaft innerhalb der deutschen und rumänischen Volksgruppen verteilte. Manche schwammen immer oben, andere immer unten, und dann gab es noch die dritte Gruppe, die entweder im einen oder im anderen System ihr Glück gemacht hat. Eigentlich gab es noch die vierte Gruppe, die, wie mein Vater, in anderen Ländern lebte, in England, Deutschland, Australien oder Österreich und Italien. Ich habe diese problematischen Geschichten an den Familienmitgliedern und im Bekanntenkreis für mich studiert.

Rumänien – dieses Land ist für mich immer eine Quelle der Inspiration, des Trostes und neuer Hoffnung. Später habe ich mich ein paar Jahre über Bekannte in der rumänischen Nomenklatur der Ceausescu-Ära bewegt. Es waren zum Teil sehr entmythologisierende Erfahrungen, wenn ich die Schlichtheit der einzelnen Personen bedenke, aber auch erschütternde Eindrücke im Blick auf die Schicksale nach der Revolution. Einige der ganz Großen waren dem Alkohol verfallen und starben entsetzlich. Andere haben ihren neuen Platz gesucht und gefunden. Viele sind tief gefallen. Es war ein seltsames Gefühl, sie in Not zu sehen, Männer, vor denen sich ein ganzes Volk gefürchtet hat.

Ich werde die Landschaften Rumäniens immer als Kraftorte erleben. Einen weiten Himmel, gerundete Hügel und dieses satte Grün der Bukovina oder die Wälder der Maramuresch. Und ich bin den einfachen Leuten sehr dankbar für die Gastfreundschaft und ihre Lebendigkeit. Was es heißt, dass Trauer und Freude nahe beieinander wohnen, habe ich immer in Rumänien gespürt. Es ist das Land meiner Familie, Herkunftsort der meisten Vorfahren. Ich freue mich darüber.

Wenn ich durch die Banater Ebene fahre, höre ich gerne die Musik aus dem Autoradio, rumänische Folklore. Sie ist aus diesem Land entsprungen und drückt diese Sentimentalität aus, der ich so gerne begegne. Dazu gehört für mich vor allem die Oboe, aber auch die Panflöte.

Krankheitsphasen

In der Trauerarbeit und in der Sterbebegleitung haben wir anfangs von Elisabeth Kübler-Ross, Verena Kast, John Bowlby und anderen über die Sterbephasen oder Trauerphasen gelernt. Es waren gute Hilfen bis wir in der Praxis das alles differenzierten.

Ich habe unterschiedliche Phasen am eigenen Leib und in der persönlichen Trauer erlebt. Oft schon. Wenn ich am Anfang meiner Erkrankung die schweren, lebensbedrohlichen Asthmaanfälle bekommen habe, konnte ich in kurzer Zeit, innerhalb eines Tages auch mal, die Todesnähe und Lebenslust sehr zeitnah erleben.

Der Kopf wird heiß, du spürst, dass etwas Schlimmes passieren wird, alles in dir wird plötzlich langsam, schwer und bedrückend. Du versuchst zu atmen, und es will nicht recht gehen. Da ist eine Blockade, ab der es nicht mehr weiter geht. Dein Brustkorb tut weh, fühlt sich an wie ein Panzer, so unbeweglich und starr und fest. Dein Gesicht wird immer heißer. Der Schweiß bricht dir aus auf der Stirn zuerst, dann überall. Er rinnt über den Rücken. Du hältst dich fest, richtest dich auf. Seid bitte still, redet jetzt nicht mit mir! Ich habe keine Kraft, euch zu hören und zu antworten, schnell einen Arzt. Du bekommst Angst, Panik, und es fühlt sich an, als ob das Leben immer leiser wird, schwächer, entspann dich, atme aus, so wie du es gelernt hast.

Der Arzt kommt und bald die Spritze, neue Luft und Lebenslust. Anfangs wollte meine Mutter mich dann immer zuhause behalten, in Ruhe versorgen, so, dass ich mich erholen könne. Aber ich wurde aggressiv. Sobald neue Kraft aufkam, kam auch dieser Drang ins Leben, in die Aktivität. Meine Mutter sagte: „Er wird wieder gesund. Er kann schon wieder schimpfen."

Ich habe diese Gefühle der verschiedenen Phasen geballt durchlebt. Zorn, Zweifel, Zaudern, das Nicht-einverstanden-sein und die Versöhnung, das Glück und die Begeisterung, die Fragen nach dem Warum? Warum ich? Und: Was habe ich falsch gemacht? Manchmal habe ich gedacht, jetzt schaffe ich es nicht mehr.

Diese Phase „Annehmen des Sterbens" oder „Versöhnen mit der neuen Situation" ist für mich die Schwerste. Einmal habe ich es so ganz intensiv empfunden. Ich war wohl Mitte zwanzig. Es war zuhause in unserem Dorf. Mein Bett stand unter einem Fenster. Draußen ein Apfelbaum und der Blick in den Garten. Es war Herbst. Das Laub schon in Brauntönen, das Wetter trübe, aber nicht nass. Ich erinnere mich an die Abendsonne und die vielen Brauntöne. Jetzt könnte ich sterben, war mein Gefühl. Jetzt mit diesem Braun. Manchmal denke ich noch daran, dass ich einmal sterben will im Herbst, wenn alles braun ist, gelb und rot.

Sizilien

Ich habe gute Freunde in Sizilien. Mit ihnen habe ich die ganze Insel bereist. Wir sind älter geworden, aber damals wurde ein Grundstein gelegt, der bis heute und wohl für immer trägt. Wir haben wenig Kontakt, können aber immer anknüpfen, wenn wir uns hören oder sehen. Von weitem wissen wir voneinander.

Es war in einer Lebenskrise. Ich habe damals alleine gelebt und war sehr einsam. Eines Abends bin ich von der Arbeit müde nach Hause gekommen. Da saß auf der Treppe vorm Haus Marco aus Agrigento. Er war ganz spontan die 2000 km zu mir gefahren. Einem Freund geht es nicht gut. Wer fährt hin? So haben die Freunde beratschlagt. Marco ist gekommen. Er saß schon einige Stunden auf der Treppe und hat einfach gewartet. Als er mich kommen sah, stand er auf und fragte einfach: „Wie geht es dir?"

Was für eine Freude! Er ist gekommen und hat nach mir gefragt. Marco blieb drei Wochen bei mir. Er hat nicht viel gesagt. Er war einfach da. Bei mir.

Marcos Vater hieß Michele. Seine Mutter stammte aus Bad Niedernau. Er sprach ein einfaches Deutsch mit schwäbischem Akzent. Mit Michele habe ich Schnecken gegessen und Muscheln. Ich habe viele Sätze von ihm im Ohr. Zum Beispiel sagte er einmal, als er mir eine Muschel aus dem Meer geholt hat: „Probieren! Diese hat den Geschmack von die ganze Meer." Und so war es auch.

Marco war am Meer aufgewachsen. Er hatte kräftige Muskeln und ging manchmal tauchen. Er hat mir mal einen Tintenfisch gefangen. Ich war fasziniert, wie archaisch er ihn tot biss.

In Sizilien habe ich auch zwei Hochzeiten miterlebt. Die Hochzeit von Luciano und Giulia. Giulia war Marcos Schwester. Dann die Hochzeit von Lauredana,

Faustos Schwester. Beides waren fröhliche Feste. Ich erinnere mich auch an den Abendhimmel bei den Hochzeiten, an das Meer, die Sterne, die Lichter an den Treppen des Hotels. Ich habe in Sizilien eine Kraftquelle für mein Leben gefunden.

Schwestern

Ich habe drei Schwestern. Mein Leben gab es nie anders als mit Schwestern. Es war für mich selbstverständlich, mit ihnen vergnügt in der Badewanne zu sein. Eine meiner ganz schönen Erinnerungen. Meine Schwestern finden, dass ich verwöhnt wurde. Das stimmt sicher. Aber das Verwöhntsein hat ja auch wie alles eine Kehrseite. Wenn es auf Kosten der Geschwister geht, spürte ich schon auch Gewissensbisse und Schuldgefühle. Auf der anderen Seite wurde auch mir viel zugemutet: die „Männerarbeit" im Garten und mit den Tieren über viele Jahre hin. Aber auch der innere Auftrag, der Familie als „Kronprinz" gerecht zu werden.

Es ist schön, drei Schwestern zu haben und jede hatte ihre Vorzüge. Sie sind ja auch ganz verschieden. Mich freut, dass wir in einem guten Kontakt sind und voneinander wissen.

Mein Analytiker sagte mir einmal, wer drei Schwestern hat, wird sich im Leben gerne mit Frauen umgeben. Seit ich das weiß, kann ich mich selbst mit gutem Humor beobachten. Ich weiß zumindest, warum mir die Dienstbesprechungen mit der Sekretärin, der Kirchenpflegerin und der Vorsitzenden des Kirchengemeinderats so gut tun.

Als ich sechzehn war, habe ich einen ganz besonderen Geburtstag in Timisoara erlebt. Brigitte, die Tochter von Papas bestem Freund, feierte mit ihren Freundinnen ihren achtzehnten Geburtstag. Es gab diese besonderen Salate des Ostens, aus Auberginen oder gefüllten Eiern, aber auch andere gute Sachen. Insbesondere die Kuchen, die sie dort „Mehlspeisen" nennen, mit dem Geschmack der K. u. K. Monarchie. Es gibt diesen Geschmack in den osteuropäischen Ländern, aber auch in Frankreich. Das Beste sind die Cremeschnitten, die wir „Cremebite" nannten. Es sind mit sündhaft süßer Vanillecreme gefüllte Blätterteigschnitten. Oder die Palatschinken, die ich auf dem Wiener Naschmarkt esse, wenn ich dort bin.

Wir haben aber auch getanzt und gesungen. Das heißt, die Mädchen haben getanzt und gesungen. Ich mochte die sentimentalen, rumänischen Lieder. Als es spät wurde, durfte ich eine Mitschülerin von Brigitte mit der Straßenbahn nach Hause begleiten. Man sagte mir, wie ich auf der Rückfahrt beim Fahrer die Fahrkarte kaufen sollte. „Scimb la sase" (*In die sechs umsteigen*), musste ich sagen. Es war meine erste selbstständige rumänische Kommunikation. Ich bin dann doch falsch umgestiegen, aber schließlich kam ich nach einem unvergesslichen Tag wieder gut in der Gastfamilie an.

In Timisoara steht eine Kathedrale. Eine orthodoxe Kathedrale. Ich war vierzehn Jahre alt, als ich sie entdeckte. Zusammen mit einem Nachbarjungen unserer Gastfamilie durfte ich in die Stadt gehen. Wir gingen vom Lahovariplatz aus, wo ich mein erstes Langos aß, durch den Rosengarten (das erste Freilichtkino in meinem Leben) und überquerten die Bega, den Fluss, der durch Timisoara fließt. Ich mag diese Brücken über die Bega und die kleinen Restaurants entlang des Flusses. Abends singen die Leute dort. Auch meine Großeltern haben diesen Fluss gekannt.

Plötzlich lag sie vor mir in aller Pracht. Mir verschlug es die Sprache. Noch nie hatte ich in Wirklichkeit so einen heiligen Bau gesehen. Unwillkürlich wurde ich ganz still, während wir beide auf die Kirche zugingen. Wir betraten die Kathedrale über die breiten Treppen. Innen war es nicht sehr hell und strahlte doch.

Ich sah zum ersten Mal, wie die Leute die Ikonen geküsst haben und wie sie Kerzen angezündet haben, für die Lebenden und die Toten. Ich habe es später in besonderen Situationen meines Lebens auch getan, jedes Mal mit großer Andacht. Der Kirchenbau war ganz bunt, voll mit Gold und den Farben der Ikonen. Es war ein riesiger Bau. Von irgendwo sang ein Chor die liturgischen Gesänge der rumänisch-orthodoxen Kirche. Wahrscheinlich von ganz oben hinter der Empore.

Ich habe diese Gesänge zum ersten Mal gehört und war ganz ergriffen. Die Kerzen, der Gesang, das Gold, die vielen Motive der Ikonen – ich konnte mich nicht satt sehen und nicht satt hören. Wie oft bin ich seitdem in dieser Kathedrale gewesen! Es ist ein ganz besonderer Ort. Von ihren Treppen kann man zur Westuniversität Timisoara sehen, über die Brücke hinüber, wo ich Doktor wurde.

Wenn man von der Piata Lahovari (Lahovari-Platz) aus in die „strada Porumbescu" (Porumbescu-Straße) einbiegt und sie bis zum Ende geht, kommt man zur „Calea Sagului". Dort ist der Friedhof mit dem Grab meiner Großeltern, die ich nie kennen gelernt habe.

In Timisoara sind meine Großeltern begraben. Dort hat mein Vater sein Abitur gemacht an einem rumänischen Gymnasium, und dort war er Offizier in der rumänischen Armee. Dort bin ich Doktor geworden. Alles nicht weit von der Kathedrale, einem heiligen Ort. Irgendwie schließen sich in meinem Leben die Kreise ganz schön.

Piräus

Der Hafen von Athen, der Piräus, wurde schon in Schlagern besungen. Ich habe meine eigenen Eindrücke und Erfahrungen von ihm. Einmal saß ich dort im Café und sah schwer arbeitende Männer, die sehr schmutzig waren. Es war heiß und in ihren Augen las ich die Anstrengung, die sie aufbringen müssen. Diese Arbeiter wecken in mir auch viele Gefühle. Sie tun mir leid. Es macht mich traurig, dass sich Menschen schinden müssen. Ich könnte es nicht mehr. Dazu bin ich zu krank. Ich habe die Kraft für anstrengende körperliche Arbeit nicht mehr. Eines Teils können diese Arbeiter auch stolz auf sich sein. Auf ihre Kraft. Ob sie von dem Verdienst eine geliebte Frau und Familie ernähren? Ich lese in ihren Augen die Anstrengung und Müdigkeit, bei manchen die Lustlosigkeit oder auch Wut und Bitterkeit, ich sehe aber auch manche pfeifen oder Lieder summen, wenn nicht sogar lauthals singen.

Es freut mich, wenn sie singen können und ihre Gefühle ausdrücken.

Ganz in meiner Nähe huscht eine Ratte vorbei. Ich weiß immer nie, ob es freundliche oder nur aggressive Tiere sind. Mit den Wildschweinen geht es mir ähnlich. Ich habe Angst vor ihnen. Während ich meinen Kaffee trinke, denke ich, die Ratten gehören zu diesem Hafen, zu dem Schmutz, vielleicht auch zu dem Geruch, den ich ja nicht wahrnehmen kann. Es ist ein lauter Hafen. Ich bin froh um den Schatten.

Einmal hatte ich ein Hotelzimmer direkt am Hafen mit seinen Arbeitern und seinen Ratten. Zwischendurch amüsiere ich mich über manchen Altphilologen, der im Getümmel der Touristen auffällt. Ob er neben der wirklich sehr reichen Geschichte auch die Gegenwart wahrnehmen kann? Fotini, Soula oder Costoula? Jorgos oder Jannis und ihre Lebensvorstellungen?

Einige Frauen im Hotel strahlen vor Freude. Sie waren auf der Insel Lesbos. Irgendwie empfinde ich sie wie Pilgerinnen. Mit dem Geschmack von Tamara und Ouzo gehe ich ins Bett und hole nach, was zu kurz kam. Die Nacht verbringe ich mit einem hochrangigen Theologen aus Deutschland und der Frau eines deutschen Politikers. Beide tragen dazu bei, dass ich den Piräus nie wieder vergessen kann.

Im Meer auf Ikaria habe ich an die Gemeinden gedacht, in denen ich gearbeitet habe. Plötzlich war ich voller innerer Stimmen. Stimmen, die mir ihr Leid klagten, Stimmen, die mir Fragen stellten, Stimmen, die mir sagten, was gut ist und was böse. Ich nehme die Stimmen auf und rufe sie ganz laut aus dem Wasser zum Himmel. Viele Leute versammeln sich und hören mir zu. Nach einer sehr langen Rede komme ich an den Strand zurück und bin ganz bewegt und erleichtert. Ich habe ein paar Predigten gehalten. Laut und ehrlich. Nennt man das Katharsis?

Ich trinke den griechischen Wein so wie den Bordeaux und den Wein auf Sizilien oder Rumänien und Ungarn. Mit dem ungarischen Tokajer kann ich mir Papa ganz nahe holen. Er hat den Geschmack von Papa. Der griechische Wein macht mich glücklich. Athos oder Imiglikos zum Beispiel. Ich trinke ihn und werde erinnert an das Glück und das Drama unseres Lebens. An die Bitterkeit und Süße. Der rumänische Wein weckt in mir die Erinnerungen an das Schicksalhafte der Menschen, einmal oben, einmal unten, große Geschichte, Umbruch, Neuanfänge, Nostalgie und Visionen.

Die Beatles

In den sechziger Jahren habe ich mein Leben wie ein Erdbeben erlebt. Auf der einen Seite lebte ich in dem Dorf mit den einheimischen Schwaben, den Flüchtlingen und den Armeeangehörigen.

Typisch für die Schwaben waren der Fußballplatz am Wochenende, die Jungschar und der Sport. Ich war beim Geräteturnen und der Leichtathletik dabei.

Die Flüchtlinge erkannte man am Kopftuch der Frauen, an ihrem Dialekt und den Schweinen oder anderen Haustieren hinterm Haus neben den Gemüsebeeten. Die meisten kamen aus Ungarn.

Die Amerikaner wecken in mir natürlich Erinnerungen an das Kasernenleben, den Krieg und dann aber auch an die Musik. Ich kenne die Musik von Elvis Presley von klein auf, aber auch die Countrymusic und den Rock'n Roll. Wenn die Amerikaner auf ihren Partys bei uns im Haus getanzt haben, war ich sehr glücklich. Diese einfache Ausgelassenheit kannte ich weder von den Einheimischen noch von den Flüchtlingen. Ich hätte gerne meinen Vater tanzen sehen. Aber er konnte nur Csárdás auf dem Tisch. Wenn er es mir nur einmal gezeigt hätte!

Früh habe ich durch diese drei „Welten", in denen ich aufwuchs, gelernt, wie relativ die Standpunkte einzelner Menschen zu sehen sind. Was in der einen Gruppe als äußerst ungezogen galt (z.B. die Füße auf den Tisch legen), war in der anderen Gang und Gäbe. Ich habe gelernt, dass es immer so oder (!) so geht und dass nichts absolut ist.

Das Erdbeben begann Mitte der sechziger Jahre. Ich war gerade auf einem Kickplatz der Bubenjungschar und habe Fußball gespielt. Sie haben mich immer in die Verteidigung gestellt. Karriere hätte ich nie damit machen können.

Auch nicht, als ich noch gesund war. Als mein Team gerade vorm gegnerischen Tor mit einem spannenden Angriff beschäftigt war, blickte ich kurz zur Straße hin. Plötzlich sah ich keinen Ball mehr. Ich blieb nur noch auf dem Fleck stehen. An der Straße ging ein Mädchen vorbei mit langen, blonden Haaren. Ich erfuhr später, dass sie neu zugezogen war. Mir wurde ganz warm ums Herz. Ich schlief in Gedanken an sie ein und wachte mit Gedanken an sie auf. In der Schule habe ich es gleich meinem Nebensitzer Fritz erzählen müssen.

Die Geschichte ging so weiter, dass ich regelmäßig zum Kickplatz kam, vorher mein weißes Fahrrad noch putzte, aber kein Interesse mehr am Ball zeigte. Ich stellte mich an den Rand des Fußballfeldes, tat so, als ob ich beim Spiel zusah, und hoffte, dass sie wieder vorbei kam. Und sie kam. Immer wieder.
Die Beatles hatten gerade ihren Song „Nowhere Man" herausgebracht. Ich hörte ihn mit den Sehnsuchtsgefühlen dieser Tage. Noch heute wacht bei diesem Lied meine Jugendzeit in mir auf. Ich mag es gerne.

He's a real nowhere man, sitting in his Nowhere Land,
making all his nowhere plans for nobody.
Doesn't have a point of view, knows not where he's going to,
isn't he a bit like you and me?
Nowhere Man please listen, you don't know what you're missing,
nowhere Man, the world is at your command!
He's as blind as he can be, just sees what he wants to see,
nowhere Man can you see me at all?
Nowhere Man, don't worry, take your time, don't hurry,
leave it all till somebody else lends you a hand!
Doesn't have a point of view, knows not where he's going to,
isn't he a bit like you and me?
Nowhere Man please listen, you don't know what you're missing
nowhere Man, the world is at your command!
He's a real Nowhere Man, sitting in his Nowhere Land,
making all his nowhere plans for nobody.
Making all his nowhere plans for nobody.
Making all his nowhere plans for nobody!

Als der Winter kam, lud sie mich zu einem Spaziergang ein. Es war schon dunkel. Es schneite. Einige Sterne waren am Himmel. Eine ganz besondere Stille lag über der Welt. Und auch wenn ich die Kälte gar nicht mag, war mir ganz warm. Ich glaube, man hätte auch mein Herz durch den Pullover klopfen hören.

Die Beatles brachten einen Hit nach dem anderen auf den Markt. Eine neue Zeit begann. Wir gingen zaghaft tanzen. Twist und Blues und Shake. Das Tanzen war ganz wichtig für mich in dieser Zeit, das wilde körperliche Verausgaben, aber auch der zärtliche Blues mit den Mädchen im Arm. Die Haare wurden bei uns Jungs immer länger, falls die Elternhäuser liberal genug waren. Die Hosenbeine wurden weiter, zum Teil verziert mit Kettchen oder Fellstücken. Die Hippiezeit folgte bald. Zeit des Friedens, der Liebe, der Träume. Und dann der Krieg in Vietnam. Blumenkinder und die Soldaten um mich herum. Einer der Amerikaner verkaufte mir sein Tonbandgerät, das er aus Vietnam mitgebracht hatte.

Die Musik der Beatles und der Rolling Stones, aber vor allem auch diese einzigartigen Lieder von Bob Dylan, wurden mir zu einer Kraftquelle. Sie drückten die Gefühle meiner Jugend gut aus. Die Sehnsucht und die Kraft, der Glaube an eine bessere Welt und die Hoffnung auf Frieden. Ich hatte mir ein ganz besonderes Zimmer dafür eingerichtet, wo wir Jugendlichen oft zusammen waren.

In der Schule entstanden die politischen Gruppen. Ich verstand den Unterschied zwischen den Trotzkisten und Leninisten nicht. Aber beim Gruß eine Faust zu machen, galt bei beiden. 1968 war ich auch erst sechzehn Jahre alt. Zu jung für ein aktives politisches Engagement, aber alt genug, alles mit großer Neugier und Aufregung zu beobachten.

Als Konfirmand trug ich eine Armeejacke mit dem Aufdruck „ex oriente lux". Die Inhalte des Konfirmandenunterrichts waren weit von meinen Interessen und meinem Verständnis entfernt. Die Begegnung mit den Konfirmandinnen war mir wichtiger. Und wenn mich im Anschluss an den Unterricht – schon in der Abenddämmerung – ein neu zugezogenes Mädchen mit langen, blonden Haaren abgeholt hat, war das sehr aufregend.

Am Tag der Konfirmation weigerten sich die Kirchengemeinderäte, uns in die Kirche zu begleiten, weil ich zu lange Haare hatte. Dabei hatte mir meine Schwester Liane eine wirklich schöne Frisur gemacht. Unser Pfarrer aber, selbst Vater langhaariger Kinder, sagte: „Dann gehe ich eben alleine mit ihnen."

Das war groß von ihm in der damaligen Zeit. Er war ein guter Pfarrer, der Karl Dipper. Er lebt noch. Inzwischen ist er 106 Jahre alt. Letztes Jahr habe ich ihn besucht.

Die Zeit vor 1968 erinnere ich in unserem Dorf als harte Zeit. Die Bilder, die mir einfallen: geschlagene Kinder (von Eltern, Lehrern und Pfarrern), strenge, dominierende Männer, viele traurige Frauen, der eine oder andere hängengebliebene Zwangsarbeiter aus Polen, Streit, überkochende Emotionen, viele innere Sätze der Erzieher. Im Bierzelt bei den Vereinsfesten Schlägereien zwischen den jungen Männern im Dorf, manchmal auch zwischen den Schwaben und den amerikanischen Soldaten. Dazwischen – ganz schön – die Blasmusik und die Tänze. Wenn wir uns verliebt haben, bekamen wir unmögliche blöde Tipps von den Älteren. „Wenn du von einem Mädchen einen Kuss willst, musst du ihr auf die Zehen treten." Die Jungs und Mädchen trugen, noch vor den Beatles, hautenge Jeans. Die Jungs hatten diese Haartolle wie Elvis Presley. Das Höchste war ein tragbares Radio, ein Moped und die amerikanischen Zigaretten. So waren sie ausstaffiert für den ersten Kuss.

Meine Worte kommen an Grenzen

Sigrid verabschiedet sich von mir. Ihr Besuch geht zu Ende. Sie muss 80 km fahren. Fast jeden Tag fährt sie diese Strecke. 160 km für einen Besuch bei mir.

Seit Monaten besucht mich Sigrid. Unsere Beziehung besteht so lange schon aus „Krankenbesuchen". Manchmal möchte ich sie schier nicht gehen lassen. Da fällt es mir schwer. Es fühlt sich an, als wäre ich geschieden. Auf der einen

Seite. Auf der anderen Seite spüre ich natürlich auch diese schöne Liebe. Aber ich wäre lieber zuhause, zusammen mit meiner Frau und meinem Sohn.

Zu Simon habe ich kaum Kontakt. Er war jetzt so viel in den Kliniken, dass wir ihn schonen wollen. Aber er hat deshalb wenig Kontakt zu mir und auch wenig zu Sigrid, wenn sie so viele Stunden zu mir kommt. Dabei lebt unsere innige Beziehung doch so sehr von der Begegnung, dem Austausch, dem Zusammenleben. So weit weg war mir mein Sohn noch nie. Einmal vielleicht nach dem generalisierten Krampfanfall – da konnte ich eine Zeit lang nichts mehr fühlen. Ich war sehr erschrocken über mich. Ich sah mein Kind und meine Frau und spürte nichts mehr. Wozu ein Mensch fähig ist! Wie weit man kommen kann! Viel lieber möchte ich wieder anknüpfen an diese Einmaligkeit, die es zwischen Simon und mir gibt. Ich bin so ungeduldig, ihn wieder zu sehen.

Diese ständigen, fast täglichen Abschiede von Sigrid brauchen auch Kraft. Oft bleibe ich so alleine zurück und so angebunden an dieses Bett. Die Tür geht zu, nach einem letzten Blick, einem Winken, einem Lächeln, einem Handkuss ... Wir leben unser getrenntes Leben. Während ich mich ins Bett fallen lasse neben meinem Bettnachbarn, wird Sigrid fast zwei Stunden im Verkehr stecken und dann Simon irgendwo bei Freunden abholen, mit ihm essen, die Post lesen, den Alltag meistern. Abends telefonieren wir kurz, Simon, Sigrid und ich, und sagen uns Gute Nacht.

Es sind die Situationen, die ich gar nicht in Worte fassen kann. Sie machen mich so stumm. Wie beschreibt man diese Gefühle, eine Frau zu haben und sich jeden Tag von ihr zu verabschieden? Wie beschreibt man das Gefühl, mehr Zeit mit einem fremden Zimmernachbarn zu verbringen als mit der Familie? Ich gehe laufend neue „Ehen" ein in den letzten Monaten, Beziehungen zu Männern, die mit mir als Patienten im Doppelzimmer leben. Gestern war viel Wechsel. Der eine kam von der Intensivstation zurück und wurde einen Tag später entlassen. Der andere lag nur nachts da, als der eine auf Intensivstation war. Er wurde verlegt. Dann kam in der folgenden Nacht ein älterer Patient, der Zuhause gestürzt war. Drei Männer: ein Millionär aus Serbien, ein Schwabe aus Reutlingen und einer aus Schlesien. Ich höre ihre Lebensgeschichten.

Wer kann mein Heimweh beschreiben? Wie finde ich Worte, die mir ausgehen? Wie finde ich Worte, auch für die Angst, wenn ich nicht weiß, wie sich meine Symptome entwickeln? Wird es heilen oder sich noch einmal entzünden? Wie lange muss ich noch bangen? Kommt wieder eine stabilere Zeit für mich? Als ich 60 Jahre alt wurde, fiel mir das schwer. Zuerst wusste ich gar nicht, warum eigentlich. Dann kam ich darauf, dass ich ahne, dass es mein Sterbejahrzehnt werden wird. Der Tod kommt näher.
Sigrid hat mir meine Post mitgebracht. Eine Kollegin hat mir eine Karte geschrieben, die mich sehr gerührt hat. Ich lese sie immer wieder. Der Krankenhauspfarrer wollte diese Woche mal vorbei kommen. Aber er kam nicht. Er hätte es besser nicht versprochen. Jetzt habe ich vergeblich gewartet.

In anderen Krankenhäusern wurde ich immer mal wieder von den Seelsorgern besucht. Ich spürte oft ihre Unsicherheit. Untereinander können wir Pfarrer ja auch sehr kritisch sein. Zum Fürchten kritisch! Und wir haben alle unsere Vorstellungen davon, was denn nun professionell ist und was nicht. Eine Seelsorgerin, die mich früher immer mal besucht hat, hat mir oft meine Gefühle abgesprochen. Sie konnte mich nicht ernst nehmen und hat mich auch nicht verstanden. Ich brauche für mein Leid keine Erklärungen. Andererseits bin ich den Seelsorgern gegenüber auch sehr barmherzig, weil ich weiß, wie schwierig es ist, wenn „Profis" einem auf die Finger schauen. Schön finde ich immer, wenn sie einfach Menschen bleiben, die Menschen, die sie sein können und sind. Dieses fragende: „Was war das jetzt?" und: „Was hat es mit mir zu tun?", ist bei mir in Zeiten der Krankheit besonders da. Gottfried Lutz beschreibt diese Erfahrung genauso, wie ich sie auch mache, wenn etwa im Fürbittengebet eines Gottesdienstes in einem Atemzug für die Kranken und Behinderten zusammen mit den Hungernden und Verfolgten in Kriegsgebieten und den Arbeitslosen gebetet wird.

Mein neuer Zimmernachbar ist ein sehr alter Mann. Er ist sehr hager, hat aber schöne, weiße Haare. Er stammt aus Schlesien. Wenn ich mit ihm spreche, fallen mir andere Schlesier ein, die ich im Laufe der Zeit kennen gelernt habe. Sie haben eine schöne Sprache. Er ist schwach, und ich sehe ihm die Angst an, die er jetzt nach seinem Sturz hat. Einerseits hat er genug vom Leben. Er hat seine

Frau verloren, ist alt geworden, lebt alleine und hat wenig Abwechslung. Auf der anderen Seite fürchtet er sich aber auch vor dem Sterben. „Das Leben ist schön, wenn man gesund ist", sagt er. Wie recht er hat! Wenn er das sagt, schweifen seine Gedanken weg. Er wird ganz still, und man kann spüren, wie er an schöne Zeiten denkt.

Ich darf morgen nach Hause und freue mich riesig. Hoffentlich wird alles gut! Hoffentlich werde ich die neue Situation meistern! Ich wünsche mir so sehr, dass ich keinen Rückfall bekomme. Wenn mich Sigrid abholt, fahren wir die vertraute Strecke von Reutlingen nach Hause. Es kommt mir sehr lange vor, dass ich sie nicht mehr gefahren bin. Am Anfang werde ich noch nicht mobil sein. Ich muss mit Krücken gehen und kann noch nicht Auto fahren. Der Sommer steht vor der Tür. Ich bin nicht urlaubsfähig. Schade! Schade vor allem für meine Familie!

Ich wünsche mir so sehr, mit der Zeit die Patientenrolle wieder einzutauschen gegen eine Rolle als Teil meiner Familie und beruflich als Teil der Kirche und einfach als freier Mann auf eigenen Füßen. Ja, ich möchte so gerne auf die Füße kommen.

Für Sigrid und Simon wird das auch wieder eine neue Situation. Der, der so lange weg war, kommt wieder und mischt sich ein. Das muss auch schwierig sein, denn inzwischen kamen sie ohne mich ja auch ganz gut zurecht. Mir fallen Filme ein, in denen Männer von der Gefangenschaft heimkehren, und wie die Beziehungen strapaziert werden mit den neuen Rollen. Ein bisschen wird es für uns auch so. Wie gut, dass es nicht Jahre sind, die uns trennen! Wie gut, dass da keine bislang unbekannten Personen aufgetaucht sind!

Ich bin wieder Zuhause! Es ist Sommer. Der Garten ist grün. Ich sehe die Katzen, die hier ihr Zuhause haben. Sie wissen nicht, was bei mir war in diesem halben Jahr. Sie genießen die Wärme und haben damit Recht! Die Eichhörnchen turnen auf den Birken um Simons Baumhaus. Auf der Windschutzscheibe erinnern uns die Fußspuren Tag für Tag, dass es auch noch die Marder gibt. Die Igel kuscheln sich ins Laub, wenn der Herbst kommt. Der Specht klopft am

Dachfirst und wird uns in der Gemeindeleitung zwingen, den Schaden einzuordnen. Muss er repariert werden oder bleibt er eher harmlos?

Ich bin wieder Zuhause und manchmal, zwischendurch, fragen mich die Leute: „Schön, dass Sie wieder da sind – ist alles wieder in Ordnung?" Ich werde meine Antwort finden müssen.

Das Drama hat nicht das letzte Wort
(Nachwort von Sigrid Klimbingat)

Man kann das Leben nicht verbreitern oder verlängern, nur vertiefen.

Schreib es auf!

Der Aufzug hält im 6. Stock. Ich gehe über den bekannten Flur, lasse meinen Blick kurz nach draußen auf die grünen Hügel der Schwäbischen Alb schweifen, gehe vorbei an der bekannten schwarzen Sitzecke, die heute leer ist. Die Stationstür öffnet sich automatisch. Ich grüße die Schwestern und Pfleger am Stationsstützpunkt und biege nach links ab, dort im 1. Zimmer des Flurs liegt Ingo dieses Mal. An der Tür das Warnschild: „Betreten nur nach Rücksprache mit dem Personal erlaubt." Mundschutz und Schutzkittel liegen bereit, daneben das Händedesinfektionsmittel.

Seit ein paar Tagen haben sie ihn hier isoliert, er hat einen so genannten Problemkeim in einer Wunde. Gott sei Dank keinen MRSA, denke ich jedes Mal, wenn ich komme. Habe Angst, denke in meinen pessimistischen Stunden, dass es nur eine Frage der Zeit sein kann, bis er einen MRSA erwischt. Hände reinigen, Kittel und Mundschutz an – es sind Routinehandgriffe geworden. Ich frage mich, wie ich ihn heute wohl antreffen werde. Und wie er reagieren wird auf meinen Vorschlag.

Gestern hatte ich mich völlig deprimiert auf den Heimweg gemacht. Er hatte nur wenig mit mir geredet, kaum Blickkontakt aufgenommen. Fast apathisch war er im Bett gelegen, hatte starr aus dem Fenster geschaut. Nicht mal reagiert auf meine Berührung.

Ich kenne diesen Blick, diesen Gesichtsausdruck. Ich kann meinen Mann dann oft nicht mehr erreichen. Wenn er so „nicht" schaut, ist er in intensivem Kontakt mit seinem Inneren, seinen Gefühlen und Gedanken – meistens mit problematischen, schwierigen. Oft kann ich aus dem wenigen, was er dann doch sagt oder tut, erahnen, was ihn beschäftigt. Gestern war es wohl eine Gemengelage von Resignation, Hilflosigkeit und Ratlosigkeit angesichts dieses Überflutetseins von den Erlebnissen und Gefühlen der letzten Monate.

Eine Bemerkung war hängen geblieben und mir immer wieder in den Sinn gekommen, auf dem Heimweg, bei der abendlichen Routine zu Hause und heute Nacht, in den Stunden, als ich wach lag: „Ich könnte ein Buch schreiben. Was habe ich als Kranker nicht schon alles erlebt und muss es wieder und wieder erleben!"
Irgendwann heute Nacht kam mir dann der Gedanke. Ja, er könnte ein Buch schreiben – nein: Er muss ein Buch schreiben! Das war es! Was er brauchte, war ein kreatives Ventil, ein Gesehen- und Gehörtwerden.

Jorgos Canacakis hat es in unserer Ausbildung für die Trauer formuliert: „Trauer muss gesehen, gehört, verstanden und akzeptiert werden!"
Er hat meines Erachtens damit das Grundkonzept jeglicher integrativen Therapie, ja jeglichen Integrierens von Erlebtem überhaupt in einen prägnanten Satz gefasst. Um Erlebtes zu verarbeiten, ist das genau der Weg: Es „ansehen", sich bewusst machen, aber es dann auch kreativ ausdrücken, mitteilen, es anderen zu Gehör bringen, es damit gleichzeitig teilen, und es so etwas leichter werden lassen. Damit kann ein Verstehen des Erlebten in Gang kommen. Verstehen heißt aber noch lange nicht integrieren. Erst wenn ich das, was ich verstanden habe, auch akzeptiere als das, was zu mir und meinem Leben ab jetzt gehört, und wenn ich ihm einen versöhnten, angemessenen Platz in meiner ganzen Persönlichkeit und meinem ganzen Leben geben kann, habe ich etwas verarbeitet, habe es integriert. Ein langer Weg manchmal.

Ingo war in all den zurückliegenden Monaten nie dazu gekommen, seine Erlebnisse zu verarbeiten, er kam – wir kamen – gar nicht hinterher mit dem Kranksein und seinem Tempo. Wir waren beschäftigt mit dem emotionalen Überleben.
In dieser Nacht habe ich beschlossen: ich werde ihm seinen Laptop in die Klinik bringen, und dann soll er es tun, er soll schreiben. Schreiben war schon oft sein Ventil, ist ein gutes Ventil für ihn. Er braucht jetzt wieder einen Zugang zu seiner Kreativität.

Ich betrete das Zimmer. Ingo sitzt gebeugt am Tisch, das Gesicht aufgestützt in den Händen. Er war noch nicht im Bad. Er schaut langsam zu mir rüber. Ich tre-

te an den Tisch, schiebe das Tablett mit dem nicht angetasteten Mittagessen zur Seite und lege den Laptop vor ihn.
„Hier", sage ich, „schreib! Schreib das Buch über dein Kranksein!"

Wir haben an diesem Tag und dann noch oft darüber geredet, über das Schreiben, den Sinn und den Zweck, das Ziel dieses Buchs. Ich habe versprochen, dass ich ein Nachwort schreibe. Habe gespürt, dass es auch mir gut tun könnte, das Schreiben. Und es war so. Es hat mir gut getan. Aber es hat auch aufgewühlt. So vieles ist jetzt in mir präsent, es sprengt eigentlich den Rahmen eines Nachwortes, es ist wie ein zweiter Buchteil.

Einer zum Thema Ärztin sein in der heutigen Zeit, Therapeutin sein. Zum Thema Ehefrau sein und Familie leben mit einem chronisch Kranken. Am Rande auch zum Thema Pfarrfrau sein. Zu all den Themen, den verschiedenen Facetten meiner Identität. Ich muss wieder kürzen ... .

Es blieben und bleiben Bedenken: Was wird sein, wenn wir das Buch veröffentlichen? Wie wird man mit uns umgehen? Wir werden uns zeigen und damit auch verletzbar machen. Wird man uns verletzen? Wird man unsere Würde achten? Wird man sich bemühen, uns zu verstehen, oder wird man uns kalt analysierend, bewertend – entwertend – begegnen? Was kann das Buch für andere sein? Bedienen wir den Voyeurismus derer, die schon immer wissen wollten, wie es hinter unseren Kulissen zugeht? Oder initiieren wir durch unsere Schilderungen im einen oder anderen mehr Verstehen?

Was wir uns wünschen, ist ein erweitertes Verständnis. Nicht nur für uns beide, vielleicht auch für die LeserInnen oder/und für ÄrztInnen, PatientInnen oder/ und Angehörige. Vielleicht lässt sich durch das Buch „Leben vertiefen" – das würde Sinn machen.

Teufels Küche

Was ist mit Ausdruck „Teufels Küche" gemeint? Sind es Krankheit und Tod an sich, die vom Teufel kommen? Sind es die kranken Menschen, die des Teufels sind? Man kann Verschiedenes mit diesem Begriff verbinden.

Chronisch krank

Es ist was es ist, sagt die Liebe.

Mein Mann ist chronisch krank. Er hat Asthma und viele Folgeschäden. Das wusste ich, als wir heirateten. Was es für mein weiteres Leben bedeuten würde, wusste ich nicht. Wie auch? Wer kann schon in die Zukunft sehen und erraten, welchen Gang die Dinge gehen.

Manche haben mich gewarnt: „Bist Du Dir im Klaren, was Du da tust? Du heiratest einen kranken Mann ... ." Sie haben es gut mit mir gemeint. Sie wollten, dass ich glücklich werde. Sie sahen, dass das Leben mit einem kranken Gefährten Einschränkungen mit sich bringen würde. Das eine oder andere, was gesunde Menschen leben können, würde mit ihm nicht möglich sein, im Alltag nicht, bei der Ausübung von Hobbys nicht.

Ich glaubte daran, dass aus der Liebe die Kraft wachsen würde, mit der chronischen Krankheit und ihren Folgen für unsere ganze Familie leben zu können. Als wir geheiratet haben, wusste ich, was ich tat. Ich wusste nicht, wie unser Leben im Alltag in zehn Jahren sein würde. So wie niemand weiß, wie das Jetzt morgen aussieht. Ich wusste nicht, auf wie wenig ein gemeinsames Leben phasenweise zusammenschrumpfen kann. Und wie reich es trotzdem sein kann.

Auf der Suche

Es gibt keine Antwort auf das „Warum?", aber vielleicht eine Antwort auf das „Wozu?"

Krank werden löst ja immer die Frage nach dem „Wieso – Warum – Weshalb?" aus. Wir wollen verstehen, warum es uns erwischt hat. Nicht nur als PatientIn sucht man nach der Ursache, sondern auch als Helfende(r), als Angehörige(r). Wir entwickeln persönliche und allgemeine Theorien dazu.

Es gibt eine Vielzahl von Theorien zu Krankheit und Tod. Hans Jellouschek hat einige in seinem Buch: „Trotzdem leben! Wenn ein Partner Krebs hat", im Anschluss an die Krankheitstheorien von Ken Wilber beschrieben, als medizinische, ökologische, esoterische, religiöse und psychosomatische Krankheitstheorien.

Bei der religiös-moralischen Krankheits-Theorie wird Krankheit als Strafe Gottes gesehen für moralisches Versagen oder dafür, dass die Gegenmacht Gottes – also der Teufel – im Kranken wirkt. Menschen tun sich manchmal leichter, wenn sie Gott zu einem guten liebenden Papa machen und das Böse einer anderen Figur zuschreiben – dem Satan. Dann will Gott, dass wir gesund sind, und die Krankheit kommt vom Teufel. Man war nicht gut und brav, hat gesündigt, wenn man krank wird – so das oft noch vorhandene Bild, das unterschwellig wirkt. Und man kommt in Teufels Küche, wenn man chronisch krank wird. Und man geht in Teufels Küche, wenn man sich für die Medizin als Beruf entscheidet.
Menschen, die dieser Theorie anhängen, haben uns ihr Bestes gegeben, indem sie intensiv für uns gebetet haben. Danke dafür!

Bei der spirituell-religiös geprägten Krankheitstheorie geht es darum, die Krankheit anzunehmen, an ihr zu wachsen, um in einem transzendenten Sinne heil zu werden. Manchmal wurde uns diese Sichtweise vermittelt, indem man versucht hat, uns einen Sinn all des Leids vor Augen zu führen. Die Frage nach dem Sinn ist jedoch nur ganz persönlich zu beantworten. Und das eigentlich nur im Nachhinein. Das, was für mich Sinn macht, macht für den anderen noch lange keinen! In der Rückschau kann ich heute vielleicht sagen: Der Unfall meines Vaters bekam in meinem Leben den Sinn, mich meiner beruflichen Berufung näher zu bringen.

Hier und Jetzt kann die Frage nach dem Sinn vielleicht hilfreich sein, wenn man fragt: „Wozu kann das alles gut gewesen sein, wenn ich später mal auf diese Zeit zurückschaue?" – und: „Welche Entwicklung – die vielleicht sowieso in meinem Leben fällig war – soll und kann durch die jetzige Krise der Krankheit möglicherweise in Gang gesetzt werden?" Hier schließe ich mich sehr dem Krisenkonzept von Hans Jellouschek in dem von mir zitierten Buch an.

Ebenso versuchte man uns zu helfen auf dem Hintergrund eines esoterischen Krankheitsbildes („Du musst positiv denken") und eines ökologischen Krankheitsverständnisses („Euer Haus steht auf einem ausgetrockneten Weiher – da gibt es sicher noch eine Wasserader"). Mein Mann hat einiges davon ausführlich geschildert. Jede(r) Vertreter(in) dieser Konzepte wollte ebenso unser Bestes und tat sein Bestes. Also auch danke für diese Hinweise!

Am häufigsten begegneten uns medizinisch-wissenschaftliche und psychosomatische Krankheitstheorien in allerlei Varianten. Mein Mann ist sehr oft von schulmedizinisch denkenden und handelnden Menschen gut und richtig versorgt worden. Hätte er woanders gelebt, ohne dieses hohe schulmedizinische Niveau der europäischen und speziell deutschen Medizin, würde er vielleicht nicht mehr leben. Mit Sicherheit wäre seine Lebensqualität wesentlich schlechter gewesen. Und hätte er nicht diese Versicherungssituation als Pfarrer gehabt, wäre das eine oder andere sicher auch schlechter gelaufen. An dieser Stelle sind wir unendlich demütig und dankbar.

Natürlich haben wir auch psychosomatisch gedacht. Das liegt auch ziemlich nahe, weil wir beide Berufe haben, die es gewohnt sind, nach solchen Zusammenhängen zu fragen und zu schauen. Es ist auch nicht zu leugnen, dass schwierige emotionale Situationen einen schier „nach Luft schnappen lassen", einem die Kraft und die Lebenslust rauben können. Und dass es bei dem Thema Asthma immer auch um das Thema Grenzen geht. Man spürt sie bei jedem Atemzug, die Grenzen. Jeder Atemzug muss sich gegen die Grenze der verengten Atemwege stemmen. Unvorstellbar für einen Gesunden. Für einen, der atmet, ohne sich größtenteils dessen überhaupt bewusst zu sein. Wie unglaublich erschöpfend dieser Zustand sein muss! Dieses immer an die Grenzen gehen wird irgendwann zum Normalzustand. Ein Asthmatiker kennt irgendwann keinen anderen Zustand mehr, als den des Grenzgängers – und das überträgt sich auch auf das Seelenleben. Es entsteht eine nie zu stillende Sehnsucht nach Weite, nach Großzügigkeit, nach Freiheit. Nach weichem Fließen. Nach Leichtigkeit. Nach Kreativität, die das Überschreiten von Grenzen erlaubt. Nach einer Grenzen sprengenden Kraft wie die der Liebe.
Es passiert in einem solchen Erleben schnell, dass man aus der Gewohnheit heraus auch gute und sinnvolle Grenzen nicht mehr sehen und akzeptieren kann und rein automatisch gegen sie kämpft oder sie auch einfach überschreitet, bewusst oder unbewusst. Als Partnerin war es mehr als einmal meine Aufgabe, mich an dieser Stelle auch meinem Mann in den Weg zu stellen und ihm

deutlich zu machen, dass jetzt gerade etwas anderes dran war, nämlich das Akzeptieren von Grenzen. Dieses Abwägen erfordert ein unglaubliches Fingerspitzengefühl, das ich erst entwickeln musste. Dazu musste ich verstehen, was Asthma bedeutet.

Wir haben umgekehrt erlebt, dass Zustände von Weite, Großherzigkeit, Kreativität, Zartheit, Freiheit und Leichtigkeit Ingos Lunge frei und weit machen können: Wenn wir die Weite einer Landschaft hatten, die des Meeres oder auch die Weite unseres wunderschönen Pfarrgartens. Wenn wir mit weiten Menschen weite Bögen von Ideen spannen konnten, für Projekte in der Gemeinde, für Bücher, für Konzerte, für unser Leben als Paar.

Wir haben sie gespürt, die kleinen Wunder, wenn unsere Liebe wieder Weite entstehen ließ.

Ich trete an Ingos Bett auf der Intensivstation. Er ist bei Bewusstsein. Wir begrüßen uns. Ich bin so unendlich froh, dass er lebt. Ich habe kaum geschlafen in der vergangenen Nacht. Vor ein paar Tagen war er nachts zu Hause zusammengebrochen. Ich musste ihn reanimieren. Er hatte eine Blutvergiftung. Man sucht immer noch nach der Ursache. Mein Vater ist auf den Tag genau vor 20 Jahren nach seinem Autounfall auf der Intensivstation in Innsbruck an einer Blutvergiftung gestorben. Ingo kann nicht aufstehen. Er ist „verkabelt", das Umdrehen alleine ist eine Herausforderung. Sein Gesicht ist fahl, die Lippen weiß, er sieht unendlich erschöpft aus. Wenn er die Augen öffnet, fällt sein Blick auf die nackte weiße Zimmerdecke.

Wir halten uns an den Händen. Sie sind so dünn geworden, seine Hände, zittrig manchmal. „Wenn ich hier raus komme", sagt Ingo, „will ich auf den Berg."

Ich weiß sofort, was er meint. Den Berg seiner Jugend in Oravita in Rumänien, wo er mit Verwandten und Freunden lange wunderbare Sommertage in deren Sommerhaus verbrachte. Den er mir immer schon mal zeigen wollte. Von dem ich schon viele Fotos gesehen habe. Über den wir so oft gesprochen haben. „Das ist eine gute Idee", sage ich, „lass uns nach Rumänien fliegen". Und dann fliegen wir.

Wie weit wir von dort sehen können! Am Abend geht die Sonne langsam über dem Horizont unter, dort, wo man über die serbische Ebene sehen kann. Eine andächtige Stille liegt über der Landschaft. Wir freuen uns über die Tiere am

Haus auf dem Berg, die Schafe und Ziegen. Wir fragen uns, ob der Schafhirte wieder auf und davon ist, der alte Schlawiner. Wir freuen uns an den kleinen, schönen Dingen, mit denen Marta, der das Haus jetzt gehört, es geschmückt hat. Wir schlendern über den Markt, kaufen aromatische, reife Tomaten ein und diesen würzigen Schafskäse. Wir genießen die reifen Pfirsiche und Aprikosen. Am liebsten sitzen wir auf der Veranda und werden ziellos und zeitlos und lassen die Seele baumeln. Abends kommen dann immer Gäste, unsere Freunde, unsere Verwandten. Ingo redet über alte Zeiten mit den Männern, ich koche gemeinsam mit den Frauen und wir ratschen – Frauenthemen! Es ist wunderschön auf dem Berg.

Ein Krankenpfleger betritt das Zimmer und überprüft die automatisch erfassten Vitalwerte. Wir waren auf dem Berg. Es war wunderschön dort. Wir werden wieder hinfahren.
Wir reisen oft miteinander, so. In die Toskana, nach Griechenland, nach Paris. An Orte, an denen wir schon mal waren, oder an Orte, die wir gerne sehen würden.

Die Komplexität der Welt in Gänze erfassen zu wollen, überfordert unseren Geist. Als natürliche Antwort darauf streben wir danach, einfache Denkmuster zu entwickeln. Vitamin C gegen Erkältung, das Kindheitstrauma als Grund für die psychische Störung, der Elektrosmog, der uns den Schaf raubt und unser negatives Denken, was uns genau das Unglück beschert, das wir verdient haben. Immer wieder begegnet uns dieses monokausale Denken und in manchen Punkten hat es vielleicht auch seine Berechtigung. Vor allem weil man in der Vereinfachung oft auch Muster erkennen kann.
Ich habe in den Begegnungen immer wieder gespürt: Die meisten, die uns mit ihren subjektiven Theorien konfrontierten, wollten helfen. Sie haben Ingos Leid und mein Mitbetroffensein oft gut gespürt und gefühlt, wie schwer alles zu tragen ist. Und immer dann, wenn die Frage nach der Ursache beantwortet war, ging es einigen von ihnen deutlich besser. Als ob die eine Antwort oder der gefundene Sinn es Ihnen selbst leichter gemacht hätte. Ja, sie hatten ja was tun können: hatten uns Ursachen benannt, den Sinn erklärt, und jetzt war es an uns, etwas zu damit anzufangen, etwas umzusetzen, Konsequenzen zu ziehen.

Und wenn wir nicht taten, was jetzt als richtig erkannt war, ja dann, dann waren wir selber schuld.

Sowohl – als auch

Man sieht nur mit dem Herzen gut, das Wesentliche ist für die Augen unsichtbar.

Was für Bilder über das Kranksein, was für subjektive Krankheitstheorien sind in uns, in Ingo und mir? Diese Frage habe ich mir beim Schreiben gestellt, und sie lässt sich nicht leicht beantworten. Einfacher ist es zu sagen, welches Bild wir nicht haben: Wir glauben nicht daran, dass es eine einzige Ursache für die Krankheit, das Leid und den Tod gibt und demnach auch nicht an ein All-Heil-Mittel. An vielem mag was dran sein – aber keine Theorie alleine bildet unser beider Wirklichkeit ab. Wir erleben uns selber, die Menschen um uns herum und die Menschen, mit denen wir arbeiten, als vielschichtige Wesen. Man ist nicht gut oder böse, nicht Freund oder Feind. Man ist immer „sowohl" – „als auch".

In biblischen Texten finden wir dieses tiefe Verständnis um das „Sowohl-als-auch". Man könnte auch sagen, der biblische Gott ist diese schier unbegreifbare Ganzheit von Gut und Böse, von Liebe und Hass – und zwar alles zu seiner Zeit.

Alles hat seine Zeit
Ein jegliches hat seine Zeit, und alles Vorhaben unter dem Himmel hat seine Stunde:
geboren werden hat seine Zeit, sterben hat seine Zeit;
pflanzen hat seine Zeit, ausreißen, was gepflanzt ist, hat seine Zeit;
töten hat seine Zeit, heilen hat seine Zeit;
abbrechen hat seine Zeit, bauen hat seine Zeit;
weinen hat seine Zeit, lachen hat seine Zeit;
klagen hat seine Zeit, tanzen hat seine Zeit;
Steine wegwerfen hat seine Zeit, Steine sammeln hat seine Zeit;

herzen hat seine Zeit, aufhören zu herzen hat seine Zeit;
suchen hat seine Zeit, verlieren hat seine Zeit;
behalten hat seine Zeit, wegwerfen hat seine Zeit;
zerreißen hat seine Zeit, zunähen hat seine Zeit;
schweigen hat seine Zeit, reden hat seine Zeit;
lieben hat seine Zeit, hassen hat seine Zeit;
Streit hat seine Zeit, Friede hat seine Zeit.

Manchmal gelingt es uns Menschen auch, andere Wege der Wahrnehmung und des Begreifens als nur unsere Sinne und den Verstand zu nutzen, die der Intuition beispielsweise. „Man sieht nur mit dem Herzen gut" – so steht es in „Der kleine Prinz" von Antoine de Saint-Exupéry. Gemeint ist wohl, dass man bei ganzheitlichem Wahrnehmen mehr erfassen kann. Viele haben uns gut mit ihren Herzen gesehen.

Akut krank und chronisch krank

Mal krank sein dürfen ... mal gesund sein dürfen?

Nach diesen Jahren, die wir gemeinsam und doch jede/jeder auf seine Weise durchlitten haben, sehe ich sehr klar, dass das schon ein ganz signifikanter Unterschied ist, zwischen dem „mal akut krank sein" und dem „immer chronisch krank sein".
Ich bin im Wesentlichen gesund. Wenn ich krank war und bin, freue ich mich sogar, wenn ich ein bisschen versorgt werde. Es fühlt sich eher wie verwöhnt werden an. Und ich weiß ja meist auch, dass es wieder aufhört und ich bald wieder mit meinen Kräften alles machen kann und auch muss.
Als chronisch Kranker ist jedes Versorgt-Werden aber immer wieder eine Erinnerung an die unzähligen vorausgegangenen Situationen dieser Art. Es gibt keine Hoffnung auf „ganz gesund werden". Selber machen müssen? Nein, als chronisch Kranker geht es ums selber machen dürfen, ums selber machen können.
Wo es als akut Kranker darum geht, auch mal nicht funktionieren zu müssen und auch mal krank sein zu dürfen, geht es bei einem chronisch Kranken im-

mer um das Gegenteil: nicht (schon wieder) krank sein müssen, endlich mal wieder funktionieren dürfen!

Deshalb kann sich ein Gesunder auch nie wirklich in die Lebenswelt eines chronisch Kranken ganz einfühlen und umgekehrt vielleicht auch nicht (mehr). Deshalb sagen Gesunde zu meinem Mann: „Warum quälst du dich so mit der Arbeit? Willst du nicht lieber in den Ruhestand gehen?" Für Gesunde hat der Gedanke an den Ruhestand etwas von Entlastung, von Freiheit, von neuen Möglichkeiten. Für einen chronisch Kranken ist so eine Idee, als würde man die endgültige Kapitulation vorschlagen.
In diesem Sinne verstand ich es besser, als mein Mann noch nicht in Pension gehen wollte und freute mich, wenn ich ihn da unten in seinem Büro am Schreibtisch hocken sah.

Die Arbeit

Arbeit macht beides: Sie kostet Kraft und sie schafft wieder neue Kraft.

An wie vielen seiner kranken Tage ging Ingo in sein Büro, arbeitete seine Berge von Post durch, telefonierte, hielt Besprechungen ab, schrieb Predigten, beantwortete E-Mails, hielt Beerdigungen, Hochzeiten, entwarf Gottesdienste, beschäftigte sich mit deren Themen, taufte, führte seelsorgerliche Gespräche, plante seine Konfirmandenfreizeit – führte einfach die Geschäfte seines Pfarramtes. Es gab Fehlzeiten, plötzliche meistens, wenn nachts mal wieder das Fieber gekommen war. Es gab Dinge, die er nicht erledigen konnte. Autofahren ging wegen der morphinhaltigen Schmerzmittel nicht. Also organisierte er seine Arbeit anders, bat manchmal um Hilfe. Fand sie sehr oft auch, in selbstverständlicher loyaler wertschätzender Weise. Manchmal wäre er auch froh gewesen, wenn man ihn einfach unterstützt hätte, ohne ihm seine Defizite mehr oder weniger direkt vorzuhalten und ihn unverblümt in den Ruhestand schicken zu wollen.

Wunden, Erschöpfung und Arbeit – krank und gesund – Auszeiten im Krankenhaus und Arbeitszeiten zu Hause, er lebte beides, sowohl als auch. Die Arbeit leistete einen wichtigen Beitrag zu seiner Lebensqualität, zu unserer Lebensqualität. Wie wären seine Tage, unsere Tage, gewesen, wenn er sich nicht damit hätte auch ablenken können? Nicht in der Arbeit gezwungen gewesen wäre, seine Aufmerksamkeit umzufokussieren, weg von den Schmerzen.

Er litt sehr daran, wenn man ihn in dieser „Entweder-oder"-Sichtweise nur noch wahrnahm als den Kranken, den Überforderten, den, der sich mit seiner unschönen Krankheit auch noch der Allgemeinheit und Öffentlichkeit zumutete. Wenn man seine gesunden Anteile nicht mehr sehen wollte oder konnte. Wenn man meinte, zu wissen, was für ihn das Richtige war. Dieser Umgang mit ihm hinterließ neue Wunden, seelische Wunden, schuf, wer weiß – nach dem psychosomatischen Krankheitsmodell gedacht –, vielleicht sogar neue körperliche Wunden.
Es war und bleibt beides: Arbeit erfordert Kraft, kostet Kraft, und sie schafft wieder neue Kraft, Kraft zum Durchhalten, zum Gesunden, zum Heilen. Sie schafft immer auch neue Lebenskraft.

Chronisch Kranke arbeiten jedoch – wie auch Menschen mit einer Behinderung – anders, was in unsere entgrenzte, an Perfektionismus, Egozentrismus und Effektivität orientierten Welt nicht zu passen scheint. Die Arbeit chronisch Kranker schafft, wenn man sie neugierig und respektvoll betrachtet, ein neues Bewusstsein dafür, dass nicht nur die Quantität, sondern auch die Qualität einer Arbeitsleistung zählt. Sie kann manchmal nicht für sich alleine existieren, muss sich verbinden und ist damit eine vernetzte Arbeit. Sie ist eine Arbeit, die Prioritäten setzen muss und kann. Die Unwichtigeres loslassen muss. Die Arbeit chronisch Kranker schafft Beziehungen. Sie zeigt, dass Menschen kostbare ganze Wesen sind, mit Stärken und Schwächen – und keine Roboter. Chronisch Kranke überraschen uns mit ihrer Kreativität, wenn sie Lösungen finden, trotz und mit ihren Einschränkungen zu arbeiten, wenn wir sie lassen. Das Arbeiten chronisch Kranker kann uns Hoffnung und Mut schenken, dass auch wir noch Gesunden nicht einfach auf den Müllhaufen geworfen werden, wenn sie vielleicht uns einmal trifft, die Krankheit. Die Arbeit chronisch Kranker tut der Welt gut – wenn die Welt sie erkennt in ihrem Wert. Sie macht der Welt ihre unrealistischen Erwartungen deutlich, ihren Wahn des Funktionierens: immer besser,

immer schneller, immer allumfassender, immer entgrenzter, immer selbstbezogener, immer MEHR.
Die Arbeit chronisch Kranker zeigt der Welt ihre Grenzen, indem sie die Grenzen eines Menschen sichtbar werden lässt. Und sie zeigt der Welt ihr Potential, wenn sie gerade mit Grenzen und durch diese Grenzen produktiv, kreativ und zutiefst menschlich – bezogen wird.

Die beiden Rollen
Ärztin und Ehefrau in der Begegnung mit medizinischen HelferInnen

Du hast es gut ...

Bis heute sagen mir viele, wenn mein Mann krank ist, dass ich es doch gut habe, als Ärztin, mit meinem Wissen – ich verstünde wenigstens, was da passiert. Sie verstünden vom dem, was ihnen gesagt werde, kaum mal die Hälfte, geschweige denn, um was es wirklich gehe. Sie fühlen sich, als werden sie zum Schweigen gebracht mit dem Fachchinesisch. Oder aber sie fühlen sich wie Kinder behandelt mit verniedlichenden Aussagen: „So jetzt kriegt der Opa mal was gegen die Schmerzen ...". Viele werden fatalistisch dabei, sagen, man müsse halt vertrauen, dass „die da" schon wissen, was sie tun, und dass sie es gut machen. Sie beneiden mich um meine vermeintlichen Möglichkeiten, die Zusammenhänge zu verstehen, stellen sich vor, ich könne auf Augenhöhe mit den BehandlerInnen reden, positiven Einfluss auf die Krankheit nehmen und viel fundierter auch die anstehenden Entscheidungen treffen. Ich könne doch meinen Mann ganz anders unterstützen. So, als wäre durch mein Dasein als Ärztin meine eigene Betroffenheit als Ehefrau kein Thema, als sei dadurch mein Mit-Leiden mit meinem Mann geringer.

Ich bin am Krankenbett meines Mannes da als Ehefrau und als Ärztin – ich habe keinen Schalter in mir, der einen meiner beiden Identitätsteile ausschalten kann. Und ich erlebe diese Personalunion häufig als schwierig.
Für MedizinerInnen und das Pflegepersonal ist es klarer, wenn da entweder eine Ärztin kommt oder eine Angehörige. Die Rollen sind dann jeweils eindeutig

definiert. Wer hat wem was zu sagen, wer hat was zu fragen, wer hat was zu tun und vor allem zu lassen. Ich komme sowohl als Angehörige als auch als Ärztin. Ich möchte mich als Ärztin nicht damit abspeisen lassen zu hören, „jetzt kriegt ihr Mann mal ein paar Schmerztröpfchen" – da interessiert mich schon, welches Medikament er bekommen soll und in welcher Dosierung. Anders herum brauche ich Verständnis, dass ich nicht neutral und unberührt zusehen kann, wie man ihm ohne jede Betäubung mit einem Skalpell in seiner schmerzenden Wunde „nekrotisches Material entfernt" – da bin ich auch da als seine Frau, der es etwas ausmacht, dass ihr Mann blass wird im Gesicht, dass er seine Fäuste ballt, bis die Knöchel weiß werden und dass er sich vor Schmerzen krümmt.

Es gibt sie aber auch, die Kolleginnen und Kollegen, die es können, mit mir in dieser Personalunion umzugehen. Sie respektieren die Fachlichkeit in der Begegnung und stellen sich mir stützend an die Seite, wenn ich mit meinen Gefühlen als Angehörige ganz präsent bin. Sie sind ganz wunderbare Ärzte und Ärztinnen, ganz wunderbare Schwestern und Pfleger. Da darf ich auch einen Chefarzt darauf aufmerksam machen, dass meinem Mann die postoperative Magenschutztablette fehlt, ohne dass ich als grenzüberschreitende Angehörige eingestuft werde. Und da darf ich Angehörige sein, wenn ich das Krankenzimmer meines Mannes verlasse, wo er darum kämpft, ein paar Bissen zu essen und zu trinken und darf weinen, traurig sein über seinen Zustand, seine Schwäche, ohne dass man von mir die Abgeklärtheit einer neutralen Ärztin erwartet.
All denen, die mich auf diese wunderbare Weise in den letzten Jahren angenommen haben als beides, als die Frau von Ingo Sperl und als die Ärztin Sigrid Klimbingat, danke ich innerlich immer wieder von Herzen.

Die lange Geschichte der Wunden

Selbst ist der Mann.

Wir sind im Krankenhaus zum Verbandswechsel. Ingo ist dort gut bekannt. Es ist nicht die erste Wunde, die zuerst vorsichtig genäht wird, nicht heilt, sich in die Tiefe des Gewebes frisst und dann langsam wieder zuheilen muss. Die Schmerzen verursacht. Die für längere Zeit schwimmen und Sauna unmöglich macht – Dinge, die so gut gegen Ingos Atemnot helfen. Die Schlafstörungen macht, weil er nicht weiß, wie er seinen Fuß betten soll. Die Zeit bindet durch Verbandswechsel alle zwei Tage. Die seine Mobilität einschränkt.

Sie bemühen sich immer, Ingo nicht lange warten zu lassen. Mittlerweile akzeptiert mich der behandelnde unfallchirurgische Chefarzt auch in gewissem Maß in meiner allgemeinärztlichen Kompetenz. Bei unserer ersten Begegnung erntete ich nur ein mildes Lächeln, als ich mich als Kollegin zu erkennen gab und auf die Frage nach meinem Fachgebiet "Psychiatrie" sagte. Für die meisten KollegInnen anderer Fachrichtungen sind PsychiaterInnen eigentlich keine "richtigen" ÄrztInnen – wahrscheinlich sind wir vielen auch ein bisschen unheimlich. Aber später konnten wir manchmal fast schon fachsimpeln über die Wundversorgung.

Schnell ist die Wunde versorgt. Ich träume ein bisschen weg – und werde wieder wach, als der Arzt plötzlich sagt, dass er jetzt bald in Urlaub ist und die Wundmanagerin auch und niemand in dieser Zeit als Vertretung die Wunde versorgen kann – ob ich das nicht selber machen könne? Ich fühle mich überrumpelt. Verbinden ja, gut und schön, das kann ich schon auch, aber woher die sterilisierten Instrumente? Die Verbandsmaterialien?

So fing es an, dass ich immer mehr über die Wunden meines Mannes und über Wunden im Allgemeinen lernte. Und es wurde ganz schön kompliziert. Organisatorisch: Wann bringen wir den Verbandswechsel untergebracht als Termin zwischen meiner Arbeit und Ingos beruflichen Terminen? Wie stellen wir zu Hause einigermaßen hygienische Bedingungen her? Beziehungstechnisch: Mit dem Verbandwechsel-Job war ich wieder genau in der Fachfrauenrolle, die uns oft nicht gut tat. Suchen wir einen neuen Wundmanager? Wo? Wieder ganz von vorne alles durchprobieren? Ingo protestierte zu Recht heftig. Nach einigen Wochen, in denen wir es gemeinsam machten, entschieden wir uns dafür, einen Pflegedienst hinzuzuziehen. Es machte alles noch schwieriger. Immer wieder ein neuer Pfleger, eine neue Schwester, damit ein neues Entsetzen über die mittlerweile immer größer gewordenen Wunden und wiederkehrenden Infektionen. Immer wieder neue Ideen, was gut tun könnte. Immer neu die Bitten, sich doch die Hände zu waschen, Handschuhe zu tragen, immer wieder

die Bitten, bestimmte Dinge zu beachten (z.B. dass eine bestimmte Wundauflage nicht über den Wundrand reichen darf). Und dennoch immer wieder schlecht sitzende Verbände, die dann starke Schmerzen verursachten und Ingo um den Schlaf brachten. Parallel dazu neue Behandlungsvorschläge des behandelnden neuen Hausarztes. Wir ließen uns auf fast alles ein, lernten durch „Versuche" und leider vor allem durch „Irrtümer".
Aber es half alles nicht nachhaltig, eine Wunde wurde langsam besser, daneben entstand die nächste, durch einen zu fest angelegten Verband oder was auch immer. Und fraß sich weiter in die Umgebung, entzündete sich, schmerzte rasend, nässte. Die Schmerzen waren so unerträglich, dass Ingo seine Beine nachts nicht mehr hochlegen konnte, er wanderte in sein Zimmer aufs Sofa aus, schlief dort im Sitzen, im Halbliegen, in den unmöglichsten Positionen. Wobei dieser Zustand, den er durch Schmerzmittel und Schlafmittel schuf, eher eine halbe Narkose für ein paar Stunden als ein erholsamer Schlaf war. Seine Beine schwollen an, die Lymphe konnte nicht mehr abfließen, nach zwei Stunden waren die Verbände klatschnass, Pfützen standen in den Schuhen.
Er entschied, die Verbandswechsel selbst durchzuführen, je nach Bedarf und nicht nach Verfügbarkeit einer Hilfsperson. Er wurde zu seinem eigenen Wundexperten.

Traumatisierungen

Die Krankheit sticht immer wieder.

Eine chronische Krankheit hat eine unglaubliche Macht. Sie ist der Trumpf, der immer sticht. Sie kommt, wieder mal hat sie gewonnen, und mit ihr kommen die Ohnmachtsgefühle der Betroffenen: der Patienten, der Angehörigen und der Ärztinnen und Ärzte.

Wir wollen nach Jahren mal wieder ins Theater, ein Sturz an der unbeleuchteten Treppe vor der Wilhelma, ein Bluterguss am Bein, wir beide wussten, was das bedeuten würde – und Ingos Arzt auch. Wir alle drei mussten ohnmächtig mit ansehen und Ingo vor allem musste es fühlen und durchleiden, wie das

Bein aufging und erst nach einem 3/4 Jahr verheilt war. Wie gerne hätten „wir" Ärzte in solchen Fällen dann eine neue zündende Idee, wie gerne würden wir den Trumpf stechen, den Teufel aus seiner Küche ein für alle Mal vertreiben! Wie ohnmächtig fühlen wir uns dann mit unseren Patienten!

Immer wieder Ohnmacht. Das Gefühl, mit allem verfügbaren Repertoire an Wissen und Können und Tun gibt es doch keine gute Lösung jetzt. Unsere Stresssysteme sind maximal aktiviert und doch geht scheinbar nichts mehr. Was machen wir Menschen mit solchen Gefühlen? Wie regieren wir auf solche Ohnmachts-Erfahrungen, die wieder und wieder kommen?

Was als unaushaltbar von uns Menschen erlebt wird, hängt aber von unserer Vorgeschichte ab. Haben wir einmal Traumatisches erlebt und hat unserer Biologie die Traumafolgereaktionen einmal durchgespielt, ist die Wahrscheinlichkeit höher, dass wir insgesamt schneller unsere Stress-Systeme aktivieren und auch, dass diese wiederum schneller überfordert sind und wieder eine traumatische Abspaltung erfolgt.

Sagt man also einem ansonsten Gesunden: „Du musst jetzt ins Krankenhaus", wird er natürlich seine Stress-Systeme aktivieren, um mit geschärften Sinnen mögliche Gefahren in der unbekannten Situation zu erkennen und zu bannen. Sagt man den gleichen Satz zu jemandem, der bereits traumatische Erfahrungen hat und diese vielleicht auch gerade mit Krankenhäusern verbindet, wird derselbe Satz erneut traumatisch wirken. Alleine schon der Gedanke, wieder ins Krankenhaus zu müssen, ist nicht auszuhalten.

Bei meinem Mann wurde es mit jedem Krankenhausaufenthalt schlimmer.
Es gab diesen einen Tag, an dem musste ich dabei bleiben, ich musste ihn wieder ins Krankenhaus bringen, es war so mit seinen Ärzten abgesprochen. Plötzlich brüllte er mich an: „Ich gehe nicht schon wieder ins Krankenhaus!" Ich bin vor Schreck aufgesprungen und habe einen Satz in die Zimmerecke gemacht. An diesem Tag brach alles heraus aus meinem Ingo, all die unterdrückten Gefühle von Wut und Zorn, Ärger und Enttäuschung, Hass und Verzweiflung. Als Ärztin und Therapeutin habe ich sehr schnell realisiert, dass die-

se Schimpf-Tiraden jetzt nicht mir als Person gelten, sondern der Botschaft, die ich überbringe. Als Ehefrau war ich aber auch da. Und die war verletzt durch die persönlichen Angriffe. Und gleichzeitig fühlte sie mit ihm, hatte, wie er, die Nase so voll von Krankenhausaufenthalten, wäre am liebsten eingestiegen in die Verdrängung des: „Es wird schon nicht so schlimm sein". Die Ehefrau in mir bekam aber auch wieder diese Angst, dass er wieder in das Kreislaufversagen, in die Schocks der Blutvergiftung rutschen könnte.
Die Ehefrau und die Ärztin wollten ihn nicht verlieren.
Und so sind wir dann ins Krankenhaus gefahren, ich leise weinend, er wütend schweigend. Achtzig Kilometer bis nach Reutlingen.

Das vorletzte Mal, als er selber einsah, dass es wieder soweit war, konnte er, Gott sei Dank, weinen, und es war, als ob sich Himmelschleusen öffneten. Auch mir war zum Heulen zumute, aber das Tun angesagt. Ich musste aber dafür sorgen, dass die Haustür für die Sanitäter offen war, die Tasche gepackt, die Arztbriefe kopiert und die Medikamentenliste aktualisiert wurde. Ich fühle irgendwann dann nichts mehr – auch das ist ein Stück Traumafolge ... .

Ärztin und Ehefrau in der Begegnung mit meinem Mann

Ich suchte die Ehefrau und bekam die Ärztin dazu.

Noch viel schwieriger als für die Helferinnen und Helfer ist meine Personalunion für meinen Mann. Unsere Begegnung ist oft kompliziert dadurch, dass er mich vielleicht gerade als seine Frau an seiner Seite bräuchte und bei mir aber gerade mein Ärztinnen-Hirn rattert.

Manches Mal hat er schon davon profitiert, dass ich auch als Ärztin an seiner Seite war. Dass ich nicht ohnmächtig werde beim Anblick einer Wunde. Dass ich auf weitere Untersuchungen insistiert habe, z.B. als er mit seiner Rückenmarksblutung auf der Inneren lag und seine Schmerzen einfach nur im Morphinnebel verschwammen. Dass ich ihn im Hier und Jetzt gehalten habe, als er damals dachte, er müsse sterben und sich von mir verabschiedet hat. Dass ich ihn zurückgeholt habe, als er im letzten Jahr in der Nacht auf dem Weg zur

Toilette zusammengebrochen ist. In diesen Extremsituationen, wenn er nicht mehr für sich selber sorgen kann, ist meine „Für"-Sorge weniger ein Problem. Da erlebe ich auch von ihm eine große Dankbarkeit.

Richtig schwierig wird es jedoch für uns, wenn er noch ganz gut oder schon wieder ganz gut für sich sorgen kann. Ich denke da an die Situation nach seinem Glatteis-Unfall auf dem Weg zum Theater. Er hatte sich bei einem Treppensturz den rechten Arm gebrochen und diverse Schürfwunden verzierten sein Gesicht. Und ein riesengroßes Hämatom am Unterschenkel war entstanden, so dass er für eine Weile Krücken brauchte. Als ich dann zu Hause – innerlich ganz in dem Gefühl der Liebe als Ehefrau mit ihm verbunden – ihm eine Tasse Tee kochen und bringen wollte, hörte ich nur: „Das mach' ich selber ...", und ich fühlte mich schroff abgewiesen. Diese Fürsorge war ihm zuviel, und ich verstand es nicht. Ich war irritiert: Fühlte er sich von mir jetzt gerade ärztlich bevormundet? Oder wäre ihm jetzt gar eine distanzierte Ärztin lieber? Eine, die den Patienten ordentlich fordert, damit er bald wieder gesund wird? Ich war aber gerade innerlich schon wieder heraus aus dem: Ärztin sein. Hatte nach der Ärztinnenrolle mit der Erstversorgung nach dem Unfall schon lange wieder innerlich die Rolle der Ehefrau angenommen, die so froh war, dass nicht noch mehr passiert war und dass ich meinen Mann zu Hause hatte.
Für meinen Mann war das eine komplett andere innere Situation. Er war gerade wieder (mein) Patient und wurde fremdbestimmt. Sicher war er auch hilflos-wütend darüber, dass schon wieder eine Leidenszeit auf ihn zukommen würde, und mein Tee-Angebot war dann wie eine weitere Vertiefung dieses Gefühls, schon wieder von anderen – insbesondere auch von mir – eine Weile abhängig sein zu müssen. Und so hat er sehr darum gekämpft, soviel Unabhängigkeit, Autonomie und damit Selbstwertgefühl wie möglich wiederherzustellen. Symbolisch mit einer Tasse Tee, die er mit gebrochenem Arm und an Krücken hinkend zum Esstisch balanciert hat – alle Achtung übrigens ... .

Schrecklich waren zum Teil die Situationen, wenn Ingo wieder ins Krankenhaus musste. Wenn er sich nachts stöhnend im Bett wälzte, wenn ich hinüberfasste auf seinen Kopf und spürte, wie er glühte und als Ärztin sehr schnell realisierte, dass das wieder ein septischer Schub ist. Und wenn ich dann früh morgens vorsichtig sagte: „Du musst wieder ins Krankenhaus" – da wäre ihm sicher eine Ehefrau lieber gewesen, die in sein Credo mit einstimmt, dass es schon nicht so schlimm ist und sicher wieder von selbst besser wird.

Beziehungen zwischen so traumatisierten Menschen wie meinem Mann und so sekundär traumatisierten wie mir werden schwierig.
Ich hatte früher die Vorstellung, man rückt in so einer Situation, wo es so elementar auch um Leben und Tod geht, innerlich ganz nah zusammen. Diese Momente gab es. Innige Momente. Sprachlose Momente. Augen-Blicke.

Im Allgemeinen aber wird man in zwei komplett verschiedene Welten katapultiert und jeder fühlt sich in der seinen einsam und verlassen.
Ingo erlebte Ohnmacht, Ausgeliefertsein, Bevormundung, Fremdbestimmung, Abhängigkeit ohne Grenzen, Todesangst, Schmerzen Tag und Nacht, Verlust der Intimität im Zweibettzimmer. Er fühlte sich oft seiner Würde beraubt. Für ihn stand die Zeit still. Er war zum Nichtstun verdammt. Er wurde zutiefst beschädigt in seinem Selbstwertgefühl. Seine Emotionen – ein einziges Chaos. Bis zu dem Moment, wo er wie alle traumatisierten Menschen einfach „abschaltete".
Und bei mir ebenso eine emotionale Achterbahnfahrt: die Angst, was wird mit meinem Liebsten? Wird er sein Bein verlieren? Werden die Antibiotika greifen? Funktioniert seine Schmerzpumpe? Stellen sie ihm wieder Novalgin auf den Nachttisch, auf das er allergisch ist? Kann er wieder nicht schlafen, weil sein Zimmernachbar so unruhig ist? Wird er zwangsweise zur Ruhe gesetzt? Sollte er nicht lieber in Pension? Wie schnell müssen wir dann aus dem Pfarrhaus raus? Wo gehen wir dann hin? Werde ich dann als Pflegerin gebraucht oder kann ich weiterhin arbeiten und auch Geld verdienen? Wird er wieder gehen können? Soll ich nicht lieber kündigen? Wie geht das dann finanziell? Wie lange werden unsere Ersparnisse reichen?

Meine Zeit stand nie still. Mein Tag hätte doppelt so lange sein können, ich war wie in einem Hamsterrad.
Zwei Menschen, zwei Welten.
Und dann entladen sich Spannungen zwischen uns.

Es krachte, als ich ihm morgens sagte „Du musst wieder ins Krankenhaus", weil er wieder fast 40° Fieber hatte. Er schrie mich an, ich wolle ihn bloß loswerden, würde ihn sowieso nur als Last sehen. Ich fühlte mich gekränkt, weil ich mich auf die Ärztinnenrolle reduziert und mit meiner Liebe als Ehefrau nicht wahrgenommen fühlte. Er fühlte sich reduziert auf sein Kranksein, seine Patientenrolle und damit in seinem Selbstwert als Ehemann massiv beschnitten.
Und es krachte, wenn Ingo – wegen der Morphintherapie zum Beifahrer verdammt – mir beim Autofahren unwirsch reinredete, und ich musste mir klar machen, seine Aggression gilt nicht mir, sondern der Abhängigkeit von mir.
Ich fühle mich ihm dann nicht nah. Und er sich mir auch nicht.
In der Paartherapiegruppe habe ich manches von dem verstanden, was zwischen uns schwierig ist. Wie wir hin und her unsere dunklen Gedanken projizieren und Gefühle von uns phantasieren, was hinter dem allen eigentlich steht – und wie „normal" das in einer solchen Situation ist. Wie es um die Spannung zwischen Macht und Ohnmacht zwischen uns geht, zwischen Autonomie und Bindung (vor allem in ihrer negativen Form als Abhängigkeit), um Selbstwert, Neid und vor allem um tiefe existentielle Fragen.
Es waren Heiltage für meinen Körper, meine Seele, meinen Geist. Ich konnte und kann durch diese Tage immer wieder in die Liebe zu Ingo kommen, in ihr bleiben, auch wenn diese Spannungen sich entluden und entladen.

„Das Drama hat nicht das letzte Wort!"

Geteiltes Leid ist halbes Leid, geteilte Freude ist doppelte Freude.

In der Paartherapieausbildung

Vor lauten Bäumen kann man manchmal den Wald nicht mehr sehen.

Monica ist eine Schweizerin. Ich habe sie kennen gelernt in meiner Paartherapieausbildung. Sie hat mir diesen Satz in einem Augenblick gesagt, als ich selber es nicht mehr gut geschafft habe: das „sowohl als auch". Als mir die Kraft dafür abhanden gekommen war, für mich zu sorgen, mich zu nähren, mich zu kräftigen. Als ich mich verloren hatte. Als ich nur noch die Dramen sehen

konnte, mich immer wachsam hielt für die nächste Katastrophe, die so sicher schien wie das Amen in der Kirche.
Panta rhei – „alles fließt". Nichts bleibt, wie es ist, alles verändert sich ständig – niemand kann zweimal in denselben Fluss steigen. Diese Erkenntnis der alten Griechen ist schrecklich, wenn es einem gerade gut geht. Das Glück möchte man immer fest halten. Sie kann sehr tröstlich sein, wenn man in verzweifelten Situationen steckt. Es bleibt nichts, auch kein Burnout. Fühlen, Denken, Erleben – alles ist im Fluss. Kann sich ändern, lässt sich ändern. Ändert sich, wenn man es zulässt.
Monica war zur richtigen Zeit am richtigen Ort mit dem richtigen Satz. Ich werde das nicht vergessen können. Danke Monica!

In meiner Paartherapieausbildung ging es immer wieder um das Hier und Jetzt und die Entwicklungsherausforderungen für die Zukunft. Das kann man manchmal gar nicht mehr richtig spüren, wenn man jahrelang mit einem chronisch kranken Menschen lebt. Dass es eine Zukunft gibt. Dass hier und heute das Glas nicht nur halbleer ist, sondern eigentlich halbvoll. In jedem Ausbildungs-Block spürte ich auch meine Liebe zu Ingo wieder aufs Neue, kam nach Hause, mit wieder etwas mehr Zuversicht und Hoffnung. Und mit ganz praktischen Tipps zum Thema Selbstfürsorge.

Meine Gefühle haben immer wieder Worte gefunden.
Viele Menschen lieben bewusst oder unbewusst nach dem Motto: „Ich liebe dich, weil ich dich brauche". Auf meinen Mann und mich war dies nicht anwendbar. Ich hatte wie viele Angehörige und PartnerInnen chronisch Kranker lernen müssen, an vielen Tagen meinen Mann nicht als Partner „brauchen" zu dürfen. Hatte lernen können, immer wieder auch alleine klar zu kommen. Hatte erlebt, dass Schieflagen im praktischen Geben und Nehmen entstehen können und die Liebe trotzdem spürbar ist. Diese eher auf den puren Prinzipien der Gerechtigkeit und gleichberechtigten Partnerschaft beruhende Liebe war es nicht, die ich spürte.
Es war eine andere Liebe, eine nicht zu erklärende Liebe, eine, die in den folgenden Worten deutlich wird:
„Ich brauche dich, weil ich dich liebe."

Die Wende

Immer wenn Du denkst, es geht nicht mehr, kommt von irgendwo ein Lichtlein her.

Irgendwann kam abends in einem der Portale mit investigativem Journalismus ein kritischer Beitrag zur Unterversorgung von Menschen mit chronischen Wunden in Deutschland. Es war schon spät, ich war müde. Trotzdem blieb ich wach in der vagen Hoffnung, vielleicht doch noch einen neuen Hinweis zu bekommen, irgendetwas zu erfahren, was für uns hilfreich sein würde. Es lohnte sich. Ich erhielt einen Hinweis auf ein hämoglobinhaltiges Wundspray, das angeblich die Sauerstoffversorgung am Wundgrund verbesserte und so die Wundheilung fördern sollte. Wir besprachen uns. Entschieden, es an einer kleinen Wunde auszuprobieren.
Und es half. Zusammen mit einer erneuten chirurgischen Wundreinigung. Zusammen mit einem anderen Verbandsmaterial. Zusammen mit dem Weglassen der Lymphdrainage. Zusammen mit der optimierten Schmerztherapie und der damit geschaffenen neuen Möglichkeit, die Beine länger hochzulegen. Zusammen mit unserer Liebe. Unseren Reisen. Unseren Scrabblespielen. Zusammen mit dem Schreiben des Buches. Zusammen mit der Entscheidung, die Gemeinde zu verlassen und in den Ruhestand zu gehen. Zusammen mit Ingos Begegnungen mit alten Schulfreunden, Gesprächen mit Freunden, Plänen mit Freunden. Zusammen mit seinem sensiblen Physiotherapeuten. Zusammen mit unserer wunderbaren Hausärztin Yvonne. Zusammen mit Jakob, dem neuen Großfamilienmitglied, zusammen mit der Großfamilie überhaupt. Zusammen mit sehr vielen Komponenten, auch den hier nicht genannten.

Im Tuxertal haben wir mit der Familie früher unsere Ferien verbracht. Immer auf demselben Bauernhof, der an der schönsten Stelle im Tal liegt. Unsere „Tuxer Oma", wie wir Kinder die alte Bäuerin liebevoll nannten, hatte an einer Stelle im Treppenhaus, wo es besonders dunkel war, ein Votivtäfelchen angebracht:

„Immer wenn du denkst, es geht nicht mehr, kommt von irgendwo ein Lichtlein her."

Wie viele Lichtlein, wie viel Hilfe, kamen auch mir – uns – entgegen. Was habe ich immer wieder an dieses Täfelchen gedacht. Es gehört zum Leben mit einem chronisch kranken Menschen, dass man lernt, Hilfe anzunehmen, sie wertzuschätzen. Hilfe ist genau so komplex wie Krankheit und Gesundheit, so komplex wie das Leben selbst.

Ich möchte an dieser Stelle des Buches dafür etwas ausführlicher danke sagen.

Der besondere Dank an unsere Familien

Hilfe kam uns entgegen von meiner Familie und von Ingos Familie. Das ist alles andere als selbstverständlich, und ich bin so unendlich dankbar für diesen ganz besonderen Zusammenhalt, den ich da erleben durfte und bis heute erleben darf.

Wenn Olly nicht gewesen wäre, die unerschütterlich jede Woche einmal in unser Haus kam, über Jahre. Die oft Spätzle mit Soße im Gepäck hatte – eines von Simons Lieblingsgerichten –, die mit ihrer Lebensfreude einfach ansteckt. Die mit ihm Hausaufgaben machte und nebenbei Kindersocken strickte. Der Olly-Tag – wie ein Rettungsanker in der Woche. Immer wieder auch dabei war Manfred, ihr Mann. Von Simon respekt- und liebevoll „der Reparieronkel" getauft. Onkel Manfred, der still und leise kaputte Glühbirnen austauschte, Spielzeugautos heile machen konnte. Es gab und gibt nichts, für das er keine Lösung findet.
Tina und Liane, meine beiden anderen Schwägerinnen, haben in der gleichen Selbstverständlichkeit geholfen. Jede nach ihren Möglichkeiten und Fähigkeiten. Wenn ich alleine an die Kindergeburtstage von Simon denke, die Tina für Simon gestaltete, in den Jahren, in denen ich dazu einfach keine Power mehr hatte. Und Liane war zuletzt nicht zu überbieten, als ich in Australien war. Und sogar die Nichten und Neffen von Ingo nahmen Anteil, riefen an, boten ihre Hilfe an, schrieben immer wieder Mails oder Postkarten – wir wussten, sie sind da, wenn wir sie brauchen.
Meine Mutter, weiter weg im Saarland, war viele Jahre lang immer mal wieder für ein paar Tage da. Und dann waren plötzlich Fenster geputzt, Möbel poliert, Vorhänge gewaschen, Wäschekörbe gebügelt, Orchideen liebevoll umgetopft.

Ich habe sie immer mal zu stoppen versucht, da ihre Gesundheit auch nicht so rosig war, aber beim Helfen war sie nicht zu bremsen. Das ist einfach ihre Art, ihren Töchtern ihre Liebe zu zeigen, ihre Sprache der Liebe. In jeder Notlage wird meine Mama für mich und meine Familie da sein – dieses Wissen ist so etwas unschätzbar Tröstliches.

Meine Schwester und mein Schwager sind beide auch Ärzte. Ute ist Onkologin und hat viele KrebspatientInnen so menschlich versorgt und begleitet, dass ich darauf angesprochen werde, wenn mir davon jemand begegnet. „Sind sie verwandt mit der Frau Klimbingat, die ...". Ja, ich bin. Sie ist meine Schwester. Ich bin stolz auf sie. Und sie ist mir schon oft eine Riesenhilfe in medizinischen Belangen gewesen, hat Befunde und Diagnosen und Therapien mit mir durchdiskutiert. Sie kann mich mit klaren Fakten auf den Boden holen, mir meine Katastrophen-Gedanken beruhigen, wenn meine Nerven flattern, meine Ängste mich überfluten. Auch wenn wir uns monatelang manchmal kaum sehen oder sprechen, weil wir beide unsere Herausforderungen haben und meistern müssen – ich weiß: Ich habe eine Schwester und ich kann immer auf sie zählen. Sie auf mich übrigens auch.

Unsere Kinder Simon und Juliana haben einen ganz besonderen Dank verdient. Sie haben sich das Leben mit einem kranken Papa bzw. Stiefvater und einer oft gestressten Mama nicht ausgesucht. Wie oft hatten wir ihnen gegenüber ein schlechtes Gewissen. Manchmal waren wir ihnen auch nicht gewachsen. Und doch sind sie tapfer durch alle Tiefen unseres Lebens mitgegangen, haben lernen müssen, Rücksicht zu nehmen, sich um sich selber zu kümmern und sich gleichzeitig an dem zu freuen, was auch schön war, was uns gelungen ist.

Der Dank an alle anderen

Hilfe kam z.B. auch in Form einer Kartoffelsuppe, die für mich gekocht wurde und mir übergeben, für Simon und mich zum Abendbrot nach einem langen Tag. Überbracht übrigens von einer Frau, die der Kirche den Rücken gekehrt hat, ausgetreten ist. Tätige Nächstenliebe hat sie offensichtlich nicht hinter sich gelassen.

Hilfe kam in meinem Garten an, von lieben Menschen, die wie unsichtbare Gartengeister das Nötigste einfach machten. Ich bin ihnen so dankbar. Unsere Pflanzen auch. Hilfe kam auch von den Haushaltshilfen in unserem Alltag. Eine besondere Umarmung geht an dieser Stelle an Jana, die aus Tschechien kam als Au-pair, die zur Haustochter wurde und von der Haustochter zur Freundin der Familie.

Hilfe kam von Simons Freunden und ihren Eltern. Wenn ich nicht für ihn da sein konnte, gab es immer einen warmen Platz für ihn, einen Ort, wo er nicht nur hin konnte, wo er auch noch fürsorglich und liebevoll begleitet wurde. Es sind großartige Menschen mit weiten Herzen und offenen Häusern, die spürten, was wir brauchten.

Hilfe kam mir entgegen in Form von Freunden und Bekannten, die an den verschiedensten Orten, zu den verschiedensten Zeiten, in den verschiedensten Medien ein offenes Ohr für mich – für uns – hatten. Es waren Freunde, die nicht nachließen, immer wieder anzurufen, die zuhörten.
Freunde, die uns besuchten, wenn wir nicht mobil genug waren, sie zu besuchen. Freunde, die sich mit Rat-„schlägen" zurückhielten. Es kamen kleine Kärtchen von Menschen aus der Gemeinde. Immer wieder ein Anruf auf Band, eine SMS, eine Email: „Hey, wie geht es dir, euch? Ich denke an dich/euch ... kann ich etwas für dich/euch tun? Ich schick dir/euch viel Kraft, Ausdauer ..." .

Eine ganz besondere gleichzeitig menschliche und professionelle Hilfe erfuhr ich immer wieder von unserer Hausärztin Dr. Yvonne Höflinger, meinem Seelsorger Herrmann Metzler, meiner Supervisorin Frau Dr. Weckwerth, unseren Apothekerinnen Frau Vanoni und Frau Lüdecke sowie meinen Physiotherapeutinnen und meiner Osteopathin in der Praxis Renate Mahler. Wie oft haben sie mich wieder ins Lot gebracht.

Hilfe kam mir entgegen in Form von Büchern. Das klingt vielleicht komisch, aber es begleitet mein Leben, dass mich zu besonderen Zeiten immer genau die passenden Bücher finden und mir helfen, mich zu sortieren und Kraft zu schöpfen. Sie haben mir andere Möglichkeiten eröffnet, mit den Dingen umzugehen, als nur daran zu leiden. Sie haben mich genau dann gefunden, wenn

mein Bauchgefühl etwas spürte, was von mir noch nicht in Worte zu fassen war. Ihre Worte konnten dann ein Anfang sein, der Samen zu meinen Worten, die dann zum Ausdruck bringen konnten, wie es mir tief innen drin ging.
Hilfe fand ich auch in der Paartherapieausbildung. Ich bin den DozentInnen des HJI und den Männern und Frauen in der Paartherapie-Ausbildungsgruppe zutiefst dankbar. Hans Jellouschek, Marianne Walzer, Friederike von Tiedemann und jede(r) einzelne dieser buntgemischten Ausbildungsgruppe hat einen maßgeblichen Anteil daran, dass ich in der schwierigen letzten Zeit auf meinen Füßen blieb. Sie haben mir einfach zugehört und mit all ihrer Kompetenz und Mitmenschlichkeit immer wieder tolle Impulse gegeben.

Hilfe fand ich zuletzt auch in Australien. Im April 2014 verbrachte ich mit unserem Sohn Simon vier Wochen in Australien. Wir besuchten die australischen Verwandten in Melbourne und bereisten dann die Westküste zusammen mit meiner Tochter Juliana, die dort ein Semester lang studierte. Ingo sagte mir eines Tages, dass er sich freuen würde, wenn ich die Reise mit Simon machen würde. Dass er mir diese Reise gerne schenken würde. Dass er selber es sich jedoch nicht vorstellen könne, dass ihm die Kraft dafür einfach fehle, so gut ihm eine solche Reise sicher auch täte, gerade auch die Begegnung mit seinen Verwandten. Dass ich damit auch seine Liebe zu mir spüren und es als Geste der Dankbarkeit annehmen solle. „Tu´s auch für mich", sagte er, „ich halte es nicht aus, wenn ich das Gefühl habe, dass du durch mich neben mir zu Grunde gehst."
Liane, meine Schwägerin, hatte angeboten, in dieser Zeit bei ihrem Bruder zu bleiben. Was für ein selbstloses Angebot! Wie konnten wir so etwas annehmen? Sie hatte selber Probleme mit ihrer Gesundheit. Und doch, es kam so, sie und die anderen Schwestern, Olly und Betina, kamen abwechselnd zu ihm. Ich flog also mit Simon nach Australien. Und es war das Beste, was ich tun konnte. In diesem Land, in dem eine unkomplizierte und vor allem unglaublich freundliche Art herrscht, miteinander zu leben, in dem die unglaubliche Weite und Leere der Landschaft einen innerlich öffnet, konnte ich zur Ruhe kommen. Konnte wieder zu meinem Fühlen kommen, konnte mich sortieren, konnte mich frei fühlen. Ich spürte, wie die Kraft wieder in mich einzog. In diesem Bus, in dem ich stundenlang durchs „Outback" fuhr, für niemanden etwas tun

musste, keine Verantwortung tragen musste, nichts zu organisieren hatte, saß ich einfach nur da und schaute aus dem Fenster – und spürte mehr und mehr mich selber wieder.

Vier Woche Australien haben den letzten Schub gegeben, dass ich mich wieder lebendig „ganz" fühlen kann. Und ich spürte: Mein Leben war wieder tiefer geworden.

Zitierte Literatur

Aidenberger, Alina, Der brave Patient schweigt: Tagebuch einer Asthmatikerin, Buchverlag für die Frau 2012.

Bowlby, John, Verlust, Trauer und Depression, Frankfurt a. M. 1983.

Chapman, Gary, Die fünf Sprachen der Liebe, Francke 2003.

Eckhardt, Klaus, So singt Griechenland. Ein Liederbuch mit Noten, Köln 1983.

Heppenheimer, Hans/Sperl, Ingo, Anders trauern. Neue Wege des Trauerns für Menschen mit geistiger Behinderung, Kreuzverlag 2012.

Heppenheimer, Hans/Sperl, Ingo, Emotionale Kompetenz und Trauer bei Menschen mit geistiger Behinderung, Band 2 der Reihe Behinderung – Theologie – Kirche, Beiträge zu diakonisch-caritativen Disability Studies, Stuttgart 2011.

Jellouschek, Hans, Trotzdem leben! Wenn ein Partner Krebs hat, Freiburg 2010.

Kast, Verena, Trauern. Phasen und Chancen des psychischen Prozesses, 8. Auflage, Stuttgart 1992.

Kübler-Ross, Elisabeth, Interviews mit Sterbenden, 7. Auflage, Stuttgart/Berlin 1987.

Lutz, Gottfried, normal behindert, 2.. Auflage, 2013.

Roth, Joseph, Hiob. Roman eines einfachen Mannes, 7. Auflage, dtv 2005; S. 17ff.

Sontag, Susan, Krankheit als Metapher, 2. Auflage, München/Wien 1980.

Sperl, Ingo, Die Kunst und Fähigkeit zu trauern – dargestellt am Beispiel der rumänischen Totenklagen, mit einem Geleitwort von Dr. Jorgos Canacakis, Deutsche Hochschulschriften Egelsbach 2000.

Sperl, Ingo, Nasse Flügel – Weiches Wachs. Eine Gedichtsammlung, unveröffentlicht 1992.

Wagner, David, Leben, 2. Auflage 2013

Zink, Jörg, Trauer hat heilende Kraft, 2. Auflage, Stuttgart 1986, S. 40.

Die Bibel nach der Übersetzung Martin Luthers, in der revidierten Fassung von 1984, hrsg. Evang. Kirche in Deutschland, Stuttgart 1985.

Zwischen Autonomie und Angewiesenheit. Familie als verlässliche Gemeinschaft stärken. Eine Orientierungshilfe des Rates der Evangelischen Kirche in Deutschland, Gütersloher Verlagshaus 2013.

Film: *Dinner for One* in der Internet Movie Database (englisch).

Zeitung: *SOZIAL EXTRA* 21. Jahrgang, 4/1997.

Liedtexte aus dem Internet (mit Suchmaschine)

Reutlinger Erzählungen, Die Texte des Theodor-Greiner-Literaturpreises, Verlag der Freiheitsbaum 1988.

Epd – Dokumentation Nr. 51/97, Das Letzte tun – mit Toten umgehen, 1. Dezember 1997.